Wachsende Nähe der Naturwissenschaften an den christlichen Glauben

Berührung von Himmel und Erde
Holzschnitt um 1530

Horst Gädtke

Wachsende Nähe der Naturwissenschaften an den christlichen Glauben

Dargestellt am Beispiel der Physik

Vorträge

Selbstverlag, Hamburg 2002
Alle Rechte liegen beim Autor
Herstellung: Books on Demand GmbH, Norderstedt
ISBN 3-8311-4445-1

Für Erika Wolffram

Des macht gar nix, hat der Schüler gesagt,
dass unser Religionslehrer nimmer von Gott redt,
dafür liest er öiwei moderne Literatur,
und der Deutschlehrer diskutiert dafür über Politik.
In politischer Bildung mal ma Plakate und Plaketten,
dafür berechnen mia in Kunsterziehung Flächen und Körper.
In Mathematik und Geometrie unterhalt ma uns
über Bevölkerungsstatistiken in andere Länder.
In Geographie sing ma dann Protestsongs aus der Dritten Welt.
In Musik red ma über die Anathomie der Sprachorgane,
in Biologie über ethische Probleme der Genforschung,
in Ethik über Atomenergie.
Und unser Physiklehrer, der macht was ganz Interessants,
der zoagt die Grenzen der Naturwissenschaften auf
und redt wieder von Gott.

Helmut Zöpfl

Inhalt

Vorwort

Als theologischer Laie bin ich Angehöriger der Evangelisch-Lutherischen Landeskirche.

Die Ihnen hier vorgelegten Beiträge sind überarbeitete Wiedergaben von Vorträgen unter dem Generalthema: „Glauben aus meiner Sicht".

Glaubenswahrheiten lassen sich objektiv nicht beweisen. Der Glaube muss sich im gelebten Vollzug bewähren. Dann wird es sich zeigen, ob er im Leben und im Sterben trägt.

Jede und jeder hat nur ihre, seine ganz persönliche Glaubensgwissheit.

Der uns bis heute unbekannt gebliebene Schreiber des Hebräer-Briefes im Neuen Testament teilt uns im Kapitel 11,Vers 1 mit,was er unter Glauben versteht: „Es ist aber der Glaube eine Zuversicht auf das, was man hofft, eine Überzeugung von Dingen, die man nicht sieht".

Die Gedanken in den hier vorgelegten Texten möchte ich als Diskussionsanregung verstanden wissen, sich mit christlichen Glaubensaussagen zu Beginn des dritten Jahrtausends nach Christi Geburt etwas näher zu beschäftigen. Sie entsprechen dem, was ich für mich als wahr erkannt habe also meinem jetzigen Glaubens- und Wissensstand. Damit will ich sagen, dass Sie verehrte Leserin und Leser, von mir keine letzten, allgemein verbindlichen Wahrheiten erwarten dürfen. Denn immer noch gilt der Satz: Der wissenschaftliche Fortschritt von heute kann der Irrtum von morgen sein.

Wenn Sie also bei mir fehlerhafte Aussagen entdecken, dann wäre ich Ihnen dankbar, wenn Sie mir das bitte begründet mitteilen würden, damit ich mich gegebenenfalls korrigieren kann.

Ich würde mich aber darüber freuen, wenn Sie sich mit mir gemeinsam der angestrebten Wahrheit in christlichen Glaubensfragen etwas annähern könnten.

1. Wachsende Nähe der Naturwissenschaften an den christlichen Glauben
Dargestellt am Beispiel der Physik

Vorbemerkung

Angeregt zu dem im Folgenden abgedruckten Vortrag, den ich seit 1965 dreimal in verschiedenen Fassungen in voller Länge und zweimal in gekürzter Form in Hamburg gehalten habe, wurde ich durch die Schrift des Mathematikers Dr.rer.nat. Günter Ewald: „Wirklichkeit, Wissenschaft, Glaube" aus dem Jahre 1963.

Von Anfang an ging es mir vordringlich darum, etwaigen Hinderungsgründen für den christlichen Glauben, die ihm, wie ich meine, irrtümlicherweise aus naturwissenschaftlichen Erkenntnissen zu erwachsen scheinen, zu begegnen.

Es geht nicht darum, Gottes Existenz etwa physikalisch beweisen zu wollen.

Ich bin mir bewusst, dass ich Ihnen verehrte Leserin, verehrter Leser Einiges an Physik sowie an Theologie zumuten werde. Ich kann nur auf Ihre geduldige Aufmerksamkeit hoffen. Doch mag es mir vielleicht gelingen, Ihnen ein wenig das Problem: „Gott und die Naturwissenschaft" unter dem Aspekt der Physik zugegebenermaßen einseitig in Richtung Annäherung an den christlichen Glauben anzudeuten.

Meinen Ausführungen voranstellen möchte ich ein Wort Johannes Keplers, der 1571 bis 1630 lebte: „Die Welt ist nach Gottes Schöpfungsgedanken, d.h. in mathematischer Harmonie gebaut. Der Mensch nach Gottes Bilde geschaffen, vermag diese Gedanken nachzudenken. Naturwissenschaft ist Gottesdienst".

„Für ein Zitat, das ich anführe, bin ich verantwortlich". Diese These fand ich bei Klaus Schwarzwäller.

Unser Universum ist zwischen 14 und 18 Milliarden Jahre alt. Häufig werden 15 Milliarden Jahre als Alter angegeben. In diesem Weltall existiert unser Heimatplanet, die Erde, seit ca. 4,2 Milliarden Jahren.

Nach heutigem Wissensstand umfasst die Menschheitsgeschichte etwa 6 Millionen Jahre.

Die Wiege der Menschheit wird in Afrika vermutet. Zunächst betraten die zu den Primaten zählenden ersten aufrechtgehenden Hominiden, menschenähnliche Vormenschen, die keine Raubtiere waren, die Bühne der Welt. Danach trat vor ca. 1,8 Millionen Jahren der erste Frühmensch, der homo erectus in Afrika auf. Als biologisches Wesen allein konnten diese Wesen nicht überleben. Sie waren gezwungen, sich Fleisch als neue Nahrungsquelle zu erschließen. Dazu benötigten sie Werkzeuge, zunächst um Aas zu zerteilen, später dann Jagdwaffen, um größere Tiere zu erlegen.

Der erste frühmoderne Mensch, der homo sapiens = der vernünftige Mensch, Stichwort: „Afrikanische Eva", lebte vor etwa 200000 Jahren auch in Afrika, im Nahen Osten dann vor ca. 100000 Jahren, in Asien und Australien vor 60000 Jahren und in Europa vor ca. 40000 Jahren.

Der homo sapiens sapiens = der sehr vernünftige Mensch, der in unserer Zeit allein die Erde bevölkert, ist mit seinen ältesten Vorfahren gerade mal 35000 Jahre alt.

Die ältesten Steinwerkzeuge wurden vor ca 2,5 Millionen Jahren angefertigt. Protokunst findet sich bereits z.Zt. des homo erectus. Älteste Kunst findet sich vor 1 Million bis 500000 Jahren. In Europa tauchen die ersten von Menschen bearbeiteten Faustkeile vor 50000 Jahren auf. Über den reinen Gebrauchswert hinaus zeugen sie von einem ästhetischen Empfinden der damaligen Menschen. Selbstgefertigter Schmuck wurde in Afrika vor ca.30000 Jahren getragen, in Europa 10000 Jahre später.

Der Mensch war gezwungen sich die Kultur gleichsam wie einen Mantel überzustülpen.

So geht vom Anbeginn seiner Existenz durch sein Dasein eine stetige Bewegung von der reinen, von ihm noch unbeeinflussten Natur zur Kultur, zur gestalteten Natur, d.h. zu all dem, was er selber schaffte und tat, hegte und pflegte, wie menschliche Werkzeuge, Kunst, Schmuck, Ackerbau, Sprache und später Schrift, gesellschaftliche Regeln und Gesetze, Religion, Wissenschaft und Technik.

So bestimmen noch heute Naturwissenschaft und ihre Zwillingsschwester die Technik als praktizierte Philosophie nach Prof. Biser weitgehend unser Leben.

Wirtschaft gibt es nicht ohne Technik und Technik nicht ohne Wissenschaft. Wahre Wissenschaft kann es nicht ohne Philosophie geben und Philosophie nicht ohne ihren wesentlichsten Teil: Die Religion, meint Carl Friedrich von Weizsäcker, der die Naturwissenschaft für den harten Kern des neuzeitlichen Denkens hält.

Die Bibel als christliche Glaubensgrundlage sagt uns, dass Gott die Welt geschaffen hat. Die Naturwissenschaft versucht herauszubekommen, wie es dabei zugegangen ist.

Physik kann als experimentelle Philosophie verstanden werden.

Nach Erwin Schrödinger ist ein rein verstandesmäßiges Weltbild ohne alle Mystik ein Unding, Spirituelle Suche und physikalische Forschung haben viel gemeinsam. „Wissenschaft ohne Religion ist lahm, Religion ohne Wissenschaft ist blind", merkt Albert Einstein an. Physiker verhalten sich also gegenüber dem was ihre eigene Arbeit erst möglich macht, nicht weniger gläubig als der Gläubige einer Religion gegenüber seinem Gott, bekennt Carl Friedrich von Weizsäcker.

Karl Barth schrieb: „Theologie ohne Glauben ist tot, aber Glauben ohne Theologie ist blind".

Wenn schon nicht in jedem Falle im christlichen Glauben aufgewachsen, so jedoch in einer von christlichen Schemata geprägten Umwelt lebend, treten für den denkenden Menschen unseres Kulturkreises, dessen Erkenntnistrieb verallgemeinernd gesagt nach einer einheitlichen Weltanschauung strebt, Fragen auf, wie Aussagen der Bibel etwa über Weltschöpfung, als rückwärtsgewandte Prophetie oder über Weltende, als vorwärtsgewandte Prophetie oder über Wunder heute zu verstehen seien, ob sie sich überhaupt noch in unser neuzeitliches Naturbild einfügen lassen.

Einen Eindruck dafür, wie problematisch es ist, die Theodizee, also die theologische Rechtfertigung Gottes mit naturwissenschaftlichen Erkenntnissen zu harmonisieren, ist unschwer durch die Lektüre derartiger Versuche vergangener Zeitepochen zu gewinnen. Es genügt schon ein Rückgriff auf die zwanziger Jahre des 20. Jahrhunderts, als sich die neue Physik noch nicht voll durchgesetzt hatte, um eine ganze Reihe heute nicht mehr zu haltender Thesen aufzuspüren. Martin Luther meinte beispielsweise: „Wenn dieser Narr (nämlich Kopernikus) recht hat, ist die Bibel ein Schwindel".

Wir sind wohl alle davon überzeugt, dass unabhängig von uns Menschen eine reale Welt existiert, wobei jedoch diese Außenwelt weder beweisbar noch widerlegbar ist. Lesen wir was Max Planck einer der Begründer des neuen Weltbildes im Mai 1937 im Baltikum in einem Vortrag, aus dem viel zitiert wird, dazu sagte: „Die Physik fordert die Annahme einer realen, von uns unabhängigen Welt, die wir allerdings niemals direkt erkennen, sondern immer nur durch die Brille unserer Sinnesempfindungen und der durch sie vermittelten Messungen wahrnehmen können. Unabhängig vom Menschen existiert eine vernünftige Weltordnung. Das Wesen dieser Weltordnung ist dem Menschen niemals direkt erkennbar, sondern kann nur indirekt erfasst bzw. geahnt werden".

Die Welt ist gequantelt, weil Information gequantelt ist. Die einzelnen Quanten sind nicht mehr unterteilbar. Auch der Mensch ist ein Quantensystem. Im normalen Verlauf seines Lebens wird er 10 hoch 25 mal in der Sekunde vernichtet und neu gebildet (Quarks und Gluonen). Nicht unsere Substanz bleibt erhalten, sondern nur das Muster und auch dieses im Laufe unserer täglichen Neubildung nicht vollkommen. Die Erinnerung wird aufgebläht. Es werden lediglich Bruchstücke der Deutung einer Erfahrung gespeichert. John von Neumann errechnete, dass ein einzelner Mensch während seines Lebens im Schnitt etwa 2,8 mal 10 hoch 20 Infomations-Bits ansammelt. Darüber hinaus gibt es Hinweise, dass Menschen zu noch wesentlich größeren Informtionsspeichern Zugang haben, zum 5. Feld, dem Psi-Feld nach Ervin Laszlo.

Dieses Feld ist seiner Meinung nach ein Grundfeld, ein kreatives Feld, aus dem alle anderen Felder hervorgehen.

Bildlich ausgedrückt, steht der tragende Brückenpfeiler der realen Welt, der die Bücke vom Diesseits, von der Immanenz zum Jenseits zur Transzendenz trägt, hier im Diesseits auf dem relativ festen Grund des jeweils allgemein anerkannten Naturbildes der Naturwissenschaften.

Neue revolutionäre Erkenntnisse können ihn in seiner Struktur einerseits erweichen , ihn aber gleichzeitig andererseits in vorher nicht vorhersehbarer Weise stabilisieren, so dass er die Brücke wieder trägt und dann oft besser als vorher.

Arthur Stanley Eddington äußerte sich so: „Vielleicht kann man sagen,dass die Schlussfolgerung, die aus den Argumenten der modernen Wissenschaft gezogen werden muss, lautet, dass für einen vernünftigen Wissenschaftler die Religion etwa um das Jahr 1927 möglich geworden ist".

Das eine uns bekannte Universum, eine grenzenlose Endlichkeit oder eine endliche Grenzenlosigkeit, dessen Teil und Teilhaber wir in unserer Lebenszeit sind, ist von ungeheuer dynamischem Charakter. Es zeigt sich uns im Zustand des Werdens, jedenfalls im Zustand einer ständigen Wandlung. Es hat Geschichte. Und alles, was geschieht, ist miteinander verknüpft.

Jedes Teilchen im Universum verdankt seine Existenz einem Energiefeld. Das postulierte Higgs-Feld „vor" dem Anfang des Universums hat die Kraft, aus dem Nichts Energie zu schöpfen (Alan Guth).

Das Universum begann vielleicht mit einem einzigen Quantenbit, einer quantenmechanischen Uralternative oder einem „Ur", wie Carl Friedrich von Weizsäcker dieses Quantenbit nennt.

Nach einer Theorie Gamows begann unser Universum mit einem unvorstellbar gewaltigen Urknall, den Carl Friedrich von Weizsäcker einen modernen Mythos nannte. Fred Hoyle, ein unermüdlicher Kritiker dieser Theorie bezeichnete den Urknall als „Big Bang" (großer Knall). Dieser von Hoyle ironisch gemeinte Begriff setzte sich durch.

Der „Big Bang" ist eine Übergangsphase zwischen zwei Zuständen des Universums und nicht sein Anfang (Neil Turok). Die unmittelbar nach dem „Big Bang" einsetzende sog. „Inflation" ist das „Dynamit", das dem Geschehen seine Sprengkraft verlieh (Alan Guth).

Wo sich Energie in Materie verwandelt, wird normalerweise zu gleichen Teilen Materie und sog. Antimaterie erzeugt. Beim Zusammentreffen vernichten sich die beiden Materiearten sogleich wieder zu reiner Energie. Doch es entsteht nicht exakt gleich viel Materie wie Antimaterie. Die Materie überwiegt um ein Milliardstel. Und deshalb gibt es unsere Materiewelt.

Als eigentlicher Vater der Urknalltheorie gilt seit 1931 ein katholischer Priester, der belgische Astronom Georges Lemaitre, nachdem Edwin Hubble 1929 die Galaxienflucht nachgewiesen hatte.

Nach der Urknalltheorie war das gesamte, uns durch die Instrumente der Astrophysik zugängliche, Universum am Anfang nach der Hubble-Konstanten: H, vor $1/H = 18 \times 10^9$ [Jahren] in einem unvorstellbar kleinen Raumvolumen von $2,6 \times 10^{-33}$ [cm] Durchmesser konzentriert. Das jedenfalls ergibt sich prinzipiell als Extrapolationsgrenze der Quantentheorie, die diese „charakteristrische Länge" definiert, in der die fundamentalen Parameter der Gravitationskonstanten, der Lichtgeschwindigkeit: $c \approx 300000$ [km/sec], der höchsten in der Natur bekannten Geschwindigkeit und der Planck`schen Konstanten stecken.

Exakt im Anfangszeitpunkt war die Krümmung der sog. Raumzeit nach Einstein unendlich groß, d.h. die Dichte war unendlich groß, der Raum dagegen Null. Nichts und Unendlichkeit „existierten" in dieser sog. Singularität ohne Information im Quantenvakuum nebeneinander. Dieser erstaunliche Tatbestand wird von den Physikern „Urknallphänomen" genannt.

Das expandierende Weltall dürfte den Durchmesser von 2,6 mal 10 hoch – 33 [cm] nach 10 hoch – 43 [s] erreicht haben . Seine Dichte betrug dann 5 mal 10 hoch 93 [g/cm³] und seine Temperatur 10^{33} [K], (alle vorstehenden Zahlenangaben nach Bernard Lovell).

Um zu erkennen, was in der Anfangsphase von 0 bis 10 hoch – 43 [s] geschah, bedarf es einer anderen, heute noch nicht entwickelten Physik. Vor dieser Planck`schen Zeit herrschte die zeitlose Totalität, die vollkommene Ungeteiltheit, die absolute Symmetrie. Nur das Urprinzip ist da im Nichts, eine unendliche, grenzenlose Kraft, ohne Anfang und ohne Ende (Jean Guitton), ohne Zeit, die bis dahin nicht gemessen werden kann.

Für den Urknall am Anfang spricht:
1. Die beobachtbare Entwicklung der Galaxien = Milchstraßen.
2. Die beobachtbare systematische Vergrößerung der in Sternen erbrüteten Metallhäufigkeit.
3. Die messbare, 1964 entdeckte Hintergrundstrahlung oder das Hintergrundrauschen von heute ≈ 2,7 [K]

Eine über 5000 Jahre alte Weltvorstellung sagt:"Es gab weder Sein noch Nichts"
Es bleibt die Frage offen: „Wieso ist die Welt so, wie sie ist"?
Stephen Hawking meint in Abwandlung des bekannten Ausspruches von Voltaires Philosophen Pangloss: „Wir leben in der wahrscheinlichsten aller möglichen Welten".

Der Nobelpreisträger der Physik Prof. Brian Josephson meint: „Der Geist existiert vor dem, was wir für das Universum halten. Möglicherweise sind Zeit und Raum aus diesem Geist hervorgegangen, hat dieser Geist die Materie hervorgebracht. Durch das Wirken des höchsten Geistes wurde Energie in einen Platz konzentriert und der Urknall trat ein. Dann setzte der höchste Geist die Entwicklung des Weltalls in Gang und stimmte die Naturgesetzkonstanten so ab (Feinabstimmung, {eigener Zusatz}), dass sie zur Entwicklung des Lebens und der Vernunft beitragen konnten (Anthropisches Prinzip, das besagt, dass die Dinge so sind, wie sie sind, weil wir sind, {eigener Zusatz}). Der höchste Geist ist von anderer Größenordnung als der menschliche Geist. Doch zeichnen beide die Fähigkeit zu denken aus. Der menschliche Geist kann mit dem höchsten Geist in Verbindung treten und dadurch seine Möglichkeiten voll ausschöpfen".

Schon Werner Heisenberg meinte: „Am Anfang aller Entwicklung muss eine schöpferische Urkraft am Werke gewesen sein". Und der Nobelpreisträger der Physik Carlo Rubbia bekennt: „Als Beobachter der Natur kann ich den Gedanken nicht zurückweisen, dass hier eine höhere Ordnung der Dinge im Voraus existiert. Die Vorstellung, dass dies alles das Ergebnis eines Zufalls oder bloß statistischer Vielfalt sei, das ist für mich vollkommen unannehmbar. Es ist hier eine Intelligenz auf höherer Ebene vorgegeben, jenseits der Existenz des Universums selbst". Und Charles Towns meint auch: „Bei den Gesetzen des Universums ist ein intelligentes Wesen involviert".

Der Zeit, die mit dem Urknall in die Welt kam, wie auch dem Raum und der Materie geht also eine „Existenz" voraus, ein Voruniversum, ein relativistisches Quantenvakuum, ein Subquantenfeld chaotischer Kräfte, ein komplexes Milieu, ein Medium fluktuierender Wellen virtueller Energie, ein Urfeld, ein Nullpunktsfeld, ein Grund- oder Einheitsfeld, aus dem alles Andere hervorgegangen ist.

Dieses Quantenvakuum kann nach der Heisenberg'schen Unschärferelation nicht völlig leer gewesen sein. Sonst müssten dort sowohl die Energie als auch die Lebensdauer aller Teilchen exakt gleich Null sein. Doch lassen sich Energie und Lebensdauer eines Teilchens prinzipiell nicht gleichzeitig exakt bestimmen.

Es gibt also kein „Vor" dem ersten Quantensprung eines realen Teilchens aus dieser Quantenfluktuation (Andrei Linde) heraus, der sich wegen der Unschärferelation nicht präzise datieren lässt.

Ilya Prigogine sagte am 2.4.1998 in ARTE am Schluss des Themenabends über Albert Einstein: „Mit dem Urknall taucht dann die Entropie auf, so dass der Urknall eine Explosion von Entropie ist, die als Grundvoraussetzung für die Selbstorganisation des Universums vonnöten war. Der Urknall ist somit auch die Explosion der Freiheit".

Das „Neue Testament" sagt uns dazu im 2. Korintherbrief Kapitel 3, Vers 17: „Wo der Geist des Herrn ist, da ist Freiheit".

Entropie ist eine Zustandsfunktion, eine Vewandlungsgröße, die die Ordnung eines Systems beschreibt.

In einem abgeschlossenen System kann sie nur zunehmen oder im günstigsten Fall gleichbleiben. Zunahme der Entropie bedeutet größere Unordnung. Minimaler Information entspricht maximale Unordnung.

Beim absoluten Nullpunkt der Temperatur: $T_o = 0$ [K] $= -273,15$ [°C] hat die Entropie eines jeden chemisch homogenen festen oder flüssigen Körpers den Wert Null, das bedeutet maximalste Information entsprechend minimalster Unordnung. Technisch ist der absolute Nullpunkt der Temperatur unerreichbar. Aber auch theoretisch ist er nicht unterschreitbar, da eine größere als die vollständige Information nicht erreichbar ist.

Der Mathematikprofessor Günter Ewald schreibt: „Materie ist Musik. Sie entsteht durch die Schwingungen der „Superstrings" oder Saiten (Schnüre).

(Die String-Theorie, eine Vereinigungstheorie, um der Urkraft nahe zu kommen, erfordert 11 Dimensionen, die Sophisticated String-Theorie sogar 22 Dimensionen, {eigener Zusatz}).

Die Musik, die auf den Strings gespielt wird, lässt den Raum entstehen: Bewegungen im luftleeren Raum sind leiser Hintergrundsound, Gravitationskräfte sind schon etwas lauter. Teilchen stellen Forte- und Fortissimotöne dar. Schon bei Arthur Schopenhauer findet sich die Idee: „Die Musik überhaupt ist die Melodie , zu der die Welt der Text ist". Und Joachim-Ernst Berendt meint: „Gott schuf die Welt aus Klang".

Die Feinabstimmung von 100 bis 120 Größen des Universums ermöglichten es ihm , sich in der vorliegenden Weise zu entwickeln. Dabei bleibt die Frage offen: „Woher kommen die passenden Feinabstimmungen?"

Das Universum ist ein Stück „Materie". Es entwickelte sich und wir sind ein Teil dieser Entwicklung.

Wenn sehr viele Teile in einer spezifischen Weise zusammenwirken, gegeben durch bestimmte Randbedingungen, können neue Eigenschaften auftauchen, die auf der Elementenebene noch nicht vorhanden waren.

„Das Universum ist ein gewaltiger Gedanke", sagt Jean Guitton.

Und Martin Luther schreibt: „Alle Werke und Kreaturen sind Worte Gottes. Alle Kreaturen sind das Antlitz oder eine Larve Gottes".

„Ich glaube nicht, dass wir nach Gottes Bild geschaffen worden sind: Wir sind das Bild Gottes selbst....". Etwa so wie die holographische Platte, die das Ganze in jedem Teil enthält, ist jedes menschliche Wesen das Bild der göttlichen Totalität", glaubt Jean Guitton.

In den 1920er Jahren kamen Physiker, angeführt von Werner Heisenberg und Nils Bohr, der das chinesische Yin-Yang-Zeichen in seinem Wappen führte, zu der Erkenntnis,dass die Welt nicht eine Ansammlung getrennter Objekte ist, sondern als ein Netz von Zusammenhängen zwischen den verschiedenen Teilen eines einheitlichen Ganzen erscheint. Die Welt ist nicht aus Teilchen zusammengesetzt. Alles ist Energie in verschiedener Zusammenballung.

Jeder Teil des Universums enthält das Ganze. Alles spiegelt alles Übrige wider. Jeder Teil birgt in sich die Totalität. Zwischen allen Teilen des Universums besteht eine geheimnisvolle Wechselwirkung, die weder einen Energieaustausch noch irgendeine Kraft ins Spiel bringt. Und dennoch das Universum zu einer einzigen Totalität verknüpft (nach Igor Bogdanov).

Der Physiker Hans-Peter Dürr, Träger des alternativen Nobelpreises sagte am 12.8.1995 in 3Sat: „Die Welt ist eigentlich nur Geist. Aber ab und zu gerinnt dieser Geist, er erstarrt und dann haben wir das Phänomen der Materie. Die Schöpfung ist etwas Ganzes. Alles hängt mit Allem zusammen. Was das Ganze zusammenhält ist Liebe. Es ist das, was den nächsten Schöpfungsakt vorbereitet". Phänomene wie die vier bekannten Grundkräfte oder Felder der Natur, die aus dem ursprünglichen Einheitsfeld hervorgegangen sind, sind die Liebe selbst.

Wenn aber so alles mit allem zusammenhängt, dann kann eigentlich garnichts erklärt werden, denn jede Erklärung zeigt uns, wie die Dinge mit anderen verknüpft sind. Die Neuschöpfung im Hier und Jetzt ist ein andauernder Prozess (creatio continua). Ständig werden neue Bedingungen gesetzt. Wäre dem nicht so, dann würde alles zusammenfallen.

Man könnte sagen, dass gemäß der Quantentheorie die Kontingenz = Unableitbarkeit der Welt nicht nur in Anfangsbedingungen konzentriert ist, wie es noch in der klassischen Physik angenommen wurde , sondern über die ganze Zeitachse von Vergangenheit über Gegenwart in die Zukunft oder von der Zukunft her verteilt ist. Es existiert im buchstäblichen Sinne nicht ein einziges Wirkungsquantum (= Träger von 1 bit Information) in der Welt, ohne das es ganz direkt und unmittelbar aus Gott hervorginge. Kein Naturgesetz, auch kein statistisches (wir kommen noch darauf) erzwingt sein Dasein.

„In Gott sind alle Zeiten zusammen gegenwärtig und die ständige Unbestimmtheit der Quantenprozesse repräsentiert die fortlaufende Tätigkeit Gottes, durch die er etwas aus dem Nichts hervorbringt", so Isham auf der Vatikanischen Konferenz über Theologie und Naturwissenschaft im September 1987.

Das Sein ist wie ein Loch im Nichts; aber ein Loch, in dem das Sein dem Nichts nirgends begegnet. Es verschwindet selbst in nichts. Vor dem Absoluten ist jedes Sein nichtig.

Die Potentialenergie des Weltalls ist negativ immer gleich groß allen Ruhe- und Strahlungsenergien, d.h. die positive Energie der Massen und Bewegungen gleicht der negativen gravitationellen Bindungsenergie.

Aber auch die Totalladung, der Totalimpuls und ebenso alle anderen Totalgrößen sind nach Bernhard Philbert gleich Null.

Schon Meister Eckart ($\approx$ 1260 – 1327) wusste: „Alles, was geschaffen oder erschaffen ist, ist nichts".

Die Welt ist nach Hans-Peter Dürr nicht Realität, nicht dingliche Wirklichkeit: abgeleitet von res = das Ding. Es existiert überhaupt nichts. Nach der Quantentheorie gibt es am Anfang nur Verbundenheit und nichts, was verbunden ist, nur Zusammenhang und nichts, was zusammenhängt. Die kleinsten Teilchen sind nur noch Form und keine Anordnung von Materie (= Schlacke des Geistes). Die Form ist das Fundamentalste. Ist der Zusammenhang zerstört, dann ist nichts Greifbares mehr da.

Die Welt hat als Potentialität die Möglichkeit sich als Realität zu manifestieren, doch ist sie nicht die Realtät selber.

Wir sehen quasi im Bild nur den Fußabdruck aber nicht den Menschen selber. Damit geht ein Massenmord an anderen Möglichkeiten der Manifestation einher. In jedem Augenblick verschwindet etwas und es entsteht Neues ohne dass das eine Ursache und eine Wirkung hat.

Was wir als Realität ansehen, ist im Bild ausgedrückt die Schaumkrone auf einem Meer, eine Artikulation des Ganzen. Aus diesem Ganzen fallen wir niemals heraus.

In der Quantentheorie müssen wir Worte finden für etwas, das uns im Tiefsten unverständlich bleibt .

Wir können z.B. Liebe nicht beschreiben, doch können wir mit jemanden über Liebe sprechen, der sie selber schon erfahren hat, den können wir an sie erinnern. Soweit sinngemäß zusammengefasst, was Hans-Peter Dürr am 4.5.2002 auf 3 Sat sagte.

So wie das Weltall einen Anfang hatte, so wird es auch ein Ende haben. Abhängig von der Massenverteilung wird es entweder durch einen Kältetod oder durch einen Wärmetod enden. Man kann sich das Ende des Universums durch Schwerkrafteinwirkung in einer gewaltigen Implosion, einem Gravitationskollaps („Big Chrunch") vorstellen. Nach diesem „Big Chrunch" könnte ein neuer „Big Bang" zünden und alles von neuem beginnen.

Heute mehren sich die Hinweise, dass die Expansion gegenüber der Gravitation obsiegen wird.

Sollten sich Protonen und Neutronen am Ende schließlich auch als instabil erweisen, dann bliebe von unserm Universum am Schluss nichts als Strahlung übrig.

Die Astronomen rechnen neben der uns bekannten Materie, bestehend aus: 98% Wasserstoff und Helium, sowie 2% Sternenstaub mit ~70% schwarzer oder dunkler Materie, deren Eigenschaften sie bis heute zwar noch nicht kennen, mit der sie aber den Zusammenhalt der Galaxien erklären.

Durch die neuerdings angenommene Vakuumenergiedichte bewirkt die hypothetische schwarze oder dunkle Energie eine beschleunigte Ausdehnung des Universums. Diese schwarze Energie wirkt wie eine Anti-Schwerkraft.

Albert Einstein hatte ursprünglich in eine seiner Formeln eine kosmologische Konstante eingeführt, die dieser der Schwerkraft entgegengestzten Kraft Rechnung trug. Später jedoch verwarf er diese Konstante als die größte Eselei seines Lebens.

Das Universum ist flach, denn die Hintergrundstrahlung ist keineswegs gleichförmig. Ihre Temperatur schwankt je nachdem, in welche Richtung man schaut. Diese Schwankungen spiegeln eine inhomogene Verteilung der Energie bereits im Ur-Kosmos wider, so wie sie von den Inflationstheoretikern behauptet wird.

Unser Universum hat nicht das Merkmal des Seins an sich, Es setzt die Existenz eines Seins voraus, das sich von ihm unterscheidet, das außerhalb seiner liegt. Wenn unsere Realität zeitlich ist, dann ist die Ursache dieser Realität ultrazeitlich und der Zeit wie auch dem Raum transzendent.

In der Bibel wird der Weltuntergang in 2. Petrus 3,10 wie folgt beschrieben:

„Es wird aber der Tag des Herrn kommen wie ein Dieb und an ihm werden die Himmel mit gewaltigem Getöse vergehen, die Elemente aber in der Gluthitze sich auflösen und die Erde und die Werke auf ihr nicht [mehr] zu finden sein".

Wenn wir den Sternenhimmel betrachten, schauen wir, bedingt durch die endliche Geschwindigkeit des Lichtes von ~300000 [km/s] prinzipiell immer in die Vergangenheit. Wir sehen nicht, was jetzt in unserer Gegenwart ist, sondern was einmal war. Diese Aussage gilt also strengenommen für jedes Sehen. Jedoch sehen wir die Objekte der Welt nicht, wie sie an und für sich sind, sondern wie sie uns erscheinen. Wir deuten sie. Denken Sie beispielsweise an das Farbensehen, das nicht allen Lebewesen gegeben ist. Daneben gibt es Farbfehlsichtigkeit, die sog. Farbblindheit bei bestimmten Menschen. Einige Insekten können ultraviolettes Licht als Farbe wahrnehmen, was wir nicht können.

Zu erwähnen wäre in diesem Zusammenhang auch das Phänomen der Größenkonstanz bei horizontaler Sichtweise.

Wir erkennen die Welt also nicht direkt, sondern erzeugen sie in unserm Gehirn aus bestimmten elektromagnetischen Schwingungen, die in unsere Augen fallen in jedem Augenblick neu und zwar dadurch, dass wir unsere Wahrnehmungen in unser geistiges Überlebenssystem, in unser Modell von Wirklichkeit einordnen.

Auch das Christentum kam als ein historisches Faktum in die Welt. Es ist keine Weltanschauung, die im Verlauf der Menschheitsgeschichte dem variablen, jeweils modernen Zeitgeist fortlaufend angepasst werden müsste. Es ist nicht an ein formales Prinzip gebunden, sondern an die geschichtliche Person: Jesus von Nazareth, der ein realer Mensch mit seiner eigenen Personalität unter Menschen während einer bestimmten Zeitepoche war.

„Von einer Frau geboren und unter das Gesetz getan" verkündet Paulus lapidar in seinem Brief an die Galater, Kapitel 4, Vers 4.

Jesus hat eine Vorgeschichte, die wir im „Alten Testament", besser in der „Hebräischen Bibel" aufgezeichnet finden.

Der Gott, der in ganz besonderer Weise sein Vater ist und den er einzigartig in seiner aramäischen Umgangssprache mit „Abba" = Papa anredet, ist der Gott der Väter: Der Gott Abrahams, der Gott Isaaks und der Gott Jakobs.

Die Bibel entstand in dem Zeitraum ~2000 vor Christo bis ~150 nach Christo. Sie umfasst u.a.: Geschichtsbücher, Kriegsberichte, Gesetze, Gemeindeordnungen, Register, Reden, Weisheitssprüche, Prophetenworte, Lehrbücher, Apokalypsen, Evangelien, Briefe, Beschreibungen von Auditionen, Visionen und Halluzinationen, Wundergeschichten, Mythen, Philosophie, religiöse Dichtung, Gebete und Lieder, Legenden und Märchen, Sagen und Poesie.

Die biblischen Texte sind <u>wahr</u> im Gegensatz von richtig. Sie müssen nur recht gedeutet und verstanden werden. Und das geht nach Luther nur mit Hilfe des Heiligen Geistes. Losgelöst vom Heiligen Geist ist das Wort Kreatur, wie alle andere Kreatur und der Rezipient verfällt dem Buchstabilismus.

Osho schrieb z.B.: „Ein Gleichnis ist ein Diamant, der in einer Zwiebel verborgen liegt. An der Oberfläche ist es eine Geschichte; im Kern ist es ein Geheimnis. Das Offensichtliche ist nicht das Wirkliche.

Die Bibel wurde von Einzelmenschen aber auch von Menschengruppen ursprünglich in Einzeldarstellungen verfasst, die zunächst vermutlich nur mündlich und bisweilen in mehrerlei Gestalt überliefert wurden, ehe sie in die Bibel nebeneinander oder auch zu einer Erzählung kombiniert von Redaktoren mehr oder minder überlieferungsgetreu, gelegentlich mit Auslassungen oder Wiederholungen je nach religiöser oder geschichtlicher Bedeutungseinordnung der ihnen vorliegenden Textfragmente und daraus resultierend mit zahlreichen inneren Widersprüchen (siehe dazu beispielsweise den Bericht über den Zug des Volkes Israel durch das Rote Meer) und Sprüngen und zum Teil mit Eigenem angereichert zusammengefasst wurden. Mitunter ist ihre Redaktormeinung herauszuspüren. Ungefähr 1350 Jahre lang wurde an der Bibel geschrieben.

In vielem unterscheidet sich die Bibel nicht wesentlich von der Literatur ihrer zeitgenössischen Umwelt. Abschreibfehler, Missverständnisse (z.B. der gehörnte Moses), irrtümliche Aufnahme von persönlichen, erklärenden Randbemerkungen von Abschreibern in den Text, Übersetzungs- und Interpetationsfehler bei der Überlieferung durch die Zeit veränderten die ursprünglichen Aussagen der Grundtexte. So liegen uns heute eine Reihe von Textvarianten vor, unter denen wir auswählen müssen.

Als Beispiel nenne ich hier die Stelle Lukas 3,22: „Du bist mein geliebter Sohn, an dir habe ich Wohlgefallen gefunden" oder „Mein Sohn bist du, heute habe ich dich gezeugt", wie es im Neuen Testament von Ulrich Wilckens und in einer Fußnote der Zürcher Bibel von 1931 heißt. Die „Gute Nachricht" von 1982 bezeugt noch eine andere Variante: „Du bist mein Sohn, dir gilt meine Liebe, dich habe ich erwählt".

Martin Luther sagt sinngemäß: Wie einer glaubt, so ist sein Gott. Glaubst du, so hast du, glaubst du nicht, so hast du nicht. Jeder hat immer gerade soviel von Gott, wie er glaubt. An anderer Stelle schreibt er: „Gott ist eine leere Tafel, auf der nichts weiter steht, als was du selbst darauf geschrieben".

Das Göttliche zeigt sich in der Bibel in menschlicher Brechung . Die überzeitliche Botschaft erscheint in zeitlicher Einkleidung. Jesus, das fleischgewordene Wort, das Abbild des unsichtbaren Gottes, kommt in der Einkleidung historischer Berichte zu uns. Alle neutestamentlichen Berichte sind nachösterliche Verkündigung. „Alle Berichte der Evangelien atmen Auferstehung" merkt Schlatter an. Die urchristlichen Zeugen können garnicht anders, als die Geschichte des irdischen Jesus im Lichte seiner Auferstehung zu sehen, sie gleichsam von rückwärts zu lesen, schreibt auch Helmut Thielicke.

Die Bibel ist die Windel, in die Jesus Christus eingewickelt worden ist, meint Martin Luther. Für ihn ist Gottes Wort in der Bibel das, was Christum treibet. Den Jakobusbrief nennt er aus diesem Grunde eine stroherne Epistel, die man am besten in die Elbe schmeißen sollte.

Das Wort Gottes ist nach Stählin ein visionäres Erlebnis.

Die Evangelisten des Neuen Testamentes waren inspirierte Dolmetscher der Lehren Jesu, nicht nur Stenotypisten, schreibt der Theologe Robert Stein. Sie versuchten mehr die Bedeutung weiterzugeben als exakte Details. Sie wollten gar nicht historisch genau dokumentieren, was tatsächlich einmal geschehen war. Ihr Hauptanliegen war, zu verkündigen: "„Jesus ist der Herr", auch heute noch. So besitzen wir nur die gläubige Reaktion der ersten Christen auf das an sie ergangene Wort Jesu, nicht aber sein Wort selber, einmal abgesehen von ein paar in den Evangelientext eingestreuten aramäischen Kurzzitaten.

Alles, was wir von Jesus wissen, ist gefärbt und gedeutet vom Glauben seiner frühen Anhänger. Die heute noch erhaltenen, späteren Abschriften der Urschriften des Neuen Testamentes sind in griechischer, nachklassischer Umgangssprache der „Koine" abgefasst. Jesus aber sprach sehr wahrscheinlich nur aramäisch. So waren die Übersetzer gezwungen Gedanken für Gedanken in lebendigen Entsprechungen auszudrücken, denn keine Sprache ist mit einer anderen identisch. Martin Buber spricht hier von Ersetzungen und nicht von Übersetzungen von einem Sprachufer zum anderen. Die griechischen Textvarianten wurden von verschiedenen Übersetzern immer wieder neu ins Deutsche übertragen. Doch auch das Deutsche hat oft keine genauen Entsprechungen für hebräische, aramäische oder griechische Ausdrücke.

Betrachten wir beispielsweise das griechische Wort: parakletos = Heiliger Geist.Tröster, Helfer, Beistand, Stellvertreter, Fürsprecher, Ermutiger, Mahner, Berater und Freund sind alles Paraphrasen des originalen griechischen Wortes.

Oder nehmen wir uns das griechische Wort: sarx = Fleisch vor. Paraphrasen sind: menschliche Natur, naturgegebenes Selbst, der sich selbst liebende, ichbefangene, ichsüchtige Mensch, der für sich selbst lebende und von Gott abgeschnittene Mensch, der gottferne Zustand des ganzen, natürlichen Menschen. Paulus nennt Fleisch das, was außerhalb von Christus ist.

Im Hebräischen gibt es kein eigenes Wort für: vergeben. Das entsprechende Wort bedeutet: tragen. Wenn wir also sagen: Gott vergibt dir, dann ist eigentlich gemeint: Gott trägt dich mit der ganzen Last deiner Schuld und deiner Begrenzungen.

Der Übersetzer biblischer Texte sollte so frei wie nötig und so wortgetreu wie möglich übersetzen.

Das Anliegen der Bibeltexte ist glaubenerweckende Anrede an uns. Sie wollen unserm Leben Sinn einstiften.

Wie wollen wir nun heute Aussagen der Bibel über Weltschöpfung , Wunder und Weltende verstehen? Sind sie mit unserm modernen Weltbild in Einklang zu bringen?

Im 18. Und 19. Jahrhundert waren es naturwissenschaftliche Erkenntnisse, die auch Teile der Theologie liberalisierten. Eine Möglichkeit von Naturwundern erschien damals völlig ausgschlossen. Wunder wurden als Durchbrüche der Naturgesetze angesehen. Die damaligen Naturgesetze aber galten als unumstößlich. Sie galten uneingeschränkt und wurden als Gebote aufgefasst, die bestimmen, was sich in der Natur ereignen kann und muss. Die Welt als ganze schien berechenbar zu sein. Die Mathematik galt als der Schlüssel zum Verständnis der gesamten Wirklichkeit. Verstehen war gleichbedeutend mit Berechnen-Können. Ja selbst der Mensch war nach dem Arzt La Mettrie, der von 1709 bis 1751 lebte und zur Tafelrunde Friedrich des Großen gehörte, nichts weiter als eine, wenn auch höchst komplizierte Maschine (L`homme machine), ebenfalls berechenbar in allen seinen zukünftigen Handlungen, wenn nur alle seine Anfangsbedingungen bekannt wären.

Der Mathematiker Kurt Gödel bewies: Ein Zahlensystem, das in sich Widerspruchsfrei ist, kann niemals vollständig sein. Demnach sind wir Menschen unfähig, etwas Ganzes gleichzeitig zu begreifen.

Von der Bibel ließ man noch Jesu Bergpredigt und einige Aussagen des Paulus über die Liebe im ersten Korintherbrief gelten. Daraus entwickelte man eine Ethik als optimale Strategie mitmenschlichen Lebens.

Als Beleg für die eben gemachten Aussagen zitiere ich aus dem Buch: Kraft und

Stoff, von Dr. Louis Büchner aus dem Jahre 1858:

Cotta: „Die empirische Naturforschung hat keinen anderen Zweck, als die Wahrheit zu finden, ob dieselbe nach menschlichen Begriffen beruhigend oder trostlos, schön oder unästhetisch, logisch oder inkonsequent, vernünftig oder albern, notwendig oder wunderbar ist".

Virchow: „Über den Glauben lässt sich wissenschaftlich nicht rechten; denn die Wissenschaft und der Glaube schließen sich aus".

„Der Naturkundige kennt nur Körper und Eigenschaften von Körpern; was darüber ist, nennt er transzendent und die Transzendenz betrachtet er als eine Verirrung des menschlichen Geistes".

„Leben ist nur eine besondere Art der Mechanik und zwar die allerkomplizierteste Form derselben".

Frauenstädt: „Die moderne Naturwissenschaft lässt keine Mythen, keinen Wunderglauben, keinen Himmel und keine Hölle, keine hohlen Spekulationen aufkommen".

Feuerbach: „Die Spekulation ist die betrunkene Philosophie".

Vogt: „Die Materie ist unerschaffbar, wie sie unzerstörbar ist".

Linne´: „Die Natur macht keinen Sprung".

Der Satz: „natura non facit saltus" geht auf Aristoteles zurück.

Auch Gottfried Wilhelm Leibniz, der von 1646 bis 1716 lebte, hatte ein Gesetz der Kontinuität aufgestellt.

Dr. Louis Büchner: „Die Gesetze, nach denen die Natur tätig ist, ... sind ewige und unabänderliche".

Moleschott: „Das Naturgestz ist der strengste Ausdruck der Notwendigkeit".

Ule: „Vermöchten wir im Ernste zu glauben, dass die Naturgesetze durch das Leben einmal willkürlich umgestoßen werden können, so hörte jede Naturforschung wie jede Seelenforschung auf".

Und zum Schluss:

Hirschel: „Nichts ist für den Deutschen unwahrscheinlich genug, dass er nicht eine Theorie dazu erfände".

Um die Mitte des 20. Jahrhunderts wurden durch einige Naturwissenschaftler die Fronten umgekehrt und die biblischen Wunderberichte, sowie Berichte über Weltschöpfung und Weltende gegenüber bestimmten theologischen Richtungen hinsichtlich ihrer Möglichkeit verteidigt. Diese unvorhergesehene Wandlung ergab sich als Folge der Revolution der Naturwissenschaften zu Beginn des 20. Jahrhunderts. Sie lässt sich durch Schlagworte wie: Relativitätstheorie, Quantenphysik und Heisenberg`sche Unschärferelation kennzeichnen.

Theologen reagierten zumeist negativ. Angriffspunkte waren u.a.: Eine rein naturwissenschaftlich Apologetik, etwa die Verteidigung der Siebentageschöpfung als von Gott hervorgerufene Siebentageevolution lässt Fragen der Textforschung und der Zeitgeschichte außer Acht. Die Denkmöglichkeit eines Wunders sagt nichts über die theologische Einordnung der Wunderberichte in das Grundverhältnis von Mensch und Gott aus.

„Die Physik steht in der Situation der doppelten Verneinung", schrieb Pascual Jordan. Sie glaubte einmal „Nein" sagen zu können zum christlichen Glauben und sie nimmt dieses „Nein" heute wieder zurück. Freilich bedeutet dieses doppelte „Nein" kein „Ja".

Wir wollen uns nun im Folgenden mit dem Sinn unseres begrifflichen Denkens über Gott und seine Schöpfung, unsere Welt, näher befassen. Wir wollen versuchen, dort , wo von naturwissenschaftlichen Argumenten her, für den, der nach dem Wesen des christlichen Glaubens forscht, Hindernisse entstehen, diese fortzuräumen.

Vorweg sei gesagt, dass es ganz unmöglich ist, einen dem menschlichen Verstand voll einsichtigen Weg zu Gott zu bahnen. Unser Verstand ist nicht und nie in der Lage von sich aus in das Reich Gottes einzudringen, denn er ist endlich, ist begrenzt und kann den unbegrenzten Gott nicht und nie voll begreifen.

Franz Rosenzweig schreibt: „Wir wissen von Gott nichts, aber das ist ein Nichtwissen von Gott" und B. Welte meint: „Gott ist nicht denkbar, nicht wissbar, nicht beweisbar, auf keinen Fall begreifbar aber berührbar".

„Es gibt keinen Ort, von dem aus wir auf Gott schauen könnten, als ob er etwas außerhalb von uns wäre, dessen Existenz bejaht oder verneint werden könnte".

Ein begriffener Gott ist kein Gott, meint Gerhard Tersteegen (1697 – 1769). Novalis (1772 – 1801) der mathematisch, naturwissenschaftlich gebildete Dichter, ist der gleichen Meinung: „Wenn wir Gott in allem verstünden, wäre er nicht Gott". Und Karl Barth gibt zu bedenken: „Ein bewiesener Gott ist Welt und ein Gott der Welt ist ein Götze".

Christlicher Glaube bedeutet für unseren Verstand immer eine Zumutung. Er kann nur blind gewagt werden , denn: „Es ist aber der Glaube eine Zuversicht auf das, was man hofft, eine Überzeugung von Dingen, die man nicht sieht" (Hebr. 11,1). „Niemand hat Gott je gesehen" (Joh. 1,18). Diese Zumutung für unseren Verstand betrifft jdoch nicht unser wissenschaftliches Denken. Sie geht unsere Existenz vor Gott an.

Exaktes wissenschaftliches Denken kann nie in einen Widerspruch zum richtig verstandenen Glauben kommen. Glaube kann nur mit Glauben und Wissenschaft kann nur mit Wissenschaft in Konflikt geraten. Eventuell auftretende Widersprüche sind Scheinwidersprüche.

Blaise Pascal merkt dazu an: „Wohl lehrt der Glaube, was die Sinne nicht erkennen, aber niemals das Gegenteil von dem was sie sehen. Er ist darüber aber nicht entgegen".

Ein Hauptirrtum einiger Theologen ist, dass sie Gedanken aussprechen, die beabsichtigt oder unbeabsichtigt der Struktur des Denkens widersprechen. Solche Aussagen und die Haltung aus der sie entspringen sind Verwechslung von echtem, wahren Glauben und einem bloßen Fü-wahr-Halten!

In der neueren Philosophie des 20. Jahrhunderts werden Realität und Wirklichkeit gegenübergestellt. Unter dem Realen wird das bloße Vorhandensein eines Dinges verstanden,seine faktische Existenz. Demgegenüber betrifft Wirklichkeit das Vorhandensein eines Dinges in unserer persönlichen Welt, auch nur in unserer Vorstellung, in unseren Träumen, Auditionen, Visionen etc.. Dinge sind dann wirklich, sofern sie wirksam anwesend sind. Sie brauchen dabei also nicht real zu sein, also faktisch garnicht vorhanden zu sein.

Im Materialismus (wir lasen schon von der angeblich „ewigen Materie) war die Wirklichkeit der Realität untergeordnet. Geistiges, seelisches und kulturelles Geschehen wurde als Folgeerscheinung materieller Gesetze betrachtet. Demgegenüber rückte die Existenzphilosophie die Eigengesetzlichkeit des Wirklichen in den Vordergrund. Danach lässt sich das menschliche Sein nicht aus seinem reinen biologischen Ablauf begreifen. Es steht auf eigenen Fundamenten.

Die Existentialien: Angst, Sorge, Enttäuschung, Hoffnung, das Beheimatetsein des Menschen in der Welt aber auch seine Sehnsucht der Welt zu entfliehen, das Sein zum Tode sind nach Martin Heidegger Urphänomene menschlicher Existenz.

Die Kerygmatheologie (von Kerygma = Verkündigung), ein Zweig der modernen Theologie des 20. Jahrhunderts, bemüht sich, den christlichen Glauben ausschließlich in Begriffen der Wirklichkeit darzustellen. Dabei wird die existentiale, die Existenz, das menschliche Dasein hinsichtlich seines Seinscharakters betreffende Interpretation der Bibel soweit getrieben, dass die Realität vieler Ereignisse ausgeklammert wird. Wunder werden geleugnet. Die Auferstehung Jesu in einer biologisch-historischen Gestalt wird bestritten. Rudolf Bultmann, der Hauptvertreter dieser Theologie schreibt beispielsweise: „Ein Toter kann nicht wieder lebendig werden und aus dem Grab steigen. Mit dem Leib Jesu ist geschehen, was mit jedem Leib eines Gestorbenen geschieht, er ist verwest".

Und Bultmanns Schüler Braun behauptet: „Die Gebeine Jesu modern noch heute in Massengräbern".

Von Belang ist allein die verkündigte Botschaft, die in den Wunderberichten etwa verborgen liegt, also das, was mit ihnen gesagt werden sollte, nämlich ein Vorgriff auf das zukünftige Reich Gottes. Das wirksame Anwesendsein eines Wunders in der subjektiven Welt der Jünger und der Glaubenden ist allein bedeutsam. Das leere Grab ist von sekundärer Bedeutung. Wichtig ist allein, die Gemeinde war überzeugt, dass Jesus lebt.

Die Naturwissenschaft hat es mit dem zu tun, was in aller Regel geschieht. Ihre Aufgabe ist es, Reales möglichst exakt zu erfassen und zu beschreiben. Als Hilfsmittel dazu dienen ihr auf der einen Seite die grammatische Sruktur der Sprache, die Gesetze der Logik und die Mathematik.

Die Mathematik ist intersubjektiv und daher für alle Anwender in gleicher Weise gültig. Sie zeigt uns, was sich alles widerspruchsfrei denken lässt. Die Mathematisierung der Welt gibt wegen dieser Widerspruchsfreiheit Sicherheit, denn alles ist richtig, was sich beweisen lässt.

Wenn wir eine naturwissenschaftliche Frage stellen, bekommen wir eine naturwissenschaftliche Antwort. Nicht mehr und nicht weniger.

„Naturwissenschaft ist die Untersuchung des Textes der Natur auf seine grammatikalischen Regeln. Die Naturwissenschaft untersucht also die Regeln, nach denen die Natur funktioniert. Physik kann die Welt nicht erklären. Die Welt ist aus sich heraus nicht begründbar. Zweck und Sinn sind keine naturwissenschaftlichen Begriffe" (Harald Lesch).

Bevor wir naturwissenschaftlich arbeiten können, fällen wir ein Vorurteil. Alle Beobachtungen sind nach Popper theoriegeprägt; es gibt keine uninteressierte theoriefreie Beobachtung. Voraussetzung für wissenschaftliches Arbeiten ist ein möglichst kohärentes = zusammenhängendes Naturbild.

Eine wissenschaftliche Theorie ist ein mathematisches Modell, das entworfen wird, um Beobachtungen und Messergebnisse zu beschreiben, zu ordnen und miteinander zu verknüpfen. Dieses Modell existiert nur in unserem Kopf. In sich muss es widerspruchsfrei sein und der Realität möglichst nahe kommen. Die Realität sind die (von Gott) gesetzten und gesteuerten Abläufe in der Natur.

Eine abgeschlossene Theorie ist vorläufig, keinesfalls endgültig. Heisenberg hat bezweifelt, dass es überhaupt endgültige Theorien gibt. Ernst Mach drückt sich poetischer aus: „Theorien sind wie welke Blätter, die abfallen, nachdem sie dem Lebewesen Wissenschaft erlaubt haben, eine Zeit lang zu atmen".

Eine in sich abgeschlossene Theorie kann durch kleine Änderungen nicht mehr verbessert werden. Der Schritt zu einer neuen Theorie kann deshalb nur ein großer sein, eine Revolution. Die neue, nachfolgende Theorie enthält die vorangegangene Theorie als einen Grenzfall, der in angebbarer Näherung gilt. Albert Einsteins Theorien schließen Newtons Physik mit ein. Diese lässt sich aus der genaueren Physik Einsteins ableiten. Heute gibt es Bereiche, in denen bestimmte Aussagen der Relativitätstheorie nicht mehr zu gelten scheinen, wie etwa bei der an den Tunneleffekt gekoppelten Überlichtgeschwindigkeit.

Manche Postulate mussten auch ersatzlos aufgegeben werden. So musste im 20. Jahrhundert die Idee des sog. „Ruhenden Äthers", der als unsichtbares, vollkommen elastisches und reibungsfreies Fortpflanzungsmedium für elektromagnetische Wellen, wie etwa das Licht, postuliert worden war, erssatzlos gestrichen werden.

Galileos Methode war: „Alles was messbar ist, messen und was nicht messbar ist, messbar machen". Was nicht messbar gemacht werden kann, kann abgeleugnet werden. Und wo Widersprüche auftreten, handelt es sich demnach um Irrtümer, Fehleinschätzungen oder um Irreales, das höchstens in der Privatsphäre existieren darf.

Wir befragen die Natur durch Experimente. Mit ihnen beobachten wir nicht einfach die Realität, vielmehr schaffen wir uns eine idealisierte Situation, die es in der erlebten Wirklichkeit so garnicht gibt. Es gibt z.B. kein abgeschlossenes System. Es ist völlig unmöglich, das Eindringen oder Abstrahlen jeglicher Energie: wie etwa Wärme, langwellige Radiostrahlen, Schallwellen, Gravitation und dergleichen auszuschließen. Es gibt keine geradlinig-gleichförmige Bewegung; es gibt kein ideales Gas, das beliebig stark komprimiert werden könnte. Kein absolutes Vakuum ist herstellbar etc.. Wir denken uns die Störungen in der Realität einfach weg und korrigieren nachher intersubjektiv die erhaltenen Messergebnisse .

Die Wärmelehre beispielsweise beschreibt also nicht die Welt, so wie sie an sich ist, sondern so, wie wir sie uns vorstellen müssen, damit wir zu einfachen Naturgesetzen kommen. Es gilt also nicht, die Wahrheit zu ergründen, sondern vielmehr ein widerspruchsfreies Bild der Welt zu erstellen.

Ein vollständiges Erfassen aller Aspekte der Wirklichkeit in einem Gesetz ist unmöglich. Eine allgemein gelten sollende mathematische Formel kann also niemals sagen, was ein Ding letzten Endes wirklich ist, sondern nur wie es sich verhält. Eine mathematische Formel ist gleichsam ein symbolisches Fenster, hinter dem die Natur auftaucht, die Welt, die dahinter liegt. Wir blicken durch die Oberfläche der Formel hindurch auf eine darunterliegende Schönheit.

Die Richtigkeit der von Menschen aufgestellten sog. Naturgesetze lässt sich nicht beweisen. Auch über ihre Beständigkeit und ihren Geltungsbereich lassen sich keine umfassenden Aussagen machen.

„Wir stellen viele Fragen an die Natur. Die Natur sagt meistens „Nein" manchmal „Vielleicht", aber niemals „Ja" (Albert Einstein).

Einen objektiven Standpunkt gibt es nicht.

Wie sollte aber dann eine wissenschaftliche Aussage aussehen? Sie sollte:

1.) intersubjektiv sein, d.h. von verschiedenen Personen an verschiedenen Orten zu verschiedenen Zeiten nachvollziehbar sein, d.h. kontrollierbar und reproduzierbar sein,

2.) der Wahrheit möglichst nahe kommen.

   (Versteht man unter Wahrheit die exakte Übereinstimmung zwischen dem was beobachtet wird und der Beschreibung des Beobachteten, dann gibt es in der Naturwissenschaft keine Wahrheit. Alles, was ausgesagt wird, kommt der Wahrheit bestenfalls nur sehr nahe). Sie sollte:

3.) widerspruchsfrei,

4.) möglichst umfassend sein,

5.) möglichst einfach sein,

6.) wertfrei sein,

7.) emotionsfrei sein und sie sollte schließlich

8.) konfliktfrei sein.

Ein singuläres Ereignis, wie etwa bei der Singularität des Urknalls, ist nach der obigen Definition einer wissenschaftlichen Aussage wissenschaftlich nicht untersuchbar.

Bevor wir auf den Inhalt naturwissenschaftlicher und mathematischer Aussagen etwas näher eingehen, müssen wir uns vergegenwärtigen, was überhaupt aussagen heißt. Allgemein ausgedrückt stellen Aussagen Beziehungen her zwischen Begriffen und anderen Aussagen. Begriffe sind Symbole, die begrenzen, die verendlichen.

Die Ganzheit der Natur ist nicht zu fassen. Jedes Denken, jedes wissenschaftliche Arbeiten ist ein Trennen, ein Unterscheiden, ein Lösen vom Ganzen. Hans-Peter Dürr benutzte als Bild ein Wollkneul, das wir untersuchen, indem wir den Faden abwickeln und damit den ursprünglichen Zusammenhang auflösen.

Die Lebenswirklichkeit wird sekundär beschrieben.

Der Theologe Pannenberg schreibt: „Die Systematische Theologie ist noch keine exakte Wissenschaft"

Vom theologischen Denken her schaffen sich die Theologen Gesamtentwürfe von der Welt. Innerhalb eines solchen Gesamtentwurfes treten auch naturwissenschaftliche Fragen auf. Dies ist die Kontaktstelle zwischen Theologie und den Naturwissenschaften.

Begriffe bilden sich aus Erfahrungen, ja sie bestehen aus einer Summe von Erfahrungsinhalten, Vorstellungen und Regeln. Beim Aufstellen logischer Grundregeln orientieren wir uns an den elementaren Denkerfahrungen.

In der Physik, der exaktesten Naturwissenschaft, dem harten Kern des neuzeitlichen Denkens, wie wir schon eingangs sahen, deren Grundbegriffe überfachliche, interdisziplinäre Bedeutung haben, stieß man auf Erscheinungen, die das auf Aristoteles zurückgehende Gesetz vom ausgeschlossenen Dritten: „Eine Aussage ist niemals zugleich wahr und falsch" auflockern.

Die Logik ist nichts Absolutes. Sie ist immer von der Erfahrung abhängig. Unsere Aussagemöglichkeiten sind also bereits durch die formale Struktur unserer Logik beschränkt. Zu beachten ist auch, was Ludwig Wittgenstein in seinem bekannten: „Tractatus logico philosophicus" unter 5,43 geschrieben hat: „Alle Sätze der Logik sagen aber dasselbe, nämlich nichts".

Bei der Analyse der Logik treffen wir auf eine Vernachlässigung, die weiter verbreitet ist, als zu vermuten wäre. Die Hilfsmittel der Naturbeschreibung werden als der Natur innewohnend, immanent angesehen. Sie sind jedoch nur Schöpfungen des menschlichen Geistes und keineswegs die Natur selbst.

Immanuel Kant stellte, noch von Newtons Mechanik geprägt, z.B. die Gültigkeit der euklidischen Geometrie zweidimensionaler Flächen in der physikalischen Welt als denknotwendig hin. Die Winkelsumme im Dreieck beträgt immer 180 Grad. Dieses Gesetz sei eine Grundwahrheit, die wir bei unsererBeschäftigung mit der Natur vorfinden. Daraus wurde gefolgert, dass die Gesetze der euklidischen Geometrie selbst der Natur immanent, also Eigenschaften des Kosmos seien. Albert Einstein korrigierte diesen fundamentalen Fehler als erster. Er benutzte zur Beschreibung der Physik des Weltraumes die von demMathematiker Gauß, dessen Portrait unseren letzten 10 DM – Schein zierte, einhundert Jahre vor ihm entwickelte nichteuklidische Geometrie. In dieser Geometrie beträgt die Winkelsumme im Dreieck nicht mehr 180 Grad. In beiden Geometrien gelten andere Gesetze. Das heißt nicht, das sie sich widersprechen. Es heißt nur, dass von verschiedenenVoraussetzungen ausgegangen wird und damit auch verschiedeneFolgerungen gezogen werden. Welche Geometrie zur Beschreibung der Weltraumphysik angewendet wird, entscheidet allein die Eignung. Die Frage: Welche Geometrie ist richtig oder falsch ist unsinnig. Beide Geometrien sind insoweit richtig, als sie in sich widerspruchsfrei aufgebaut sind, In der Einstein-schen Theorie ist jedem Punkt des physikalischen Raumes eine Krümmung zugeordnet. Mit zunehmender Raumkrümmung geht die Zeit langsamer. Sie ist ein Bestandteil des Universums. Sie ist etwas für sich Eigenes. Es gibt sie erst, seit Bewegung möglich wurde. „Alles fließt" meinte Heraklit.

„Entferne Materie aus dem Universum und du entfernst auch Raum und Zeit", sagt uns Albert Einstein.

Zeit ist dann vergangen, wenn die Entropie, ein Maß der Unordnung, zugenommen hat. Alles im Universum drängt zur Entropievermehrung also zu mehr Unordnung.

Neben unserem Universum mögen andere existieren, von denen wir nichts wissen und auch nichts wissen können. Man spricht auf diesen Aspekt hin vom Multi- oder Pluriversum. In diesen hypothetischen Universen könnten ganz andere Gesetze gelten als wir sie kennen und sie könnten auch etwas ganz anderes haben als unsere Zeit.

Der Einstein-Schüler David Bohm meint: Die Raumzeit ist nur eine gedankliche Ordnung, die sich die Menschen gebildet haben. Die wirkliche Ordnung existiert an einem anderen „Ort" jenseits des Verstandes. Somit ist die sich ausdehnende Raumzeit, die wir kennen, nur ein Teil des Seins. Es gibt eine verborgene Dimension, die wissenschaftlicher Untersuchung unzugänglich ist. Damit ist auch die Frage nach dem Ursprung der Naturgesetze, die aus einer verborgenen Ordnung kommen nicht zu beantworten.

Ein Analogmodell zum in sich gekrümmten geschlossenen Raum in der Fläche ist ein zweidimensionales hypothetisches Wesen auf einer Kugelfläche, das nur in Kreisbahnen geradeausgehen kann und dabei die Krümmung der Kugel nicht wahrnimmt und schließlich beim Geradeausgehen wieder an seinem Ausgangs-punkt ankommt.

Die Aussage: „Der Raum ist gekrümmt", wird nicht als eine neue dem Welt-raum innewohnende Eigenschaft behauptet. Sie ist kein neues naturphilosophi-sches Dogma. Sie ist nur ein Hilfsmittel, um physikalische Messdaten eleganter verarbeiten zu können. Immanente Eigenschaften des Raumes anzugeben über-schreitet grundsätzlich den Rahmen der Physik.

Der Raum lässt sich nicht, wie wir schon bei Einstein sahen, von der Materie trennen. Er ist ihr Gewand. Die Abstraktion von Resonanzphänomenen, vom elektromagnetischen Feld schafft den Gedanken des Raumes. Das Feld ist da und ist messbar. Der Raum ist die Loslösung davon.

Vom absoluten Raum und von der absoluten Zeit Newtons spricht heute keiner mehr. Nach Einstein ist auch der leere Raum gekrümmt.

Logik und Mathematik, diese als Logik in reinster Ausprägung, sind nur Hilfs-mittel, um die Natur zu beschreiben. Sie selbst sind kein Bestandteil der Natur. Die Mathematik für sich betrachtet enthält keine Naturwahrheiten. Doch mit ihrer Hilfe lassen sich Beobachtungsdaten ordnen. Einstein sagte: „Ich bediene mich der Mathematik, aber ich glaube nicht an sie. Ich glaube an Gott".

„Hypothesis non fingo" = Ich gebe keine Erklärung, schrieb Newton, der von 1643 bis 1727 lebte, von seinem Anziehungsgestz und Kichhoff bemerkte im 19. Jahrhundert: „Wir wollen die Natur nicht erklären, nur beschreiben".

Auch zu Friedrich Nietzsche (1844 – 1900) war diese Erkenntnis vorgedrungen. Er schrieb 1885: „Es dämmert jetzt vielleicht in fünf sechs Köpfen, dass Physik auch nur eine Weltauslegung und Zurechtlegung und nicht eine Welterklärung ist". Der Nobelpreisträger von 1932 Werner Heisenberg (1901 – 1976) geht noch weiter: „Die Naturwissenschaft beschreibt und erklärt nicht einfach die Natur; sie ist ein Teil der Wechselwirkung zwischen Natur und uns selbst". Erklären meint hier neu gefundene Phänomene auf bekannte zurückzuführen.

Die Naturwissenschaft untersucht die Frage nach dem „Wie". Die Theologie beschäftigt sich mit dem Sinn dahinter. Sie fragt nach dem „Warum" und „Wozu". In der Naturwissenschaft erscheint als Träger der sog. Naturgesetze die Kausalität, die das Verhältnis von Ursache und Wirkung betrifft. Ohne die Grundannahme eines Kausalverhältnisses wäre jedes naturwissenschaftliche Arbeiten unmöglich. Wissenschaftlich wird von Zufall gesprochen, wenn in Situationen, die sich begrifflich als gleichartig charakterisieren lassen, in verschiedenen Einzeifällen de facto Verschiedenes geschieht.

Es wurde früher aber nun ebenfalls angenommen, dass die Natur selbst von kausalen Gesetzen beherrscht sei. Doch auch diese Aussage überschreitet den Rahmen der Naturwissenschaften. Von der Naturwissenschaft aus lässt sich nur sagen, dass unser Denken über die Natur kausal ist. Wenn von einer Wirkung gesprochen wird, dann wird bereits vorausgesetzt, dass diese Wirkung rückwärts auf der eindimensionalen Zeitachse eine Ursache hat. Beide Begriffe sind in Beziehung aufeinander definiert. Auch heute noch ist das Kausalprinzip für die meisten bisher beobachteten Geschehnisse ein angemessenes Instrument der Beschreibung. Unsere gesamte Makro-Technik beruht darauf. Jedoch gilt das Kausalprinzip nicht für alle Ereignisse, vor allem nicht im Bereich des Allerkleinsten. In der Quantenmechanik beispielsweise, in der die Gesetze für die Bewegung der Elementarteilchen, von denen inzwischen etwa 300 den sog. Elementarteilchenzoo bevölkern, abgehandelt werden, wird ein bestimmter Zustand des Teilchensystems durch ein Wellenfeld beschrieben, dessen weitere Entwicklung durch Differentialgleichungen streng bestimmt wird, das aber im Gegensatz zu den Wellenfeldern der klassischen Physik unbeobachtbar ist, also nur als Rechenbehelf dient. Es gibt eine imaginäre, komplexe Räumlichkeit, in der Wellenfunktionen definiert werden können (Psi-Funktionen), die genau festlegen, was in dieser Welt passiert, die aber in dieser Welt keine Bedeutung haben.

Beobbachtbar ist stets nur das Auftreten von Teilchen und diese sind mit dem Wellenfeld durch statistische Bedingungen verknüpft. Das grundsätzlich unbeobbachtbare Wellenfeld liefert für jeden Zeitpunkt an jedem Ort die Wahrscheinlichkeit für das beobachtbare Auftreten eines Teilchens. Ein Teilchen existiert nur dann in Form eines punktuellen Objekts im Raum und in der Zeit, wenn es direkt beobachtet wird. Ein Photon = Lichtquant wird nachdem es seine

Lichtquelle verlassen hat eine Wahrscheinlichkeitswelle. Erst im allerletzten Moment der Beobachtung entscheidet es sich, wie es in Erscheinung tritt."Ein unbeobachtbares Elektron ist in dem Sinne unbestimmt, dass es noch gar keine Eigenschaften angenommen hat. Eine Bahn des Elektrons gibt es in derNatur gar nicht. Sie ist etwas, das wir erfinden. Solange sein Impuls = m mal v, seine Bewegung gemessen wird, kann es zur selben Zeit, aber mit unterschiedlicher Wahrscheinlichkeit an mehreren Orten existieren, etwa wie eine Meereswelle, die gleichzeitig an verschiedenen Orten des Strandes ankommt. Gemäß der sog. „Kopenhagener Deutung" bricht im Meeresprozess die jeweilige wellenförmige Wahrscheinlichkeitsfunktion zusammen und tilgt etwa beim Messen des Ortes eines Elektrons seine sämtlichen anderen Aufenthaltsmöglichkeiten. In einer alternativen Lesart im Viele-Welten-Modell Hugh Everetts existieren die anderen Möglichkeiten weiterhin, allerdings in unsichtbaren parallelen Universen" (Jürgen Broschart in Geo vom 11.11.2001).

Man spricht landläufig davon, dass ein Lichtquantum, ein Photon gleichzeitig Welle oder Teilchen ist. Das ist aber nicht richtig. Welle oder Teilchen sind nur Bilder für das Lichtquantum, die sich gegeneinander ausschließen, sich aber mathematisch gut beschreiben lassen. Doch das Licht ist weder Welle noch Teilchen. Sein Charakter ist etwas, bei dem unsere Vorstellung versagt.

Registriert man beispielsweise in einem Detektor einen Klick, so konstruiert man sich danach mental etwas, das man als Lichteilchen benennt. Je nach dem Aufbau eines Experimentes mit dem man nach dem Wellen- oder Teilchencharakter des Lichtes fragt, bekommt man die entsprechende Antwort.

Das Wellenbild ist das Bild des Möglichen, das Korpuskel oder Teilchenbild ist das Bild des Wirklichen (Niels Bohr und Werner Heisenberg).

Bohr wollte mit seinem Begriff der Komplementarität vor allem die Vorstellung verbunden wissen, dass ein Erscheinungsbild das andere ausschließt, dass eine Seite völlig „verdeckt" ist, solange die andere Seite sichtbar wird.

Gerhard Gilch schreibt über die zwei Naturen Jesu: „Das Ereignis der Inkarnation (wörtlich Fleischwerdung – Menschwerdung) bedeutet grundsätzlich, dass Gott in Christus teilhat an der Wesensform dieser Welt, an der komplementären Erscheinungsweise der Materie in der Welt. Das bedeutet, dass in Jesus nur der Mensch Jesus oder aber Gott selber in Erscheinung tritt. Ein Beieinander beider Naturen, wie es das Calcedonese (Glaubensbekenntnis) formuliert hat, kann es nur insofern geben, als pro me (für mich) Christus nur sichtbar wird in dieser oder jener Weise. Eine gleichzeitige Zusammenschau ist unmöglich".

Im Gestaltfeld oder morphischen Feld hat sich eine Wahrscheinlichkeitsstruktur verwirklicht. Informationsfeld und reale körperliche Manifestation bestehen gleichzeitig nebeneinander (morphische Resonanz). Alles ist mit allem über unsichtbare Felder miteinander verbunden und wirkt auch über große Distanzen aufeinander ein.

Doch niemand weiß, was ein Feld, ein Gravitationsfeld, ein elektromagnetisches Feld ist. „Ich kann mit Sicherheit behaupten", lässt sich Richard Feynman vernehmen, „dass niemand die Quantenmechanik versteht. Das strengste Gebot der modernen Physik lautet: Du sollst dir kein Bildnis machen".

Nach Einstein ziehen materielle Körper einander nicht an. Vielmehr gehen ihre Bewegungen einfach auf die ihnen innewohnende Trägheit zurück. Ihre Bahnen werden durch die Krümmung des vierdimensionalen Raum-Zeit-Kontinuums bestimmt. Ein Körper, überhaupt jeder Massenpunkt beschreibt in einem Gravitationsfeld eine Bahn, für die die Länge zwischen je zwei Punkten in dem vierdimensionalen Kontinuum ein Minimum ist. Der Massenpunkt versucht mit der größten Annäherung einem geraden Weg zu folgen. Da aber die Raumzeit in einem Gravitationsfeld nicht flach ist, erscheint seine Bahn gekrümmt. Die beobachtbaren Bahnen eines Massenpunktes sind Wege des geringsten Widerstandes. Nach der Quantenphysik ist Materie also nur die sichtbare Form von Materiefeldern, die sich verwirklicht haben. Hans-Peter Dürr sagt: „Die Welt entsteht in jedem Augenblick neu".

Die Chaostheorie zeigt uns, dass unvorstellbar Neues entstehen kann. Aus dem potentiellen Sein kann Materie nur in Form von Elementarteilchen entstehen. Diese bestehen also nicht selbst aus Materie, sondern sie sind die einzig möglichen Formen, in denen sich Energie: ($E = m \times c^2$) nach Einstein als Materie manifestieren kann. Bei Einstein ist Masse (m) eine Form von Energie. Diese Energie ist in der Naturwissenschaft ein quantitatives Maß von Aktivität. Über das aber, was da aktiv ist, wissen wir keine Antwort. Materie besteht, wie weiter oben bereits gesagt, aus Energiemustern, die sich ständig ineinander umwandeln. Muster der Materie reflektieren die Muster unseres Geistes.

Die beobbachtbare Realität ist laut Igor Bogdanov nichts Anderes als ein Ensemble von Feldern. Und Herrmann Weyl sagt: „Materie ist nicht, sie geschieht".

Bekannt sind heute vier „stabile" Teilchen: Proton, Neutron, Elektron und Photon. Die uns bekannte „gewöhnliche" Materie besteht ausschließlich aus drei Grundbausteinen. Diese sind als Lepton das Elektron, das Up-Quark und das Down-Quark.

In der Raum-Zeit-Welt ist alles, was für uns Vergangenheit, Gegenwart und Zukunft eines Materieteilchens bedeutet, als ein großes Ganzes gegeben und die Gesamtheit aller für uns sukzessiven, also nach und nach ablaufenden Vorgänge, die die Existenz des Materieteilchens ausmachen, wird durch eine Linie, die Weltlinie des Teilchens repräsentiert. Die Zeitrichtung ergibt sich aus der Verknüpfung von Raum-Zeit-Ordnung und Kausalordnung.

Gott ist ewig bedeutet für den Christen: Gott steht über der Zeit. Er ist zeitunabhängig, d.h. zeitlos. Zeitlosigkeit bedeutet die totale Gleichzeitigkeit von allem.

Mit der Welt erschuf Gott auch die Zeit. „Vorher" gab es sie nicht. Für Gott, dem tausend Jahre wie ein Tag und ein Tag wie tausend Jahre sind, ist anders gesagt der ganze Ablauf des Universums auf einmal gegeben.

Bei den eben gemachten Aussagen über spezielle Aspekte der Quantenmechanik müssen wir uns klar machen, dass ein der Umgagssprache entnommener Begriff in einem anderen Sprachspiel (nach Wittgenstein), hier also in dem der neuen Physik, ein scharf umrissener terminus technikus sein kann, mit einer wohldefinierten Bedeutung, die nur noch wenig oder garnichts mehr mit der landläufigen gemein hat.

Hier ist mit ein Grund dafür zu suchen, dass zu Beginn des 20. Jahrhunderts die Revolution in der Interpretation der Naturgesetze infolge des Missverständnisses der benutzten Begriffe, die man in der Fachwelt eben weiter konservativ verstand, nur sehr schleppend zur Kenntnis genommen wurde und sich im allgemeinen Bewusstsein bis heute noch nicht voll durchgestzt hat.

Sehen wir uns daraufhin z.B. den Begriff Wahrscheinlichkeit einmal etwas genauer an. Die Wahrscheinlichkeit in der makroskopischenWelt und in der klassischen Physik ist eine Wahrscheinlichkeit des Unwissens. Bei Kenntnis aller Anfangsbedingungen glaubte man im Prinzip alles berechnen zu können, etwa auch den Lauf einer Roulettekugel oder wie oben schon erwähnt sogar den Menschen mit allen seinen zukünftigen Handlungen, wenn man nur seinen gegenwärtigen Zustand in allen Einzelheiten genau genug erfassen könnte.

Der Laplace'sche Weltgeist, der für einen bestimmten Zeitpunkt den genauen Zustand sämtlicher Massenpunkte als einen Weltquerschnitt kennt, dazu alle Naturgesetze und der über eine unbegrenzte mathematische Fähigkeit verfügt, sollte sogar den gesamten Weltlauf in Vergangenheit und Zukunft berechnen können. Das konnte nur als möglich gedacht werden, weil man sich die Welt als Summe einer ungeheuer großen Anzahl kleinster Massenpunkte vorstellte, die nach streng kausalen Kraftgesetzen aufeinander mechanisch einwirken. Eine weitere Voraussetzung war die Stetigkeit aller Abläufe in der Natur, die unendlich in einem absoluten Raum mit einer absoluten Zeit gedacht wurde. Der Satz: „natura non facit saltus" – die Natur macht keine Sprünge – war seit Aristoteles erkannt, von Leibniz neu fundiert und von Kant bestätigt worden.

Die Wahrscheinlichkeit der mikroskopischen Welt ist dagegen als fundamental zu verstehen. Weder praktisch noch im Prinzip ist der exakte Ablauf eines einzelnen atomaren Vorganges zu berechnen, gleichgültig wie genau die Anfangsbedingungen bekannt sind. Wären diese Einzelvorgänge streng determiniert (von Determinismus = Anfangsbedingung + Kausalität) also vorausberechenbar, könnte auf den immer kostspieliger werdenden Aufwand für weitere empirische Versuche in diesem Bereich der Natur, für die experimentelle Hochenergie- oder Teilchenphysik verzichtet werden, wie sie etwa hier bei uns in Hamburg beim Deutschen Elektronen-Synchrotron DESY betrieben wird.

Im Gegensatz zum Einzelvorgang sind Kollektivvorgänge, also das Gesamtgeschehen als Durchschnittsgeschehen fest determiniert und mit den Naturgesetzen berechenbar. Es lässt sich beispielsweise angeben, wann die Hälfte einer radioaktiven Substanz zerfallen sein wird. Die Zeit, die bis dahin verstreicht, nennt man bekanntlich Halbwertzeit. Es lässt sich aber nicht angeben, wann ein bestimmtes, einzelnes Atom dieser Substanz zerfällt. Bis zu seinem Zerfall ist es vollkommen „gesund". Und nichts deutet auf den bevorstehenden Zerfall hin.

Dirac meinte: „Es könnte sein, dass es einen Gott gibt, der diese Quantensprünge beeinflusst".

Die Grundgesetze der Natur wurden in der klassischen Physik, wie schon erwähnt, als Gebote aufgefasst, die genau beschreiben, was geschieht, ja was geschehen muss. Diese Charakterisierung der Gesetze musste über Bord geworfen werden. Nach heutiger Vorstellung sind die Grundgesetze der Natur Verbote. Sie schreiben vor, was nicht geschehen darf.

Die Erhaltungssätze:

der Energie: $E = m \times c^2$

des linearen Impulses: p

des Drehimpulses: J einschließlich Spin

der elektrischen Ladung: Q

der Elektronenladung oder Elektronenfamilienzahl: le

der Myonenladung oder Myonenfamilienzahl

der Baryonenladung oder Barionenfamilienzahl: B

der Fermionenladung

um nur einige zu nennen, sind solche Verbote. Ein Erhaltungssatz verbietet jeden Vorgang, bei dem die Erhalungsgröße verändert wird, aber er erlaubt jeden anderen Prozess.

In ihrer Struktur ähneln die neuen Naturgesetze den biblischen 10 Geboten der 2. Tafel: 2. Mose 20,13 – 17; 5. Mose 5,17 – 21, die auf das menschliche Zusammenleben abzielen und die wir ebenfalls als Verbote kennen: Du sollst oder Du darfst nicht (wie man auch übersetzen kann) töten, nicht ehebrechen, nicht stehlen, nicht falsch Zeugnis reden wider deinen Nächsten, du sollst nicht begehren. Du sollst die Energie, den Impuls, den Spin, die Ladung etc. bei allen Vorgängen konstant erhalten.

Wir dürfen bei einem Elementarteilchen nur fragen: Wie groß ist sein Eigendrehimpuls, wie groß ist sein Magnetmoment. Das sind klare Fragen auf die in Experimenten auch klare Antworten zu erwarten sind. Wir dürfen aber nicht fragen, wie Eigendrehimpuls oder Magnetmoment zustande kommen.

Zur allgemeinen Verwirrung wurden in den Naturwissenschaften und auch im Christentum historisch gewachsene Bezeichnungen beibehalten, die sich als nicht umfassend genug oder gar als falsch herausgestellt haben. So galt die Physik als die Lehre von den Naturvorgängen ohne stoffliche Veränderungen. Die Fließrichtung des elektrischen Stromes wurde von plus nach minus festgelegt. In Wahrheit fließen die negativen Elektronen zum Pluspol. Als Stoff, der die Säuren sauer macht, wurde der Sauerstoff angesehen. Es gibt aber Säuren ohne Sauerstoff wie z.B. die Flusssäure (HF). Gemeint war eigentlich der Wasserstoff = Hydrogenium (H). Sie kennen alle den PH-Wert, der negative dekadische Logarithmus der Wasserstoffionenkonzentration. Der PH-Wert-Bereich unter 7 wird als sauer und der Bereich über 7 wird als alkalisch oder basisch bezeichnet.

Die unterschiedlichen theologischen Richtungen heute benutzen dasselbe Vokabular mit total anders gemeinten Bedeutungsinhalten, z.B. Auferstehung Jesu als geschichtliches Faktum oder allein in das Kerygma, in die Verkündigung.

Nur weil wir noch von Jesus reden, lebt er, sagte mir Prof. Käsemann, einer der bekannten Bultmann-Schüler, in einem Privatgespräch auf meine diesbezügliche Frage. Jedenfalls habe ich ihn so verstanden. Später las ich das folgende Bekenntnis von ihm: „Der erhöhte Herr ist allein im Wort gegenwärtig".

Bultmann selbst, der zwar selber nicht glaubte, dass Jesus in Raum und Zeit auferstanden ist: „Jesus selber war eben nicht auferstanden", sagte dennoch: „Jesus lebt, nicht weil wir ihn verkündigen, sondern wir verkündigen ihn, weil er lebt".

In den vergangenen, fortschrittsgläubigen Jahrhunderten wurde in großer Selbstüberschätzung geglaubt, dass dem Menschen grundsätzlich alle Geheimnisse der Natur zugänglich seien. Es sei nur eine Frage der Zeit, wann es soweit sei. Die Messmethoden würden immer mehr verfeinert und es würde schließlich gelingen, alle noch ungelösten Differentialgleichungen der Physik zu lösen.

Die Grundgesetze der klassischen Physik haben die Form von zeitlichen Differentialgleichungen.

Diesem Irrglauben lagen zwei Annahmen zugrunde:

1.) Alle Messungen können beliebig verfeinert werden durch Schaffung immer besserer Messinstrumente, optischer Linsen, Reagenzien etc..

2.) Jeder Naturvorgang: der Lauf der Gestirne sowohl wie die Bewegung eines Moleküls oder eines Atoms ist von erfassbaren, mathematischen, kausalen Gesetzen gesteuert.

Die erste Annahme wurde durch die Heisenberg'sche Unschärferelation widerlegt, nach der gewisse Größenpaare wie etwa Ort und Impuls = $m \times v$ (Produkt aus Masse mal Geschwindigkeit) eines Teilchens oder Energie und Zeit prinzipiell nicht gleichzeitig beliebig genau gemessen werden können.

Das Produkt aus den Größen: $\Delta x \times \Delta p$ oder $\Delta E \times \Delta t \geq$ dem Planck'schen Wirkungsquantum: $h/2\pi$, das von Dirac: h-quer: $\hbar$ genannt wurde. Es hat die Dimension einer Wirkung: Energie $\times$ Zeit ($1,054 \times 10^{-27}$ [erg $\times$ s]). Ist $\Delta p = 0$, so wird $\Delta x = \infty$. Wird der Impuls und damit die Geschwindigkeit eines Teilchens ganz exakt gemessen, dann ist die Lage des Massenpunktes völlig unbestimmt, völlig unscharf.

Weiter beeinflusst im Mikrobereich das Messinstrument das zu messende Objekt. Dieses wird während der Messung verändert. In seinem ursprünglichen Zustand ist es prinzipiell gar nicht zu erfassen.

Die zweite Annahme kann in doppelter Weise interpretiert werden. Sie kann als Arbeitshypothese verstanden werden, die jeder Untersuchung eines Naturvorganges die Richtung weist und dann zur Formulierung eines Naturgesetzes führt. Gegen diese Auffassung ist logisch nichts einzuwenden, jedoch muss beachtet werden, dass dabei niemals ein Ende erreicht wird.

Popper schreibt: „Sicheres Wissen ist uns versagt. Unser Wissen ist ein kritisches Raten, ein Netz von Hypothesen, ein Gewebe von Vermutungen. Wir wissen nicht, sondern wir raten. Und unser Raten ist geleitet von dem unwissenschaftlichen, metaphysischen Glauben, dass es Gesetzmäßigkeiten gibt, die wir entschleiern , entdecken können".

Bis heute wurde z.B. zum Energieerhaltungssatz, der besagt dass die Energie in einem abgeschlossenen System immer konstant bleibt, kein Gegenbeispiel gefunden. Er gilt als fundamentales Naturgesetz. Was würde nun geschehen, wenn eines schönen Tages entdeckt würde, dass er aus unbekannten Gründen oder Umständen doch nicht immer gültig ist? Wäre dann ein Naturgesetz durchbrochen, ein Wunder geschehen?

Diese Frage ist für den heutigen Physiker falsch gestellt. Für ihn ist ein Naturgesetz niemals etwas Endgültiges oder Absolutes. Es ist niemals empirisch, also durch Beobachtung und Experiment verifizierbar, als wahr nachzuweisen. Es kann sich nur solange bewähren, bis es falsifiziert also widerlegt wird.

Tritt aber eine Ausnahme zu einer bisher gültigen Regel ein, so versucht der Physiker die alte Regel so zu erweitern, dass die neue Beobachtung noch mit umfasst wird oder er stellt eine neue auf, die die alte als Grenzfall mit enthält.

Popper bringt als anschauliches Beispiel die Aussage über Schwäne. Die Behauptung: „Alle Schwäne sind weiß", gilt nur solange bis beispielsweise ein erster schwarzer Schwan auftritt, dann muss sie erweitert werden.

Im Falle des Energieerhaltungssatzes würde der Physiker versuchen, den Begriff der Energie durch einen allgemeineren zu ersetzen,der unter den bisher betrachteten Umständen mit dem Begriff der Energie zusammenfällt, sonst jedoch verschieden ist. Statt der Konstanz der Energie würde dann die Konstanz der neuen Größe als Regel aufgestellt.

Es ist also wirklich ganz unmöglich, einem Naturgesetz seine endgültige, unabänderliche Fassung zu geben. Niemals gelangen wir zu letzten Geheimnissen der Natur. „Naturwissenschaft ist der Versuch bei der Erklärung der Natur ohne Wunder auszukommen", meint Hoimar von Dittfurth.

An dieser Stelle möchte ich einen Exkurs über virtuelle Teilchen einschieben.

Virtuell bedeutet nicht reel aber der Kraft oder der Möglichkeit nach vorhanden zu sein.

Denn der Energieerhaltungssatz: E = konstant, in einem abgeschlossenen System wird gegenstandslos, insoweit die Energie im Sinne der Quantenmechanik „unbestimmt" ist. Die Heisenberg`sche Unschärferelation: $\Delta E \times \Delta t \geq \hbar$ erlaubt dieVerletzung des Energieerhaltungssatzes allerdings nur für eine ganz kurze Zeitspanne. Es entstehen Elementarteilchen oder Feldquanten als sog. virtuelle Teilchen, zu deren Erzeugung als reelle Teilchen über längere Zeiten hinweg die Energie nicht ausreichen würde.

Es kann sich beispielsweise ein Neutron für die kurze Zeitspanne: $\Delta t \approx 10^{-23}$ [s] in ein Neutron und ein $\pi°$-Meson umwandeln, das von dem isolierten Neutron gleich wieder eingefangen wird.

Der virtuelle Übergang ist im Gegensatz zu einem reellen Übergang nicht beobachtbar, also mit einem Messgerät nicht nachweisbar. Er ist nur an seinen indirekten physikalischen Auswirkungen erkennbar.

Kann man aus dem für die „Zukunft" Gültigkeit haben sollenden biblischen Satz: „Damit Gott sei alles in allem" (1. Kor. 15,28) schließen, dass er es zur Zeit nicht ist?

Gott schuf das alles Seiende umfassende Raum-Zeit-Kontinuum aus seiner Ewigkeit heraus durch sein Wort. Schon Martin Luther meinte: „Alle Werke und Kreaturen sind Worte Gottes". Und Eugen Drewermann nennt die Welt eine Sprechblase Gottes. „Vor" Erschaffung der Welt war er alles in allem und wie wir eben sahen, wird er es „nach" der Zeit auch wieder sein. Ist damit die gesamte Weltschöpfung für Gott, der doch unendlich und unteilbar ist, so etwas wie ein virtuelles Teilchen im Raum der physikalischen Welt? Existiert die Welt ohne Gottes Vollkommenheit zu verletzen eben nur in der für ihn kurzen Zeitspanne ihrer an Raum und Zeit gebundenen endlichen Dauer außerhalb von Gott und ist damit kein Teil von ihm?

Soweit dieser mir notwendig erscheinende Exkurs über virtuelle Teilchen.

Man könnte im Rahmen unseres Themas versucht sein, die biblischen Wunderberichte hinsichtlich ihrer naturwissenschaftlichen Möglichkeiten zu verteidigen. Dabei setzt man sich der Gefahr aus, eine Art göttliche Kausalität zu konstruieren, die gelegentlich in die natürliche Kausalität eingreift und Wunder wirkt.

Damit hätte man Gott und sein Handeln in das Begriffsschema der Naturwissenschaft eingeordnet und sich einen Gott geschaffen, der Bestandteil der Natur ist. Ihn anzubeten, wäre Götzendienst, hieße den lebendigen Gott leugnen, hieße gottlos sein.

Hat man aber den Boden der veralteten Naturphilosophie verlassen nach der das Wesen der Natur in den vom Menschen entdeckten Naturgesetzen besteht, so ist die Frage nach der Möglichkeit der biblischen Wunder keine echte Frage mehr und braucht daher auch nicht beantwortet zu werden.

Aber man kann dasWunderproblem nicht von der viel umfassenderen Frage trennen: Inwiefern kann von Gott begrifflich gesprochen werden? Kann man grundsätzlich etwas über Gott aussagen? Wird der als unbegrenzt angenommene Gott dann nicht zu einem begrenzten Objekt? Aber schon die Aussage: „Über Gott kann man nichts aussagen", ist bereits ein Satz, in dem Gott als Prädikat erscheint. Nikolaus von Cues (1401 – 1464) sagte schon: „Von Gott kann man rein garnichts sagen. Noch nicht einmal nichts". Auch wenn vorsichtiger gesagt wird: Wir glauben als Christen nicht an einen begrifflich fixierten Gott, so fordert dies nicht eine positive Antwort heraus. Jedoch ist in jedem Falle christlicher Glaube ohne die Aussagen der Bibel sinnlos. Sie aber spricht von Gott und seinem Handeln an der Welt in einer metaphorischen Bildersprache.

Metaphorik ist der Gebrauch von Metaphern, von bildhaften Übertragungen.

Wie finden wir einen Ausweg aus diesem Dilemma? Die Brücke zwischen Naturwissenschaft und Theologie schlägt die Modellvorstellung, die wir schon erwähnt haben. Ein naturwissenschaftliches Modell benutzt Bausteine der Umwelt oder der elementaren Geometrie, um Messdaten sinnvoll zu ordnen und Folgerungen daraus zu ziehen. Bekanntestes Beispiel dafür dürften die verschiedenen Atommodelle sein. Das ältere Bohr-Sommerfeld'sche Atommodell zeigt als Elektronen kleine punktförmige Kugeln, die in verschiedenen, aber bestimmten Bahnabständen eine größere Kugel, den Atomkern umkreisen wie die Planeten die Sonne und wie kleinere Galaxien (Milchstraßen) eine große (nach Unsöld). Mit diesem Modell ist das Atom aber nicht mit all seinen Erscheinungen voll zu erfassen. Manche dieser beobachteten Erscheinungen, wie etwa die Wellenvorgänge im Atom sind in ihm nicht unterzubringen. Mit einer Verfeinerung des Bohr-Sommerfeld'schen Atommodells kam man deshalb nicht weiter. Daher wurden eigenständige Wellenmodelle des Atoms geschaffen, die dem älteren Modell in mancher Hinsicht widersprechen. Die Widersprüche in den Modellen bedeuten aber keine Widersprüche in der Natur. Das Modell verhält sich genauso zur Natur wie sich auch die mathematische Formel zur Natur verhält. Es ist ebenso wie diese kein Bestandteil der Natur, sondern es verkörpert gleichfalls nur ein Hilfsmittel unseres Denkens, mit dem wir Beobachtungsdaten und Messergebnisse einfangen, ordnen und fixieren. Die Messergebnisse und die an ihnen orientierten Theorien sagen nicht, was die Natur objektiv ist. Die Messinstrumente sind gleichsam Antennen, mit denen Informationen aus der Umwelt aufgefangen und registriert werden. Die Theorien und Modelle übersetzen diese Informationen in eine unseren Vorstellungen vertraute Sprache. Wir vermenschlichen die Welt. In diesem Sinne gibt es keine Objektivität in den Naturwissenschaften. Nicht nur: „Gott ist anders" (Robinson), abgewandelt gilt auch: „Die Welt ist anders", als wir sie uns vielleicht denken mögen.

Jede Kraft oder Wechselwirkung entsteht durch einen Austausch von sog. Bindeteilchen oder Feldquanten. Das Photon ist Austauschteilchen zwischen elektrisch geladenen Teilchen: Elektron-Photon-Elektron oder Proton: elektromagnetische Wechselwirkung (WW); Quark-Gluon-Quark (starke WW).

Die Bezeichnung Gluon für den Unterbaustein von sog. Elementarteilchen ist von dem englischen Wort glue = Klebstoff oder Leim abgeleitet.

Alle Naturkräfte, die das gesamte Naturgeschehen bestimmen, sind vermutlich von gleicher Struktur aber von sehr unterschiedlicher Stärke. Setzt man beispielsweise die Stärke der Kernkraft, also der starken Kraft gleich: 1, dann ergibt sich die Stärke der elektromagnetischen Kraft zu: 1/100000 und die der Gravitation, der schwächsten der bekannten Kräfte zu: 10^{-38}. Ein kleiner Magnet gwinnt gegen die „Anziehungskraft" des ganzen Erdballes.

Alles Geschehen vollzieht sich in unvorherberechenbaren Quantensprüngen, die nach Pacual Jordan, wie ich selbst von ihm hörte, auch Grund für die menschliche Freiheit sein sollen. Dirac hingegen sagte, wie schon weiter oben angemerkt, „.....da es nicht überall Kausalität gibt, kann es sein, dass ein Gott ist, der die Quantensprünge regelt".

Heute werden 4Kräfte unterschieden: die Schwerkraft oder Gravitation, die elektromagnetische Kraft, die schwache und die starke Kraft. Elektromagnetische Kraft und schwache Kraft sind in der Standard Theorie zusammengefasst. Zusammen mit der starken Kraft sollen die 3 Kräfte in der großen Vereinigungstheorie : der Grand Unified Theorie (GUT) in der Zukunft zusammengefasst werden. Alle 4 Kräfte sollen dann auch in der Zukunft zur Urkraft zusammengefasst werden. Für die Schwerkraft oder Gravitation wurde wegen der Annahme einer einheitlichen Struktur der Kräfte als Bindeteilchen oder Feldquant das bisher noch nicht empirisch nachgewiesene „Graviton" konzipiert.

Der Nobelpreisträger der Physik Richard Feynman schrieb über die Schwerkraft: „Wir verstehen die Kraft, die die Planeten an die Sonne bindet kaum besser als zu Zeiten, da wir noch glaubten, Engel würden die Planeten verschieben" Das Wort: Planet wurde abgeleitet von dem griechischen Wort: planetes = Wanderer.

Was im Mikrokosmos gilt, gilt prinzipiell auch in der makroskopischen Welt. Auch in und an uns wirken dieselben Kräfte wie überall in der von uns beobachtbaren Natur. So ist z.B. unser Sehen und Berühren Photonenaustausch.

Wie passt nun der christliche Gott in dieses, von mir aufgezeigte, Bild der Natur? „Am Ende allen Denkens in der Naturwissenschaft kann Gott stehen", meinte 1937 Max Planck.

Wir glauben, dass der Dreieinige Gott die ganze Welt erschuf und erhält. Sollte sie da nicht sein Wesen widerspiegeln? (siehe Römer 1,19+20).

Trotz des Dreieinigen Gottes ist auch das Christentum monotheistisch. Es kennt wie das Judentum, aus dem es hervorgegangen ist, und wie der Islam auch nur einen Gott. Es verehrt nicht drei voneinander getrennte Götter, wie manche Außenstehende vermuten mögen. Der vollkommene, grenzenlose Gott ist alles in einem, d.h. er ist ganz, er hat keine Teile. Drei getrennte Götter wären jeder für sich genommen nicht mehr vollkommen und nicht mehr grenzenlos. Sie wären ein Widerspruch in sich.

Gott-Vater, Heiliger Geist und Sohn sind räumlich nicht voneinander getrennt. Wo der Heilige Geist ist, da ist auch Gott. Somit ist er auch in seinem Sohn.

Die alte Kirche sah bei Gott drei Personen in einem Wesen. Jedoch schrieb Joseph Ratzinger 1968 in seiner: „Einführung in das Christentum": „Im griechischen Original heißt der 3. Glaubensartikel des Apostolischen Glaubensbekenntnisses: Ich glaube an Heiligen Geist, also nicht innertrinitarisch, sondern heilsgeschichtlich verstanden".

„Vor" Erschaffung der Welt war Gott-Vater mit seinem Sohn über den Heiligen Geist als „Bindeteilchen" in Liebe verbunden, denn Gott ist die Liebe. Und da diese göttliche Liebe total ist, hat er in seinem Sohn ein adäquates, voll übereinstimmendes Gegenüber, dem seine ganze Liebe gilt und die dieser in gleicher Weise erwidert.

„Drei sind es: Der Liebende, das Geliebte und die Liebe", schreibt Augustinus. Und auch aus Liebe erschuf Gott in sich nach seinem Bilde den Menschen. Ihm ist er näher als dieser sich selber ist. „Noch ehe ein Wort mir auf die Zunge kommt, hast du Herr, es schon gehört" (Psalm 139,4). Gott kennt nicht nur unser Bewusstsein, das nach Eugen Drewermann nur 1/7 des Gesamtbewusstseins ausmacht. Er kennt auch unser Unbewusstes: 6/7, also seelisch-geistige Vorgänge in uns, die nicht unmittelbar unserer Selbstbeobachtung zugänglich sind, jedoch unser bewusstes Erleben und Verhalten beeinflussen oder steuern können. Gott steht uns nicht als ein ganz Anderer gegenüber, etwa so wie eine Mutter dem von ihr geborenen Kind gegenübersteht. Wie wir in Gott leben, weben und sind, so wohnt Gott auch in uns: „Ich lebe, doch nicht ich, sondern Christus lebt in mir", kann der Völkerapostel Paulus voller Überzeugung freudig ausrufen. Und da Gott auch in uns wohnt (Johannes 14,23), Kennen wir ihn aus innerer Sicht gewissermaßen durch Gottes Selbsterkennen (1. Korinther 2,10-16).

Gott wirkt in seiner spezifischen Art und Weise auf uns ein, indem er durch transpersonale Eingebungen, Träume, Auditionen Visionen etc. unser Handeln auslöst, beeinflusst oder korrigiert und damit unser Leben mitsteuert.

Dem können wir zum eigenen Schaden zuwiderhandeln. Wir können unser Lebensschiff in jede, von uns gewünschte Richtung, manövrieren. Diese Freiheit hat Gott uns eingestiftet. „Dass Gott uns nicht zwingt, das ist seine Härte", vermutete Ludwig Strauß.

Für den Christen ist Gott in seinem Sohn Jesus Christus als Mensch unter Menschen erschienen, für den, der sehen will, direkt sichtbar geworden."Wer im Geist den Sohn sieht, der sieht auch den Vater". Denn: „Ich und der Vater sind eins" (Johannes 10,30), verkündet Jesus der staunenden Mitwelt. In ihm ist anders gesagt der eine lebendige und wahre Gott voll präsent und wirksam geworden, denn Gott schafft im Geist durch ihn unser Heil, weshalb wir ihn auch unsern Heiland nennen dürfen.

„Wenn je das Göttliche auf Erden erschien, so war es in der Person Christi" bekannte auch Goethe. Und Albert Einstein sagte in seinem: „Politischen Glaubensbekenntnis", das er auf Bitten der Deutschen Liga für Menschenrechte deren Präsident er nach dem 1. Weltkrieg geworden war, 1932 auf Schallplatte gesprochen hatte: „Ich bin zwar Jude, aber das strahlende Bild Jesu des Nazareners hat auf mich einen überwältigenden Eindruck gemacht. Es hat sich keiner so ausgedrückt wie er. Es gibt wirklich nur eine Stelle in der Welt, wo wir kein Dunkel sehen. Das ist die Person Jesu Christi. In ihm hat sich Gott am deutlichsten vor uns hingestellt. Ich verehre ihn!"

In einer ZDF-Sendung vom 22.10.1996 trat ein indischer Hindu auf, der u.a. auch ein Bild Jesu auf seinem Hausaltar aufgestellt hatte. Er halte Jesus für den allumfassenden Gott, weil dieser, dem soviel unermessliches Leid zugefügt worden war, vom Kreuz herunter zu seinen Peinigern gesagt hatte: „Vater vergib ihnen, denn sie wissen nicht, was sie tun". Er als Hindu sei davon überzeugt, das so nur Gott selber sprechen könne.

Der Physiker Fridjof Capra sieht die Dreieinigkeit Gottes so: „Das Unsichtbare ist das Muster für das Sichtbare. Die ganze Wirklichkeit wird als ein Geschehen der evolutiven, geistigen Selbstorganisation gedeutet. Das Konzept der Selbstorganisation hat drei Aspekte oder Dimensionen: Struktur, Organisationsmuster und Prozess. In Gottes Dreifaltigkeit entspricht: Gott-Vater dem Muster, der Sohn der Struktur und der Heilige Geist dem Prozess".

Hildegard von Bingen machte über die Dreieinigkeit Gottes die folgenden Aussagen: „Denn die Ewigkeit wird „der Vater" genannt, das Wort „der Sohn", der Hauch, der beide verbindet „der Heilige Geist"; und: „Im Vater west die Ewigkeit, im Sohne die Gleichheit, im Heiligen Geiste die Verbindung von Ewigkeit und Gleichheit".

Wenn wir von Gott nach biblischem Vorbild sprechen, benutzen wir zwar die Sprache des Begrifflichen, aber nicht um ihn zu objektivieren. Das verbietet uns schon die Bibel selber. In 2. Mose 20,4+5 heißt es: „Du sollst dir kein Gottesbild machen, keinerlei Abbild, weder dessen, was oben im Himmel, noch dessen, was in den Wassern unter der Erde ist; du sollst sie nicht anbeten und ihnen nicht dienen". Auch in unserem Denken und Vorstellen ist uns nicht erlaubt, uns ein Bild von Gott zu machen, das wir für seine ganze Realität halten.

Jesus spricht von Gott in ganz besonderer Weise als von seinem Vater und von unserem Vater. Gott-Vater ist das Modell, dahinter steht für Jesus eine unbedingte Realität, die konkrete Wirklichkeit Gottes. In diesem Bild wird die Art verdeutlicht, wie sich christlicher Glaube abspielt, nämlich als Beziehung zu einem „Du", das uns anredet und begegnet wie ein liebender Vater seine Kinder. Haben wir uns von der Nicht-Objektivität unserer Vorstellungen überzeugt, dann können wir getrost von Gott reden wie von einer Person. Künstliche Umschreibungen und Umgehungen eines Gottesbegriffes werden dann hinfällig. Wird Gott nun damit zu einem subjektiven, relativen Begriff? Das ist ebensowenig der Fall, wie das Haus, in dem wir uns gerade befinden, etwas Subjektives dadurch wird, dass wir nur relative und ungenaue Kenntnisse der Atome haben, aus denen es zusammengesetzt ist und wir vielleicht die Gesetze der Statik nicht beherrschen. Gewiss versagt der Vergleich mit der Naturwissenschaft entscheidet darin, dass wir es bei ihr mit konkreter, verfügbarer Materie unserer Umwelt, oder allgemeiner gesagt, mit etwas Seiendem zu tun haben. In diesem Sinne ist Gott für uns nicht verfügbar.

„Einen Gott, den es gibt, gibt es nicht", sagt uns Dietrich Bonhoeffer. Und Carl Friedrich von Weizsäcker schließt sich dieser Meinung an: „Eigentlich dürfte man von Gott nicht einmal aussagen,er sei!"

„Niemand hat Gott jemals gesehen" (Johannes 1,18). Der Unterschied liegt jedoch im Inhaltlichen, nicht im Gerüst unseres begrifflichen, bildhaften Denkens. Unser Grundverhältnis zur Welt gründet sich nicht in unserer Kenntnis der Umwelt. Wesentliche Grundlage unserer Existenz ist vielmehr das Vertrauen. Wir vertrauen uns der Welt an. Wir gehen über Brücken, benutzen Autos, Bahnen, Schiffe, Flugzeuge, Fahrstühle, Paternoster, wohnen in Häusern immer bewusst oder unbewusst im Vertrauen auf die Sicherheit dieser menschlichen Artefakte. Wir vertrauen uns dem Chirurgen an, der uns aufschneidet und repariert und nehmen vertrauensvoll die uns vom Arzt verordnete Medizin ein.

Auch die religiöse Frage, die Frage nach Gott, lässt sich nur von einem vertrauenden Grundverhältnis Mensch-Gott verstehen. Diese Erkenntnis lässt sich auch nicht objektiv beweisen.

Viele vermeintlich wissenschaftlich denkende Menschen unserer Zeit halten sich nur an sog. „Wissenschaftliche Tatsachen" und lehnen grundsätzlich alles ab, was nicht mit wissenschaftlichen Mitteln angegangen werden kann, was nicht irgendwie gemessen werden kann. Eine solche Haltung ist nach dem, was wir bisher gesehen haben, nicht nur unwissenschaftlich, sie verschließt auch ihre Augen vor der Grundtatsache, dass unser Leben im ganzen nicht auf wissenschaftlicher Erkenntnis, sondern auf einem existentiellen, daseinsmäßigen Vertrauensverhältnis zur Welt beruht.

Prof. Immanuel Sücker schreibt in seinem Buch: „Am Morgen der Schöpfung": „Mein christlicher Glaube ist nicht mathematisch fundiert und damit nicht wissenschaftlich gebunden, sondern er ist ein persönliches Verhältnis zu Jesus Christus, durch das ich Erkenntnis und Kraft zum praktischen Leben bekomme, die mir weder die Naturwissenschaft noch eine Naturphilosophie liefern können".

Die Frage nach der Wirklichkeit Gottes kann ebenso nur aus einem Vertauensverhältnis heraus beurteilt werden. Der Glaube an Gott ist ein Akt des Vertrauens in die Wirklichkeit Gottes. Wir müssen uns nun fragen, wie wir zu so einem vertrauenden Glauben an Gott gelangen können?

Lenken wir unseren Blick zunächst noch einmal auf die Haltung einer falschen Wissenschaftlichkeit, die dem Gottvertrauen, dem Vertrauen auf Gott, im Wege stand und steht. Aus Goethes „Faust" kennen wir den Drang des Menschen, den Schleier, der für ihn über den Geheimnissen der Natur liegt, zu lüften. Als Faust den Naturgeist bschwört, muss er hören: „Du gleichst dem Geist, den du begreifst, nicht mir". Faust ist verzweifelt. Er hat es vorher mit den Wissenschaften versucht und erkannt, dass sie seinen unbändigen Wissensdrang auch nicht annähernd stillen konnten. Er sieht ein, dass wir nichts wissen können. Das will ihm schier das Herz verbrennen. Nun möchte er die Fesseln sprengen, die ihm das nur wissenschaftliche Begreifen angelegt hat. Hier repräsentiert Faust den wissenschaftlichen Menschen, den wissenschaftlich gebildeten Menschen, der ehrlich sich selbst gegenüber ist und sich nicht auf einem Scheinwissen ausruht.

Menschen unterliegen oft der Versuchung, einen Ausweg aus dieser Spannung echten Forschens zu suchen, indem sie die Ergebnisse ihrer Forschung überschätzen. Wie wir schon oben sahen, glaubten sie in den jüngst vergangenen Jahrhunderten, die Natur endlich in den Griff bekommen zu haben und sie beherrschen zu können. Wissenschaft wurde zur Flucht in die Illusion, mächtig zu sein. Der Ausspruch Francis Bacons (1561 – 1626): „Wissen ist Macht" wurde zum Schlagwort. Aber auch noch eine andere Flucht vor dem Ungewissen ist unter Menschen verbreitet, die Flucht in das unverbindliche „Man". Das, was man denkt, redet und tut wird zum Maßstab eigenen Denkens, Redens und Handelns. In der Herde fühlt man sich stärker. Die Regeln des „Man" sind den Naturgesetzen vergleichbar. Sie bieten die Illusion des Objektiven.

Auch im Christentum findet sich die von Gemeinschaften gesetzte Norm, das falsch verstandene Gesetz, dessen strikte Einhaltung den anteilnehmenden Menschen das Gefühl einer Sicherheit und des Gut- und Starkseins gibt. Mit ihren verschiedenen Dogmen und verbindlichen Vorschriften glaubten und glauben noch heute die Anhänger mancher christlichen Systeme, die alleinige Wahrheit gepachtet zu haben und sie beherrschen zu können. Doch wie lässt sich sagen, was über alle Worte erhaben ist. Das Zusammenleben der Menschen könnte einfacher sein, wenn sie einsähen, wie winzig klein im Grunde genommen ihr Wissen ist. Vor dem Hintergrund der vielen Geheimnisse, die ihnen noch verborgen sind und zum großen Teil wohl auch für immer verborgen bleiben werden. „Was wir wissen, ist ein Tropfen, was wir nicht wissen ein Ozean" (Isaac Newton). So kann z.B. die Bahn eines Elektrons im Atom grundsätzlich nie beobachtet werden, weil jede Beobachtung, die durch einen Teilchenbeschuss erfolgen müsste, die Bahn so stark stören würde, dass auf die ungestörte Bahn vor dem Beschuss nicht mehr zurückgeschlossen werden kann. Ja wir können uns die Elektronenbahn nicht einmal vorstellen, denn ein Vorstellen erfordert Widerspruchsfreiheit. Nun erscheint aber das Elektron, wie wir schon sahen, einerseits als ein Teilchen diskret, punktförmig und andererseits als elektromagnetische Welle kontinuierlich. Somit ist wegen dieses Teilchen-Welle-Dualismus des Elektrons Widerspruchsfreiheit nicht mehr gegeben. Der Physiker sagt daher, das Elektron ist über den Raum des Atoms verschmiert.

Von Niels Bohr lernen wir: „Das Gegenteil einer richtigen Behauptung ist eine falsche Behauptung, das Gegenteil einer tiefen Wahrheit kann wieder eine tiefe Wahrheit sein. Auch C.G. Jung meinte, eine Wahrheit sei nur dann wahr, wenn auch das Gegenteil wahr sei. Auch Osho weiß: „Die tiefsten Wahrheiten enthalten immer den Gegensatz". Man darf die Behauptung wagen, dass in der Bibel, auf das Ganze gesehen, alles in Polaritäten vorkommt. Man wird am Ende zu jeder Fixierung im Wort die widersprechende Fixierung finden, schrieb Karl Jaspers. Und Sören Kirkegaard sagt uns: Die Wahrheit ist das Wagnis mit unendlicher Leidenschaft das objektiv Ungewisse zu wählen". Mit diesem Ungewissen meint er nicht das Nichts, das kein Sein hat. Denn sonst wäre es ja nicht das Nichts, sondern er meint die Wirklichkeit Gottes, die objektiv nicht fassbar ist, der wir uns nur wagend anvertrauen können. Gottes Liebesangebot, finden wir in der Bibel. Sie ist der Wegweiser zu Jesus. In ihm streckt Gott seine Hand nach uns aus. In ihm sucht er uns. Diese Hand Gottes können wir ergreifen, uns an sie klammern, d.h. wir können glauben, dass durch Jesu stellvertretenden Kreuzestod auch heute noch unsere Tat- und Unterlassungssünden, als unsere Gottesferne gerichtet ist und dass uns dadurch neues Leben geschenkt ist. „Nahen wir uns Gott, naht Gott sich uns" (Jakobus 4,8).

Paulus bezeichnet die Rede vom Kreuz als Torheit für unsere Vernunft, sofern sie blind ist für die Wirklichkeit Gottes. Dem Geretteten jedoch, so fährt er fort, ist sie eine Gotteskraft. Gottes Wirklichkeit wird von Zeugen geglaubt und verkündigt, nicht bewiesen und für existent befunden.

Das Christentum ist keine intellektuelle Lehre, sondern neues Leben, neues Sein. Christlicher Glaube ist anders gesagt keine himmlische Wissenschaft. Die Bibel liefert uns keine Topographie des Himmels (Helmut Thielicke), sondern eine irdische Verhaltensweise, die Annahme der Lebensform Jesu.

Das entscheidende am Glauben an Jesus Christus ist, dass wir ihm nachfolgen, indem wir unser Leben unter seine Führung stellen und es im ständigen Einsatz für Gott leben mitten im Alltag nicht nur in sonntäglicher Kirchenstimmung. Gott ist Wirklichkeit in unserem Leben geworden, wenn wir wie er an der Welt, an unseren Mimenschen, seien sie Freund oder seien sie Feind und an unseren Mitgeschöpfen, den Pflanzen und Tieren handeln.

„Seid also Nachahmer Gottes als geliebte Kinder und wandelt in (der) Liebe, wie auch Christus uns geliebt hat (Epheser 5,1+2, Interlinear-Übersetzung).

„Wer sagt, er bleibe in ihm, ist verpflichtet, auch selbst so zu wandeln, wie jener (Jesus) gewandelt ist" (1. Johannes 2,6, Zürcher Bibelübersetzung).

Unser Ziel ist es, Jesus ähnlich zu werden" (Immanuel Sücker).

Es geht nicht darum, die Wahrheit zu begreifen, sondern in der Wahrheit zu sein. Brauchen wir nun noch eine wörtliche Auslegung der biblischen Wunderberichte? Wäre nicht die Demonstration von Mirakeln ein Versuch, Gottes Wirklichkeit objektiv zu beweisen? Führt ein solcher Versuch nicht gerade hinweg vom Wagnis des reinen, vertrauensvollen Glaubens?

Zur Zeit Jesu wurde ein Gegensatz zwischen Realität und Wirklichkeit ja noch garnicht empfunden. Denn, dass Ungewöhnliches in der Natur bisweilen geschah, gehörte zur Alltagserfahrung der Menschen damals. Da noch keine Naturgesetze von Menschen gefunden und aufgestellt waren, sie somit für die Menschen noch nicht existierten, gab es auch keinen Widerspruch zu ihnen. Sie konnten daher auch nicht durchbrochen werden. So haben die Pharisäer auch niemals bestritten, dass es Wunder gibt. Sie sagten aber, dass Jesus die Wunder, die er vollbrachte, im Namen des Teufels tue. Somit forderten Jesu Wunder seine Mitmenschen also zu der Entscheidung heraus, ihn als Gesandten Gottes oder aber als Teufelsboten zu begreifen.

Was würde wohl heute geschehen, wenn sich vor den Augen eines Ungläubigen ein Wunder ereignet? Wäre es ihm ein objektiver und hinreichender Beweis für die Wirklichkeit Gottes? Wohl kaum! Vermutlich ginge er zum Psychiater, um sich auf Halluzinationen untersuchen zu lassen, oder er glaubte, einem Taschenspielertrick aufgesessen zu sein.

Berichte über Wundertaten Jesu, die vor knapp 2000 Jahren geschehen sind, bedeuten schon deshalb keinen Beweis für uns, weil die historische Zuverlässigkeit der Berichte immer angezweifelt werden kann. Martin Luther merkt dazu an: „Denn wo ich je der eins mangeln sollte, der Werke oder der Predigt Christi, so wollte ich lieber der Werke als seiner Predigt mangeln. Denn die hülfen mir nichts; aber seine Worte, die geben das Leben, wie er selbst sagt"(Joh.6,63;8,51).

Der auferstandene Christus erschien bezeichnenderweise nicht den Ungläubigen als triumphierender Held, um sich ihnen, die ihn ans Kreuz gebracht hatten, zu beweisen. Er zeigte sich nur seinen Jüngern und Anhängern, die ihn als den für sie Gegenwärtigen erfuhren. Wenn auch in einer neuen Leiblichkeit erschien er ihnen in einer ihnen vertrauten Art und Weise. An seinen Worten und Handlungen sowie an seinen Wundmalen erkannten sie in dem Auferstandenen, der ihnen an verschiedenen Orten erschien, ihren am Kreuz gestorbenen Meister in neuer Lebendigkeit wieder.

Warum sollten wir jetzt versuchen, dieses Geschehen auf Grund veralteter Denkschemata über die Realität auszuklammern? Der glaubende Christ steht in seinem Verhältnis zu Gott und zu Gottes Schöpfung, als dessen Teil er sich ja selbst empfindet, vor unbegreiflich goßen Geheimnissen.

„Eines habe ich in meinem langen Leben gelernt", bekennt Albert Einstein, „nämlich, dass unsere ganze Wissenschaft an den Dingen gemessen von kindlicher Primitivität ist".

In vieler Hinsicht dringt unser konkretes Leben tiefer in die Welt ein als unser Nachdenken über sie, denn es bedeutet eine unbeschränkte Hingabe, ein ganzheitliches Vertrauen. Genauso dringt unser Glaube an den dreieinigen Gott, unsere existentielle Hingabe an ihn tiefer als unsere bildhaften Vorstellungen von ihm in seine Wirklichkeit ein.

Der zum ewigen Leben bei Gott wiedergeborene Christ weiß, dass der lebendige Gott in seinem Herzen wohnt, der Gott, der die letzte Einheit ist.

Solange wir Sünder waren, blieben wir von Gott getrennt. Erst durch die Liebe wurden wir eins mit ihm. Denn Gott ist die Liebe. Die von Gott erfahrene Liebe erwidern wir und geben sie als Nächstenliebe an unsere Mitmenschen weiter. Alle Gebote Gottes sind in dem Wort zusammengefasst: „Du sollst deinen Nächsten lieben wie dich selbst". „Die Liebe fügt dem Nächsten nichts Böses zu; so ist nun die Liebe des Gesetzes Erfüllung" (Römer 13,9+10). Was sollen uns da noch Beweise? Liebe lässt sich nicht beweisen. Sie ist eine Wahrheit, die sich im praktischen Vollzug erweisen muss!

Wenn du in Richtung Liebe gehst, so kommt dir Gott entgegen.
Er wartet mit Geduld in dir, um endlich seinen Arm um dich zu legen,
um dich zu halten bis in Ewigkeit.
Ihr alle, die ihr euch von Jesus Christus retten ließet,
seid „nach" der Zeit mit ihm in Gott vereint
umschlungen von dem Band der Liebe.
Die ganze Fülle, die ihr habt mit ihm durchlebt,
sie ist euch „dann" gemeinsam
und keiner, keiner ist mehr einsam.
Der Wunder viele gab es. Doch dies betrifft euch selber.
Gott schafft sich in euch seinen Leib auf Erden
Und holt euch heim zu sich nach eurem Sterben

als seine Kinder und als seine Erben.

Soweit der Vortragstext. Es konnten die im Rahmen des Themas auftauchenden Probleme nur schlaglichtartig beleuchtet werden.
Fühlen sie sich nun ermutigt anhand der zum Thema zur Verfügung stehenden Literatur weiter zu forschen und die von mir getroffenen Feststellungen auf ihre Richtigkeit und ihren Wahrheitsgehalt hin zu überprüfen.
Meine theologischen Feststellungen sind an den Aussagen der Bibel und am Stand der theologischen Forschung zu messen.
Es ging mir vor allem darum, Ihnen zu zeigen, dass wir die Welt an sich nicht ergründen können, dass Naturwissenschaft im philosophischen Sinne nichts erklären kann, sondern die uns umgebende Wirklichkeit nur in vermenschlichten Bildern, die wir mit unserem Verstand begreifen können, beschreiben kann.
In gleicher Weise ist Gott für uns nicht fassbar als der, der er an sich in seiner ganzen Größe und Erhabenheit ist. Auch ihm können wir uns nur in anthropomorphen Bildern, wie sie uns die Propheten des Alten Testamentes überliefert haben und wie Jesus uns Gott als seinen und unseren Vater letztgültig vor Augen gestellt hat. Von Gott wissen wir nur, weil er sich uns selbst offenbart hat.
„Was wär ein Gott,der nur von außen stieße. Im Kreis das All am Finger laufen ließe! Ihm ziemt`s die Welt im Innern zu bewegen. Natur in sich, sich in Natur zu regen, so das, was in ihm lebt und webt und ist. Nie seine Kraft, nie seinen Geist vermisst" (Johann Wolfgang von Goethes Prooemion von 1816).

Gott schuf und schafft in sich das ganze Universum durch sein Wort.
Wo`s auch erscheint, Gott ist schon dort.
Alles, was Energie und Materie heißt,
ist nichts als geronnener Geist.
Gott spricht ständig in die Welt hinein.
Wär` dem nicht so, sie würde nicht mehr sein.
Wo Gottes Geist weht, da ist Freiheit, da ist die Zukunft offen.
So dürfen wir denn alle darauf hoffen,
dass wir am End` zurück zu Gott gelangen,
von dem wir alle einmal ausgegangen.
Schließlich wird Gott wieder alles in allem sein,
und darüber wird die ganze erlöste Welt sich freu`n.

Nachbemerkung

Da das hier vorgelegte Vortragsmanuskript durch viele Nachträge so stark angewachsen ist, kann es mit diesem Umfang nun nicht mehr Zuhörenden als Einzelvortrag zugemutet werden.
Bei der letzten öffentlichen Darbietung, des damals noch kürzeren Textes, mussten schon zwei Abende dafür vorgesehen werden.

Ihnen aber liebe Leserin/lieber Leser wollte ich hier keine gekürzte Fassung anbieten, da ich die neuen Hinzufügungen doch für lesenswert halte. Und da Ihnen ja zum Lesen genügend Zeit zur Verfügung stand, um nach und nach den in genießbare Häppchen portionierten Gesamttext zu verkraften.

Ich hoffe, Ihnen nicht zuviel zugemutet zu haben!

2. Was ist christlicher Glaube?

Vorbemerkung

Heute möchte ich mit Ihnen gemeinsam über den christlichen Glauben nachdenken, wie er sich mir als evangelisch-lutherischen Christen darstellt.

Erschöpfend ist das in der uns zur Verfügung stehenden Zeit natürlich nicht möglich. In meinem Beitrag kann ich nur einige, mir aber wichtig erscheinende Aspekte des Themas schlaglichtartig beleuchten und Ihnen meine Gedanken dazu als Diskussionsgrundlage anbieten. Ich werde Ihnen nach meinem jetzigen Glaubens- und Wissensstand berichten.

Francisco Jose´ de Goya hat seinem Bild eines sich in stark gebeugter Haltung am Krückstock dahinschleppenden, offensichtlich sehr alten Mannes den Titel gegeben: "Ich lerne immer noch". Dieses Motto nehme ich auch für mich in Anspruch

Einleitend werde ich Ihnen einige Glaubensbekenntnisse aus verschiedenen Zeitepochen vorstellen, darunter auch einige aus neuerer Zeit. Anschließend werde ich über Kreuz und Auferweckung Jesu Christi sprechen, danach über Gott als unseren Vater, den wir auf Jesu Anraten vertrauensvoll Abba = Papa nennen dürfen und schließlich werde ich über die Dreieinigkeit Gottes reden.

In einem angehängten Schlussteil werde ich Ihnen dann noch einige Grundgedanken aus einem Seminar zu Grundfragen des christlichen Glaubens vortragen, das im Herbst 1997 in einer Hamburger evangelisch-lutherischen Kirchengemeinde stattgefunden hat und an dem ich teilgenommen habe. Ich habe die vorzutragenden Thesen mit einigen eigenen Gedanken angereichert.

2.1 Glaubensbekenntnisse als Lob Gottes

Schon früh in ihrer Geschichte beginnend bis in unsere Zeit hinein hat die christliche Kirche und haben Gruppen von Christen und einzelne Christen in sog. Glaubensbekenntnissen versucht, in kurzen evangeliumsgemäßen Thesen ihren Glauben oder wesentliche Teile ihres Glaubens analog nicht binär symbolhaft auszudrücken nicht zuletzt, um sich gegen Abweichler und gegenüber Nichtchristen abzugrenzen.

Das Glaubensbekenntnis ist ein Ritus. Um 150 nach Christus entstand das sog. Romanum. 381 nach Christus wurde dann das sog. Nicänum formuliert. Das sog. Apostolicum hat eine über fünf Jahrhunderte andauernde Geschichte. In diesem Zeitraum wurde es immer wieder umformuliert, erweitert und verbessert, bis es um 500 nach Christus seine noch heute gebräuchliche Form bekam.

Es lautet in der alten Fassung in der deutschen Übertragung:

Ich glaube an Gott den Vater,

den Allmächtigen,

Schöpfer Himmels und der Erde.

Und an Jesus Christus, Gottes eingeborenen Sohn, unsern Herrn,
der empfangen ist vom Heiligen Geist,
geboren von der Jungfrau Maria,
gelitten unter Pontius Pilatus,
gekreuzigt, gestorben und begraben,
niedergefahren zur Hölle,
am dritten Tage auferstanden von den Toten,
aufgefahren gen Himmel,
sitzend zur Rechten Gottes,
des allmächtigen Vaters,
von dannen er kommen wird, zu richten
die Lebendigen und die Toten

Ich glaube an den Heiligen Geist,
eine heilige christliche Kirche,
die Gemeinde der Heiligen,
Vergebung der Sünden,
Auferstehung des Fleisches
Und ein ewiges Leben.

Amen

Das Apostolische Glaubensbekenntnis lautet in der neuen oekumenischen
Fassung:
Ich glaube an Gott den Vater,
den Allmächtigen,
den Schöpfer des Himmels und der Erde.

Und an Jesus Christus,
seinen eingeborenen Sohn, unsern Herrn,
empfangen durch den Heiligen Geist,
geboren von der Jungfrau Maria,
gelitten unter Pontius Pilatus,
gekreuzigt, gestorben und begraben,
hinabgestiegen in das Reich des Todes,
am dritten Tage auferstanden von den Toten,
aufgefahren in den Himmel,
er sitzt zur Rechten Gottes,
des allmächtigen Vaters,
von dort wird er kommen, zu richten
die Lebenden und die Toten.

Ich glaube an den Heiligen Geist,

Die heilige christliche Kirche,
Gemeinschaft der Heiligen,
Vergebung der Sünden,
Auferstehung der Toten
und das ewige Leben.

Amen

Die in der neuen Fassung des Apostolicums unterstrichenen Worte zeigen Änderungen gegenüber der alten Fassung an.

Alle Glaubensbekenntnisse wollen, indem sie eigentlich Unsagbares aussagen,
Unerklärliches in Bildern deuten und damit Antworten auf Gottes Handeln an
der Welt und an uns sein. Denn Wesen und Größe des einzig wahren, ewigen
und unbegrenzten, dreieinigen Gottes kann nicht mit Worten, die uns zur Verfügung stehen, in denkbar knappen Thesen eingefangen und definiert, d.h.
begrenzt werden. Deshalb können die Glaubenbekenntnisse uns Christen auch
nicht in einer Summe von Lehrsätzen vorschreiben, was wir von unserem Gott
alles glauben sollen. Wir können ihre Aussagen auch nicht beweisen. Christum
bekennen heißt deshalb nicht, die noch so trefflichen alten oder neuen Bekenntnisse nachzusprechen. Denn Gott ist für uns kein erfahrbarer Sachverhalt.
„Wer Gott lobt, verhöhnt Gott" sagt Meister Eckhart. Das Credere = glauben
meint, seine ganze Existenz auf die Freundschaft und das Können eines anderen
zu stellen, definiert Helmut Gollwitzer.
Die Glaubensbekenntnisse wollen uns also in aller Kürze in alten Bildern, die
die Seele berühren, von dem erzählen, dem wir uns im Glauben anvertrauen,
hingeben und in Taten nachfolgen dürfen. Durch unsere Lebensführung haben
wir es zu beglaubigen. Somit ist das Glaubensbekenntnis auch eine Art Ver-
pflichtung.Und daraus erklärt sich sein fester Sitz bei der Taufe. Ein Satz des
Glaubensbekenntnisses, der unser Verhältnis zu anderen Menschen beim alten
lässt, ist nicht wert, ein Satz des christlichen Glaubens zu sein.
„Christus erkennen heißt, seine Wohltaten erkennen, nicht seine Naturen und die
Weisen seiner Inkarnation betrachten", rät uns Philip Melanchton. Und Martin
Luther schreibt: „Das Apostolische Glaubensbekenntnis ist enthalten in den
Worten: {Du bist Christus, des lebendigen Gottes Sohn}". „Wer das persönlich
erfahren hat, darf fröhlich bekennen, dass Christus der Herr ist".
Georg Opfermann, den ich perönlich gut gekannt habe, verfasste das im „Werk-
buch Gottesdienst" 1970 veröffentlichte Glaubensbekenntnis:

Ich glaube an den Grund allen Seins
an Gott – an seine Offenbarung in der Schöpfung.

Ich glaube an Jesus Christus,

Offenbarung Gottes im Menschen.

Ich glaube an den Heiligen Geist,
Heilige Gemeinschaft derer, die von ihm erfasst sind.
Ich glaube, dass jeder Mensch im Gericht steht,
in der Ewigkeit bleibt und Erlösung findet.

Auf dem 27. Deutschen Evangelischen Kirchentag in Leipzig 1997 und auf dem 28. Deutschen Evangelischen Kirchentag in Stuttgart am 20.6.1999 wurde das folgende Glaubensbekenntnis indonesischer Christen in den Schlussgottesdiensssten von den Teinehmern gemeinsam gesprochen:

Ich glaube an Gott, der die Liebe ist
und der die Erde für alle Menschen geschaffen hat.

Ich glaube an Jesus Christus, der gekommen ist,
uns zu heilen und uns von jeder Unterdrückung zu befreien.

Ich glaube an den Geist Gottes, der in allen und durch alle wirkt,
die die Wahrheit bezeugen.
Ich glaube an die Gemeinschaft der Heiligen,
die berufen ist, im Dienst aller Menschen zu stehen.

Ich glaube an Gottes Verheißung, die Macht der Sünde zu zerstören
und sein Reich der Gerechtigkeit und des Friedens
für alle Menschen zu errichten.

Im Folgenden gebe ich wieder, was Konfirmandinnen am 1. Sonntag nach Ostern 1998: Quasimodogeniti (aus dem Lateinischen ins Deutsche übertragen: Wir sind wie neugeboren) in der Christuskirche in Düren, der größten evangelischen Kirchengemeinde Deutschlands als ihr persönliches Glaubensbekenntnis vorgetragen haben:
1. Stimme: Ich glaube an Gott, der mich und diese ganze Welt mit all ihren Geheimnissen und ihren Schönheiten erschaffen hat. Ihm verdanke ich mein Leben. Er beschützt mich auf meinen Wege und steht mir bei; aber er greift nicht direkt in das Geschehen auf der Erde ein. Denn er wollte, dass wir frei und nicht wie Sklaven von ihm abhängig sind. Darum müssen wir unsere eigenen Wege gehen.Wir selbst verantworten unser Leben. Wir müssen es selber gestalten und mit schwierigen Situationen fertig werden. Aber unsere Hilferufe erreichen Gott überall. Er hilft denen, die Hilfe brauchen. Aber er hilft indirekt, indem er uns Menschen schickt, die helfen und indem er Trost spendet. Und er hat einem jeden von uns etwas Besonderes mitgegeben,eine gute Kraft.

2. Stimme: Mit Gott können wir über alles reden wie mit einem Freund. Er weiß, dass kein Mensch perfekt ist. Er vergibt uns, wenn wir gesündigt haben. Man fühlt sich getröstet, wenn man mit Gott geredet hat. Gott ist wie ein Mensch, der uns alle liebt.

3. Stimme: Er will eine Welt voller Liebe und Verständnis und Frieden. Er will das gute für die Menschen. Und wo Menschen Gutes tun, da sind sie von Gott geleitet. So kann Gott mit uns Menschen nicht zufrieden sein. Denn wir zerstören durch unsern Streit, unsere Missgunst und unsern Hass was Gott aufbauen will. Warum lässt er all das Böse zu? Die einzige Erklärung ist wohl, dass er uns Menschen die Freiheit geben wollte.

4. Stimme: Wenn wir diese Erde zerstört haben, wird Gott uns keine neue geben. Aber Gott liebt uns und kann Fehler verzeihen. Darum hoffe ich, dass er uns helfen wird, die Erde zu retten. Alles hat vielleicht doch seinen Sinn und sein Ziel. Schon in der Bibel steht, dass die Wege Gottes schwer zu begreifen sind.

5. und letzte Stimme: In meinem Glauben an Gott ist viel Unsicherheit. Aber ohne den Glauben an Gott wäre alles noch viel schwieriger und hoffnungsloser. Darum möchte ich gerne glauben. Er ist mein Zufluchtsort und ich hoffe, dass er am Ende meiner Zeit mich zu sich holt. Amen

Es folgt ein Glaubensbekenntnis, das 1998 im ZDF gesendet wurde:

Wir glauben, dass Gott das Band ist, das uns verbindet. Ursprung von allem, was geschaffen ist. Die Quelle des Lebens, aus der alles fließt. Das Ziel der Schöpfung, die auf Erlösung hofft.

Wir glauben, dass Jesus Christus das Band ist, das uns verbindet. Gesandter der Liebe Gottes. Von Maria geboren. Ein Mensch, der Kinder segnete, Frauen und Männer bewegte, Leben heilte und Grenzen überwand. Er wurde gekreuzigt. In seinem Tod hat Gott die Macht des Bösen gebrochen und uns zuliebe befreit. Mitten unter uns ist er gegenwärtig und ruft uns auf seinen Weg.

Wir glauben, dass Gottes Geist das Band ist, das uns verbindet. Weisheit von Gott, die wirkt, wo sie will. Sie gibt Kraft zur Versöhnung und schenkt Hoffnung, die auch der Tod nicht zerstört. In der Gemeinschaft der Glaubenden sind wir untereinander verbunden, werden zu Schwestern und Brüdern, die nach Gerechtigkeit suchen. Wir erwarten Gottes Reich. Amen

Das nächste Glaubensbekenntnis wurde im katholischen Gottesdienst der Kirche St. Maria in Aalen am 5.9.1999 gesprochen:

Ich glaube an Gott. Gott-Vater hat Himmel und Erde erschaffen.
Ich glaube an Jesus. Maria gebar Gottes Sohn Jesus.

Am Kreuz litt Jesus und starb.
Am dritten Tage ist er auferstanden.
Er ist aufgefahren in den Himmel.
Am Ende der Welt wird Jesus kommen
zu richten die Lebenden und die Toten.
Ich glaube an den Heiligen Geist,
die Gemeinschaft der Kirche,
Vergebung der Sünden,
Auferstehung der Toten
und das ewige Leben. Amen

Das folgende Glaubensbekenntnis kommt aus der evangelischen Landeskirche Kurhessen Waldeck. Es wurde am 23.1.2000 in der Stadtkirche zu Fritzlar von Konfirmandinnen vorgetragen:

Gott, Ursprung unseres Lebens, Grund allen Seins,
unsere Hoffnung. Dich loben wir.

Jesus Christus, Gottes Sohn, aus dem Tod Erstandener,
unser Leben. Dir danken wir.

Geist des Lebens, heilender Atem Gottes,
unsere Kraft zur Versöhnung. Dich beten wir an.

Du Gott schaffst neu die Erde.
Dich bekennen wir vor aller Welt.
Dir Gott vertrauen wir uns an in Zeit und Ewigkeit. Amen

Das nun hier wiedergegebene Glaubensbekenntnis entstammt dem für die evangelischen Kirchen in Deutschland und Österreich approbierten evangelischen Gottesdienstbuch. Es wurde von Pfarrer Mag. Hans Hubmer, Eferding aus theologischen Gründen um die zwei Worte: „als Auferstandener" ergänzt:

Wir glauben an Gott, den Ursprung von allem, was geschaffen ist, die Quelle des Lebens, aus der alles fließt, das Ziel der Schöpfung, die auf Erlösung hofft.

Wir glauben an Jesus Christus, den Gesandten der Liebe Gottes, von Maria geboren. Ein Mensch, der Kinder segnete, Frauen und Männer bewegte, Leben heilte und Grenzen überwand. Er wurde gekreuzigt. In seinem Tod hat Gott die Macht des Bösen gebrochen und uns zur Liebe befreit. Er ist als Auferstandener in unserer Mitte und ruft uns auf seinen Weg.

Wir glauben an Gottes Geist, Weisheit von Gott, die wirkt, wo sie will. Sie gibt

Kraft zur Versöhnung und schenkt Hoffnung, die auch der Tod nicht zerstört. In der Gemeinschaft der Glaubenden werden wir zu Schwestern und Brüdern, die nach Gerechtigkeit suchen. Wir erwarten Gottes Reich. Amen

Das nachfolgende Glaubensbekenntnis wurde am 30.9.2001 in der evangelischen Friedenskirche in Potsdam gesprochen:

Ich glaube an Gott, aus dessen Hand wir geschaffen sind wie von einer Mutter und einem Vater, der uns das Leben schenkt für die Freiheit und für die Liebe.

Ich glaube an Jesus Christus unseren Bruder und Erlöser, der wahre Mensch unter den Menschen. Der freundlichste Gedanke Gottes mit Hand und Fuß, mit Herz und Seele unter uns, der für Liebe und Güte gekreuzigt wurde aus Angst und Hass. Der wieder auferstand vom Tode: Sein Aufstand für das Leben auf unserer Erde.

Ich glaube an den Heiligen Geist, die alles durchdringende Kraft, der Menschen untereinander in Liebe verbindet, der Mauern des Schweigens und des Hasses niederreißt für ein Netzwerk des Friedens von Mensch zu Mensch von einem Erdteil zum anderen. Amen

Und als letztes Glaubensbekenntnis in dieser kleinen Reihe, stelle ich Ihnen das im evangelischen Gottesdienst aus der St. Martinskirche in Spenge am 14.7.02 gesprochene, von Konfirmanden formulierte, Bekenntnis vor:

Ich glaube an Gott. Er hat die Welt erschaffen. Von ihm kommt alles Leben. Er hält auch mein Leben in seiner Hand. Er ist mein Vater. Er hilft mir und hört mich, wenn ich zu ihm bete. Er gibt mir Mut und führt mich durchs Leben.

Ich glaube an Jesus Christus den Sohn Gottes. Er hat so gelebt, wie wir leben sollen. Er hat den Menschen geholfen und Glauben geschenkt. Er verzichtete auf Gewalt und überwand das Böse mit Gutem. Er ist das Licht, die Liebe, die Freude und die Hoffnung in meinem Leben.

Ich glaube an den Heiligen Geist, Gottes Kraft. Er verbindet die Menschen zu einer großen Gemeinschaft. Wo er ist, ist Frieden. Er tröstet und heilt mich. Er hilft mir zu glauben und macht mir Mut zum Leben.

Ich glaube an ein Leben nach dem Tod und daran, dass Gott einmal alles neu machen wird. Amen

2.2 Annäherung an das Thema: Was ist christlicher Glaube?

Eines steht von vornherein fest:Christlicher Glaube ist Glaube an Jesus Christus! Denn wir sprechen ja vom Christentum – übrigens erst seit dem 19. Jahrhundert, davor wurde von der Christenheit gesprochen – und nicht von einem Gottestum. Das Alte Testament sagt uns, was der Christus, der Messias, der Gesalbte ist und das Neue Testament entfaltet uns. Wer er ist, wer er für uns ist.

Christen glauben, dass in Jesus Christus Gott selber als Mensch auf die Erde kam, um stellvertretend für uns alle, dem Tode verfallene Sünder, zu sterben und uns dadurch das ewige Leben bei Gott zu gewinnen.

„Etwas herausfordernd könnte man die Evangelien Passionsgeschichten mit ausführlicher Einleitung nennen", meinte Martin Kähler.

Der selber sündlose, d.h. in inniger Gemeinschaft mit Gott lebende, Jesus ruft am Kreuz als Sterbender, sich von Gott verlassen fühlend, aus, nachdem er seinen Geist in Gottes Hände befohlen hatte: „Es ist vollbracht".

Nach seinem menschlichen Tod, in den er sich ganz mit Körper, Geist und Seele hingegeben hatte, wurde er von Gott zu neuem, ewigen Leben auferweckt, d.h. bei Wahrung seiner Personaltät neu erschaffen.

Als so von Gott Auferweckter gab er sich seinen Jüngern, Brüdern und Schwestern, die an ihn geglaubt hatten, als er mit und unter ihnen gelebt hatte, in neuer Leiblichkeit zu erkennen.

Wolfhard Pannenberg belehrt uns: „Wenn Jesus auferweckt ist, dann kann das für einen Juden nur bedeuten, dass Gott selbst das vorösterliche Auftreten Jesu bestätigt hat". Und bei diesem Auftreten hatte er seinen Hörern verkündigt: Ich und der Vater wir sind eins, wer mich sieht, der sieht den Vater. Darum bin ich für euch der einzige Weg zu ihm. Durch diese innige Verbindung zu Gott, seinem Vater, ist Jesus für uns keine fremde Person, kein Fremdprinzip. Er vertritt uns am Kreuz nicht exklusiv, sondern inklusiv, d.h. er ist durch Gott in uns, wie wir in ihm sind.

Als er sein Abendmahl einsetzte, sagte er als Bruder unter Brüdern (Mt. 28,10; 1. Kor. 15,6; Hebr. 2,12) vom Brot: Das ist mein Leib und vom Wein: Das ist mein Blut des Bundes, das für viele und das meint für alle vergossen wird zur Vergebung der Sünden (Mt. 26,26-28). Das Brot, das bin ich selber und der Wein, das ist mein Leben.

Wir empfangen von Jesus Christus nicht eine Gnadengabe, nein! Wir empfangen ihn selber und dürfen mit Paulus voll froher Begeisterung ausrufen: „Ich lebe, aber nicht mehr ich, sondern Christus lebt in mir" (Gal. 2,20).

Somit geht es Ostern nicht um ein Teilstück der christlichen Wahrheit, nein! Es geht um das Ganze des christlichen Glaubens, der christlichen Hoffnung. Es geht um die Achse des Christentums, um die sich wirklich alles dreht.

Die Auferweckung Jesu Christi von den Toten durch Gott ist ein Phänomen sui generis, ein Geschehen von ganz eigener Art ohne jede Parallele in der Menschheitsgeschichte. Es ist eine unableitbare, einmalige für uns zukunftseröffnende

Tat Gottes ohne jedes menschliche Zutun. Da aber menschliche Rede stets analogisch ist, d.h. dass wir historisch mit der prinzipiellen Gleichartigkeit allen Geschehens rechnen, können wir das Einmalige der Auferweckung Jesu mit Begriffen, die eben auch das sonst Auftretende meinen, nicht aussagen. Historisch ist das einmalige Geschehen für uns nicht fassbar. Was wir wissen können, ist ein historischer Rand. Es sind zum einen das leere Grab Jesu und zum anderen die Erscheinungen des Auferstandenen. Und beides wird uns von Zeugen überliefert. Doch diese Zeichen sind mehrdeutig!

Die Jünger waren felsenfest davon überzeugt, den gekreuzigten, gestorbenen und begrabenen Herrn als Auferstandenen mit eigenen Augen gesehen zu haben. Anders ist die Bildung der Jerusalemer christlichen Urgemeinde und daraus folgend der christlichen Kirche nicht zu verstehen. Mit seiner Huldigung des Auferstandenen: „Mein Herr und mein Gott" (Joh. 20,28) war der Zweifler Thomas nach Martin Buber der erste Christ im Sinne des christlichen Dogmas.

Paulus zählt im 1. Korinterbrief (15,5-7), den er im Jahre 56 oder Anfang 57 nach Christus in Ephesus geschrieben haben soll, diejenigen auf, denen Jesus als Auferstandener erschienen ist und setzt sich selbst, dem das wie auch den anderen widerfahren ist, als einer unzeitigen Fehlgeburt, wie er sich ausdrückt, an das Ende dieser Liste.

In der Apostelgeschichte lesen wir: „Doch als ich dahinzog und in die Nähe von Damaskus kam, geschah es, dass mich um Mittag plötzlich vom Himmel her ein helles Licht umstrahlte. Und ich stürzte zu Boden und hörte eine Stimme, die zu mir sprach: Saul, Saul, was verfolgst du mich? Ich aber antwortete: Wer bist du Herr? Und er sprach zu mir: Ich bin Jesus der Nazoräer, den du verfolgst. Meine Begleiter aber sahen zwar das Licht, doch die Stimme dessen, der zu mir redete, hörten sie nicht" (Apg. 22,6-9). Genau umgekehrt heißt es an anderer Stelle in derselben Apostelgeschichte des Lukas: „Die Männer aber, die mit ihm reisten,standen sprachlos da, weil sie zwar die Stimme hörten, aber niemand sahen" (Apg. 9,7). Was Saulus da, wie er selber schreibt als Offenbarung Jesu Christi (Gal. 1,12) widerfuhr, kann nach diesem biblischen Befund nach heutigen Begriffen als Halluzination gedeutet werden, als eine mit einer Audition verbundenen Vision. Eine Vision ist ein Vorgang, bei dem ein Bild wahrgenommen wird, dem kein äußerer Gegenstand entspricht, das also nicht photographiert werden könnte. Und eine Audition ist entsprechend ein inneres Hören ohne äußere Schallwellen, die man auf Tonträger aufnehmen könnte.

C. G. Jung schreibt: „Auch die Einbildung ist ein psychischer Vorgang, weshalb es völlig irrelevant ist, ob eine „Erleuchtung" wirklich oder „eingebildet" genannt wird. Der, welcher eine Erleuchtung hat oder zu haben vorgibt, meint auf alle Fälle, erleuchtet zu sein, Was andere davon halten, entscheidet ihm über seine Erfahrung gar nichts".

Goppelt schreibt: „Die Ostererscheinungen sind der Grund des Glaubens nicht die Wirkung des Glaubens". Vom Seh- und oder Hörwiderfahrnis der Erscheinungen her schließen die Jünger durch ihr personales Interpretament, Deutungsmittel auf Jesu Auferstehung. Diese selbst wird im Neuen Testament nicht bezeugt. Auch das leere Grab kann nicht als zweifelsfrei eindeutiger Beweis für Jesu Auferweckung gelten. Erst einen Tag nach Jesu Grablegung erscheinen Hohepriester und Pharisäer vor Pilatus und äußern die Vermutung, die Jünger könnten Jesu Leichnam stehlen und dann behaupten, er sei auferstanden. Pilatus solle deshalb das Grab Jesu bewachen lassen. So geschieht es, Und als dann das Grab tatsächlich leer aufgefunden wurde, sprachen die Hohenpriester zu den Bewachern: „Saget: Seine Jünger sind des Nachts gekommen und haben ihn gestohlen, während wir schliefen" (Mt. 28,13).

Auch Maria aus Magdala vermutet am leeren Grab: „Sie haben meinen Herrn hinweggenommen" (Joh. 20,13).

Denkbar wäre auch, dass die Jünger und die Frauen sich in Jesu Grab geirrt haben könnten.

Paulus als der älteste uns bekannte Zeuge des frühen Christentums erwähnt in seinen uns überlieferten Schriften das leere Grab Jesu garnicht und kann deshalb auch keine weiblichen Zeugen dafür angeben.

Nun ist aber christlicher Glaube Auferstehungshoffnung. Andernfalls wäre er weder christlich noch Glaube. „Ist aber Christus nicht auferweckt worden, so ist ja unsere Predigt leer, leer auch euer Glaube" (1. Kor. 15,14). „Nun aber ist Christus von den Toten auferweckt worden als Erstling der Entschlafenen (1. Kor. 15,20). Damit hat er dem Tod seine Macht genommen. Nach Martin Luther ist Jesus des Todes Tod.

Der Tod ist die Trennung von allem und somit auch von Gott. Der ewige Tod der Gottesferne ist der Sünde Lohn. Das Kreuz ist das Offenkundigmachen unserer objektiven, grenzenlosen Gottverlassenheit. Denn der Gekreuzigte trug unser aller Sünden und starb selber sündlos stellvertretend unseren verdienten Tod. Alle Menschen sind ungefragt in dieses Geschehen mit einbezogen. Sind die Sünden nicht mehr, die uns von Gott trennten, dann entfällt auch der Tod, denn „wo Vergebung der Sünden ist, da ist Leben und Seligkeit", weiß Martin Luther. So zeigt sich im Kreuz Gottes Gerechtigkeit, d.h. sein Gerichtsurteil über uns, wie wir nun einmal alle miteinander von unserer Natur aus sind. Es zeigt sich im Kreuz Gottes „Nein" zu uns Sündern, indem er seinen Zorn in ganzer Härte auf unseren Stellvertreter, seinen eingeborenen Sohn niedergehen ließ. Un indem er das tat, erweist er uns gerade darin seine Liebe, zeigt er uns, dass er selber für uns eintritt, indem er uns in Jesus gnädig freispricht. Damit ist das Kreuz beides zugleich und ineinander: das furchtbare Zeichen des Gerichtes Gottes über die Sünder der Welt und gleichzeitig das leuchtende Wahrzeichen seines Erbarmens, seiner größtmöglichen Liebe. An einer Stelle wurden Sünde und Zerrissenheit in der Welt beendet, indem Gott die Welt mit sich selber versöhnte (2, Kor. 5,19). Deshalb bekennt Martin Luther: "Crux sola est nostra theologia" = Das Kreuz allein ist unsere Theologie.

Jesus erscheint als Auferstandener nicht neutralen Zeugen oder gar seinen früheren Gegnern, die ihn ans Kreuz gebracht hatten, als triumphierender Held, um sich ihnen zu beweisen. Er erschien in verschiedenerlei Gestalt nur denen, die an ihn geglaubt hatten. Doch mussten erst ihre inneren Augen aufgehen, damit sie ihn erkennen konnten, d.h. erst durch seine Selbstbekundung wurde er ihnen erkennbar. Er begegnet ihnen als einer, der auf dem Weg ist, als ein Gehender. Er begegnet ihnen wesentlich als einer, der sich entzieht, der ihnen nicht mehr verfügbar ist. „Jesus (den sie füf den Gärtner hält) sagt zu ihr (Maria aus Magdala): Rühre mich nicht an; denn ich bin noch nicht zum Vater aufgefahren" (Joh. 20,17). „Und es begab sich, als er mit ihnen (den zwei Emmaus-Jüngern) zu Tische saß, nahm er das Brot, sprach das Dankgebet darüber, brach es und gab es ihnen. Da wurden ihnen die Augen aufgetan und sie erkannten ihn und er entschwand ihren Blicken" (Lk. 24,30+31).

„Der Herr Jesus nun wurde, nachdem er zu ihnen geredet hatte, in den Himmel emporgehoben" (Mk. 16,19). „Und es begab sich, während er sie segnete, entschwand er ihnen und wurde in den Himmel emporgehoben" (Lk. 24,51). „Und als er dies gesprochen hatte, wurde er vor ihren Augen emporgehoben und eine Wolke nahm ihn auf, so dass er ihren Blicken entschwand" (Apg. 1,9).

Bei den Erscheinungen des auferstandenen Jesus handelte es sich um eine außerordentliche Schau, nicht um ein jedermann sichtbares Geschehen. Der Auferstandene war nicht mehr als ein Gegenständlicher unter anderen in dieser Welt wahrnehmbar. Denn die Auferweckung meint nicht die Rückkehr eines Toten in das diesseitige Leben, wie es im Fall des Lazarus (= Gott hat geholfen) im Johannes-Evangelium geschehen war, sondern es meint ein eschatologisches, die letzten Dinge betreffendes Ereignis, den Anbruch der neuen Welt Gottes.

Da der Tod das menschliche Sein auslöscht, ist die Auferweckung Jesu durch Gott eine Neuschaffung Jesu nach dem Bild, das Gott von ihm hatte.

Paulus lehrt nicht die Auferweckung der Körper, sondern der Personen.

Paulus schreibt in seinem Römerbrief, Kapitel 1 in den Versen 3+4 von Jesus: „der aus der Nachkommenschaft Davids hervorgegangen ist nach dem Fleische, der eingesetzt ist zum Sohne Gottes voll Macht nach dem Geiste der Heiligkeit kraft der Auferstehung von den Toten : Jesus Christus, unser Herr".

Paulus denkt die Auferweckung Jesu und die aller Christen nach ihm, die auf seinen Namen getauft sind und die ihm nachfolgen durchweg und vollständig in schlichter Parallele. Jesus ist der erste unter Brüdern (Rö. 8,29).

Die Rede von der Totenauferweckung ist eine metaphorische, eine bildhafte Rede. Denn das neue Leben können wir uns nicht vorstellen. Was Ewigkeit ist kann man nicht denken. Das ist Martin Luthers Überzeugung.

Nach Paulus erhält der verwesliche Mensch einen unverweslichen Geistleib. Er bekommt ein neues Leben geschenkt, das er sich in seinen kühnsten Träumen nicht vorstellen kann. Es gibt jedoch keine substantielle oder strukturelle Kontinuität von der alten irdischen zur neuen ewigen Existenz. Unsere Auferstehung erleben wir nicht. Sie wird uns „nach" unserm Tod, den wir ja auch nicht erleben, als das ganz andere von Gott neu geschenkt. Und doch werden wir uns im Jenseits, in der Sphäre Gottes, alle wiederfinden.

„Es ist aber der Glaube eine Zuversicht auf das, was man hofft, eine Überzeugung von Dingen, die man nicht sieht" (Hebr. 11,1).

Der Auferstandene ruft uns zu: „Selig sind, die nicht sehen und doch glauben" (Joh. 20,29, Luther 1984).

Die Osterverkündigungen im Neuen Testament sind nicht wie objektive Berichte moderner Geschichtsschreiber zu lesen. Sie sind vielmehr zum Glauben aufrufende Anrede an uns. Das Ziel der Erscheinungen Jesu ist nicht Wissen, sondern Glauben. Der Glaube aber trägt seine Gewissheit in sich selber und bedarf keines bestätigenden Mirakels, wie Jesus selbst es uns in seinem Gleichnis vom armen Lazarus vorgetragen hat.

Ein historischer Beweis der Auferstehung Jesu würde ja den Glauben überflüsig machen. Die Auferweckung Jesu aber ist ein Zeichen Gottes, das nicht gezählt, gemessen oder gewogen werden kann. Wir glauben nicht an die Auferstehung Jesu, sondern an den Auferstandenen Jesus Christus.

Zum Christentum gehört das Denken. Schon das Wort Mensch, abgeleitet von dem lateinischen Wort: mens, bedeutet: denkender Geist.

Wir brauchen nur das zu glauben, was wir auch verstehen. Jesus selbst fordert uns auf: „Höret mir alle zu und verstehet" (Mk. 7,14). „So kommt der Glaube aus der Predigt, das Predigen aber durch das Wort Christi" (Rö. 10,17).

Die Verkündigung des Evangeliums durch alle Zeiten seit Jesu Auferweckung bis hin zu uns heute, ist nichts Anderes als die Entfaltung des Wortes der kirchengründenden Predigt der Urgemeinden. Und Glaube ist vertrauensvolle Zustimmung zu dieser Verkündigung. Gott mutet uns kein „sacrificium intellectus", keine Preisgabe unserer Vernunft zu. „Indem ich Jesus von Nazareth als Gewährsmann zuhöre, ihm vertraue, wird aus Denken Glaube" (Heinrich Fries).

Als größtes und erstes Gebot legt Jesus uns ans Herz: „Du sollst den Herrn deinen Gott, lieben mit deinem ganzen Herzen und mit deiner ganzen Seele und mit deinem ganzen Denken" (Mt. 22,37). Ja auch mit unserem ganzen Denken sollen wir Gott lieben. Denn, wenn wir Angst vor dem eigenen Nachdenken und damit auch vor der Theologie haben, können wir Gott nie ganz gehören. Das aber ist gewiss sein Wille. Wir würden dann Teile unseres „Ich" nicht an der Hingabe an Gott teinehmen lassen. Wir würden sie verdrängen. Wer nicht denkt, glaubt falsch, gibt Rudolf Bultmann zu bedenken.

Wohl gilt nach Matthias Claudius: „Das Brot der Theologie ist schwer zu essen für den, der naiv glauben möchte". Aber: „Glauben ohne Theologie ist blind", gibt uns Karl Barth zu bedenken. Doch sagt er auch: „Theologie ohne Glauben ist tot". Alle Theologie – der Begriff stammt übrigens von Plato – ist gescheite Antwort aufs Bibellesen. Richtig verstandene Theologie ist Glaube auf der Suche nach Verstehen. Glaube ist durch seine Vorgabe ganz Gottes Tat, aber sie ist auch meine Entscheidung. Denn ich bin es ja letztendlich, der da glaubt.

Lessing meint: „Es gibt keinen echten Glauben, der von der Welt des Gedankens her zerstört werden kann" und „man kann keine echte Frage des Denkens mit Gründen des Glaubens zum Schweigen bringen".

Gott ist ein Gott der Wahrheit. Und die Wahrheit hat nach Zwingli ein fröhlich Angesicht. Glauben heißt, sich vom nur vorgestellten Gott zum wirklichen zu erheben, heißt weiter, die religiösen Wunschvorstellungen zu verabschieden und dafür die Wahrheit des lebendigen Gottes einzutauschen. Heißt, sich beim Verstehen der „Offenbarung Gottes in der Schrift" vom Heiligen Geist helfen zu lassen. „Fundamentalismus ist ja nur die Angst vor der Wahrheit", meint Carl Friedrich von Weizsäcker. Und Überzeugungen sind schlimmere Feinde der Wahrheit als Lügen, weiß Friedrich Nietzsche. Und Joachim Illies gibt uns zu bedenken: „Nicht Demut, verkappter Hochmut nimmt die Bibel wörtlich, d.h. erspart sich weiteres Nachdenken, das Gott uns doch zutraut und von uns erwartet. Der Fundamentalismus lässt Glaube und Verstand nicht zusammenkommen, weil er die Bibel sakralisiert. „Gott gab uns sein Wort, nicht seine Wörter. Die stammen von Menschen. Also nehmt Gott beim Wort aber die Bibel nicht wörtlich", mahnt uns Heinz Zahrnt. Die Fundamentalisten lassen Gott keinen Spielraum, sagte ein afrikanischer Bischof im Fernsehen.
„Das Kind in der Krippe in Verbindung mit dem Schmerzensmann am Kreuz ist auf ewig aller Zeiten Wendepunkt, aller Liebe Höhepunkt, alles Heiles Ausgangspunkt und allerAnbetung Mittelpunkt".

2.3 Abba: Die zärtliche Anrede Gottes durch Jesus

Auf einem Plakat konnte man neulich lesen: „Es lebt kein Mensch unter der Sonne, den Gott nicht liebt!"
In Jesus Christus hat sich, wie wir glauben, Gott selbst der Welt geschenkt. In Jesus erkennen wir tatsächlich den größten Revolutionär der ganzen Weltgeschichte, weil er uns zeigte, wer Gott wirklich für uns ist, nämlich der uns bedingungslos Liebende. Ein Gott der Freud und Wonne, der in allem unser Wohlgefallen, unser Glück will, nicht ein Gott der Forderungen, der Ge- und Verbote, kein Gott der bloßen Moral. Zwar hat das Christentum eine Ethik, aber es ist keine Ethik. Vielmehr geht es um etwas ganz Anderes. Das Ziel des Christentums ist die Erhebung des Gottesgeschöpfes Mensch zum Kind Gottes. Deshalb steht im Zentrum der Verkündigung, des eingeborenen Gottessohnes, ein einziges aramäisches Wort, das mit absoluter Sicherheit von ihm selber stammt, darin sind sich – soweit ich sehe – alle einig, nämlich sein: „ipsissimum verbum", wie sich die Theologen auszudrücken pflegen: „Abba", ein Lallwort des Kleinstkindes, mit dem es seinen Vater meint, zu deutsch Väterchen oder Papa, Luther übersetzt es, wie wir noch sehen werden mit: „Lieber Vater", was nach seinem aramäischen Ursprung auch möglich ist.
Ben Chorin, der jüdische Gelehrte, der bis zu seinem Tode in Jerusalem gelebt hat, dessen Lieder: „Freunde das der Mandelbaum wieder blüht und treibt, ist das nicht ein Fingerzeig, dass die Liebe bleibt" als Nr. 606 und: „Und suchst du meine Sünde" als Nr. 237 in unserem Evangelischen Gesangbuch stehen, erzählte beiläufig im Fernsehen: Wenn mein Enkel mit mir redet, sagt er Abba zu mir.

Also heute noch ist diese Anrede unter Menschen in Israel gebräuchlich.

Jesus aber redete Gott, unseren Schöpfer und Erhalter, seinen Vater zärtlich und vertrauensvoll ohne jede Verniedlichungsabsicht mit Abba an. Das ist gleichsam eine wechselseitige Umarmung. Damit durchstößt Jesus die Mauer der Unnahbarkeit des ganz andern Gottes, wie Karl Barth sich später ausdrückte, und überwindet mit ehrfürchtiger Zärtlichkeit den Abgrund der Gottesferne und erschließt auch uns das Herz Gottes, den auch wir nun als Jesu Schwestern und Brüder mit „Abba" anreden dürfen (Rö. 8,15), weil Gott als liebender Vater sich so zu uns verhält. Im Galatherbrief 4,6 lesen wir in der Luther-Übersetzung von 1984: „Weil ihr nun Kinder seid, hat Gott den Geist seines Sohnes in unsere Herzen gesandt, der da ruft: „Abba, lieber Vater".

Nach Joachim Jeremias ist die Anrede Abba für Gott in der Gebetssprache Jesu (siehe Mk. 14,36) in der gesamten jüdischen Literatur ohne jede Analogie, d.h, sie kommt nirgends vor. Er schreibt: „Es wäre für jüdisches Empfinden unehrerbietig und darum undenkbar gewesen, Gott mit diesem familiären Wort anzureden. Es war etwas Neues und Unerhörtes, dass Jesus es gewagt hatte, diesen Schritt zu vollziehen. Er hat so mit Gott geredet, wie das Kleinkind mit seinem Vater, so schlicht, so innig, so geborgen" (Abba, Göttingen 1964, Seite 63). Außer Jesus hat kein Jude vor ihm das gewagt.{Vielleicht mit einer Ausnahme: Pinchas Lapide berichtete in seinem Buch: „Er wandelte nicht auf dem Meer", von dem Bauern Choni, der der Kreiszieher genannt wurde und kurz vor der Zeitenwende gelebt hat, dass auch er Gott Abba genannt habe}.

Ja Gott so mit Abba anzureden, das durfte nach jüdischer Tradition eigentlich auch niemand wagen. Abba ist für Gott im Alten Testament, der Hebräischen Bibel unvorstellbar. Juden war es ja nicht einmal erlaubt, Gott beim Namen zu nennen. Denken Sie bitte daran, dass auch noch der Evangelist Matthäus im Neuen Testament als Judenchrist immer Himmelreich schreibt, wenn er eigentlich Gott meint: Das Himmelreich ist nahe herbeigekommen oder ihrer ist das Himmelreich. Somit ist dieses Jesus-Wort: „Abba" der Kern des Christentums geworden, auf den hin alles zurückzubeziehen ist und aus dem heraus alles Andere herzuleiten ist.

2.4 Heiliger Geist

Der Geist ist in der chaldäischen Urfassung der Bibel die Mutter der Götter. Die Chaldäer waren ein semitisches Volk des Altertums, bekannt seit ~2000 vor Christus. Seit 800 vor Christus waren sie zeitweilig in Babylon das Herrenvolk gewesen. Aus Babylon wurde dieser Begriff: „Mutter der Götter" für Geist übernommen

Jesus selbst sprach in einem apokryphen Evangelium:„Der Heilige Geist ist meine Mutter" (Origenes, Comment in Joh., II 6).

Der Heilige Geist ist es, der da lebendig macht und ohne ihn gäbe es kein Leben. Das hebräisch-aramäische Wort für Geist ist: „ha ruach" = die Geist (weiblich)

und bedeutet zum einen: Luft in Bewegung – Hauch – Wind, also etwas Bewegtes, Dynamisches aber zum anderen auch Atemstoß, Schnauben in Erregung etwas Dramatisches. Das entsprechende griechische Wort für Geist ist: pneuma und bedeutet ebenfalls: Luft in Bewegung – Hauch – Wind – Atem. Auch das lateinische Wort: spiritus bedeutet ebenso: Luft in Bewegung – Hauch – Odem. Ihn selber sieht man nicht. Man sieht aber seine Wirkung, das, was er bewegt.

Der Geist Gottes oder der Lebensatem Gottes, also eigentlich Gott selbst, wird im Neuen Testament mit: paraklet wiedergegeben. Das zu diesem Wort dazugehörige Verb umfasst eine breite Palette von Tätigkeiten wie: herbeirufen, zu Hilfe rufen, zurufen, zureden, ermuntern aber auch bitten, antreiben mahnen, einladen, trösten, stärken; so dass paraklet mit: Beistand, Stellvertreter, Ermutiger, Berater, Mahner, Fürsprecher, Tröster, Wegleiter, Helfer und Freund wiedergegeben werden kann.

Der Heilige Geist ist überall und zu jeder Zeit in Gottes Schöpfung gegenwärtig. Durch ihn gibt es für jeden Menschen eine Unmittelbarkeit zu Gott.

Der Heilige Geist schließt uns das Wort Gottes auf. Das Wort Gottes ist das Wort, das Gott entspricht. Es ist eine Umschreibung für vollmächtiges Reden von Gott. Der Heilige Geist hilft uns, in der Schrift Gott zu erkennen und auch zu begreifen, was er meint und er hilft uns zu erkennen, dass Gott uns bedingungslos liebt und wir ihn wiederlieben dürfen. Von uns aus, auf uns allein gestellt, könnten wir das nicht. Mit Martin Luthers Worten klingt das so: „Es ist kein Mensch auf Erden, der das geringste Tüttel von der Schrift versteht oder sieht, außer denen, die den Geist haben". Für ihn war das Evangelium – die frohe Botschaft – in der Bibel das, was Christum treibet.

Immer wieder haben Propheten des Alten Testamentes, partiell mit dem Geist Gottes ausgerüstet, verkündet: Einmal wird der Gesalbte, der Herr, was für Gott selber steht, kommen. Ein Gesalbter riecht nicht mehr nur nach sich selber. Er riecht vielmehr nach etwas Größerem. Jesus ist der von den Propheten vorausgesagte Geistmensch Gottes. Er ist ganz vom Heiligen Geist durchdrungen und deshalb sagen wir: Er ist empfangen vom Heiligen Geist. An dieser vollkommenen Geistesdurchdrungenheit Jesu haben wir als Christen vollen Anteil und deshalb ist uns bei unserer Auferweckung durch Gott, bei unserer Auferstehung auch ein neuer Geistleib versprochen.

Wir glauben an Gott durch Jesus Christus im Heiligen Geist. Jesus selbst sagte seinen Jüngern zu, er würde seinen Vater bitten, ihnen den Heiligen Geist zu senden, der sie lehren und leiten würde, der sie ausbilden und zurecht weisen würde, so dass durch ihr Zeugnis die Menschen zum Glauben kämen.

Das nun, um das Jesus seinen himmlischen Vater für uns gebeten hatte, geschah zum ersten Mal beim Pfingstwunder. Die versprengten Jünger wurden durch den Geist Gottes zu einem Volk, zu einer Einheit. Man nennt das die Geburtsstunde der Kirche. Sie ist eine Zeugung des Heiligen Geistes. Kirche meint alle Christen aus allen Ländern und Nationen, die Christus als ihren Herrn bekennen. Als Christen sind wir mit ihm verschmolzen, ja eins mit ihm. Wir alle sind über ihn mehr miteinander verbunden, wie die Finger über die Hand oder wie die Wellen des Meeres über das Meer verbunden sind, als es uns vielleicht klar ist.

Christlicher Glaube ist kein Spezialglaube, sondern wahrer Glaube, Glaube schlechthin; so wie auch christliche Liebe keine Sonderliebe , sondern wahre Liebe, Liebe schlechthin ist.

Nach Jesu Taufe im Jordan durch Johannes den Täufer kam der Heilige Geist fast körperlich <u>wie</u> eine Taube auf Jesus herab. Diese, den Heiligen Geist symbolisierende Taube, wird in der bildenden Kunst durchgehend weiß dargestellt. Ihr wird im Gegensatz zu ihrem realen Verhalten ein friedlicher, gewaltloser, ja zärtlicher Charakter nachgesagt; etwa im Symbol der Friedenstaube. Das machte sie zum Inbegriff von Sanftmut und Liebe. Bei den Nordsemiten und ihren Nachbarvölkern galt die Taube als heiliger Vogel und als Symbol der Muttergöttin.

Beim ersten Pfingstfest in Jerusalem kam der Heilige Geist <u>wie</u> Feuerzungen auf die Häupter der versammelten Jünger Jesu herab.

Als einziges der vier klassischen Elemente: Feuer, Wasser, Erde, Luft, konnte der damalige Mensch das Feuer selber erzeugen, so dass es für ihn das Zeichen seiner Ähnlichkeit mit Gott trug.

Das Feuer kann aber auch als reinigende Flamme gedeutet werden, die das Böse vernichtet.

Gott redete zu Mose aus einem brennenden Dornbusch (2. Mose 3,4) und zog des Nachts in einer Feuersäule vor seinem Volk in der Wüste her, um ihm den rechten Weg zu weisen (2. Mose 13,21).

Nach rabbinischem Sprachgebrauch wurde Wasser oft als Symbol für das Gesetz verwendet.

Für den Evangelisten Johannes ist Wasser ein Symbol für den Geist. „Wer an mich glaubt, wie die Schrift sagt, von dessen Leib werden Ströme lebendigen Wassers fließen" (Joh. 7,38).

Der Heilige Geist kommt wann und wo er will zum einen als leises Wehen, als Hauch, Odem (1. Kön. 19,11-13) und zum anderen als Wind oder Sturmwind.

Das alles sind Ausdrücke für Antrieb, Dynamik und Energie, die es uns leicht macht, Schwieriges nach Gottes Willen zu tun, was wir auf uns alleingestellt niemals zuwege brächten. Waren wir vor unserer Bekehrung - im Bilde gesehen- Radfahrer, die ihre Antriebskraft selber aufbringen mussten, so sind wir als wiedergeborene Christen Autofahrer. Christus ist der Motor unseres neuen Seins und unseres neuen Lebens und der Heilige Geist ist der nie versiegende Treibstoff dafür. „Ich lebe, doch nun nicht ich, sondern Christus lebt in mir" (Gal. 2,20).

Durch den Heiligen Geist erkennt Gott auch sich selber. „Niemand weiß was in Gott ist, als der Geist Gottes" (1. Kor. 2,11). Und wir sind sein Tempel (1. Kor. 6.19).

Lasst uns Echo des Geistes Gottes in der Welt werden und sein Licht des Lebens, der Liebe und der Wahrheit, das unser Inneres ganz erfüllt, weiter in die

Welt hinaus strahlen, so dass alle Menschen, die davon erleuchtet werden, die davon bis in ihr Herz, ihr Personenzentrum hinein getroffen werden, selber wieder Echo dieses Lichtes werden.

2.5 Trinität Gottes

Bereits die Ägypter, Babylonier und Inder kannten eine Trinität oder Dreieinigkeit von Gottheiten.

Trotz seines dreieinigen oder dreifaltigen Gottes ist das Christentum monotheistisch. Wie das Judentum, aus dem es hervorgegangen ist und wie der Islam, der aus Judentum und Christentum erwuchs, kennt es auch nur einen Gott. Es verehrt nicht drei voneinander getrennte Götter, wie manche Außenstehende vermuten mögen. Der Heilige Geist ist genauso wie Jesus Christus nicht ein anderes Wesen neben Gott, sondern eine andere Weise, wie der eine Gott von Menschen erfahren wurde und noch erfahren wird.

Gott ist nicht dreigestaltig, wie er etwa in bestimmten Kunstwerken dargestellt worden ist: z.B. in Form dreier menschlicher Gestalten, rechts Gott-Vater als ältere männliche Person, links Jesus als junger Mann und in der Mitte zwischen beiden der Heilige Geist als junge Frau oder als junger Mann. Als junge Frau auf einem Wandgemälde in der Kirche von Urschalling; oder als menschliche Gestalt mit einem dreigesichtigen Kopf und auch Gott-Vater als sitzender älterer Mann, der vor sich mit beiden Händen das Kreuz mit seinem gekreuzigten Sohn hält und der Heilige Geist als auf dem Kreuz sitzende Taube.

Die alte Kirche sah Gott als drei Personen in einem Wesen. Und sie sah Jesus als eine Person mit zwei Naturen zugleich.

Der eine Gott zeigt sich den Menschen in drei Wirkungen. Gott der Vater steht seiner Welt als ihr Schöpfer gegenüber. Sein Sohn Jesus Christus vermittelt zwischen Gott und der Welt. Und der Heilige Geist als die dritte Wirkung Gottes ist Gott in uns.

Joseph Ratzinger schrieb 1968 in seiner: „Einführung in das Christentum": „Im griechischen Original heißt der 3. Glaubensartikel des Apostolischen Glaubensbekenntnisses: Ich glaube an Heiligen Geist, also nicht innertrinitarisch, sondern heilsgeschichtlich verstanden".

Der vollkommene, grenzenlose Gott ist alles in einem, d.h. er ist ganz und hat keine Teile. Gott ist Einheit. Drei voneinander getrennte Götter wären jeder für sich nicht mehr vollkommen und das meint, es könnte ihnen etwas hinzugefügt werden und sie wären jeder für sich nicht mehr unbegrenzt. Sie wären ein Widerspruch in sich. Gott-Vater, Sohn und Heiliger Geist sind räumlich nicht voneinander getrennt. Wo der Heilige Geist ist, da ist auch Gott. Somit ist Gott auch in seinem eingeborenen Sohn.

Wenn wir im Heiligen Geist den Sohn sehen, dann sehen wir in ihm auch Gott den Vater. In Jesus Christus ist mit anderen Worten gesagt der eine wahre und lebendige Gott voll präsent und wirksam.Gott schafft im Geist durch Jesus Christus unser Heil, das Heil der Welt.

Wir Christen glauben, dass der dreieinige Gott die ganze Welt erschuf und ständig weiter erschafft, sie trägt und erhält. Sollte sie da nicht sein Wesen widerspiegeln? (siehe Röm. 1,19+20).

Der Physiker Fridjof Capra sieht die Dreieinigkeit Gottes so: Er geht davon aus, dass das Unsichtbare das Muster für das Sichtbare ist. „Wie im Himmel so auf Erden". Die ganze Wirklichkeit deutet er als ein Geschehen der evolutiven, geistigen Selbstorganisation. Dieses Konzept der Selbstorganisation hat drei Aspekte oder Dimensionen: Struktur, Organisationsmuster und Prozess. In Gottes Dreifaltigkeit entspricht nun Gott-Vater dem Muster, der Sohn der Struktur und der Heilige Geist dem Prozess.

Hildegard von Bingen schreibt: „Denn die Ewigkeit wird der „Vater" genannt, das Wort „der Sohn", der Hauch, der beide verbindet „der Heilige Geist". Im Vater west die Ewigkeit, im Sohne die Gleichheit, im Heiligen Geist die Verbindung von Ewigkeit und Gleichheit"

Jede Kraft oder Wechselwirkung kommt durch einen Austausch von Austausch-, oder Bindeteilchen, auch Feldquanten genannt, zustande, beispielsweise:

Elektron – Photon – Proton.

Quark – Gluon – Quark etc. .

Der Raum hat drei Dimensionen und die Zeit gliedert sich in:

Vergangenheit – Gegenwart – Zukunft.

Wir sprechen von:

Himmel – Erde – Hölle.

Die Sonne vereinigt in sich:

Wärme – Licht – runde Gestalt.

Das organische Leben tritt auf als:

Pflanze – Tier – Mensch.

Der Mensch hat drei Aspekte oder Dimensionen:

Körper – Seele – Geist.

Die materiellen Stoffe haben in der Regel drei Aggregatzustände:

Fest – flüssig – gasförmig.

Eine Dreiheit finden wir auch in:

These – Antithese – Synthese, und so fort.

Aus der Bibel erfahren wir: „Gott ist die Liebe". Diese Liebe ist total und genügt narzistisch nicht nur sich selber. Darum braucht Gott ein ihm adäquates, übereinstimmendes Gegenüber, dem sein ganze Liebe gelten kann und das seine Liebe in gleicher Weise erwidert, um mit ihm eins zu sein. Dieser gleichartige Partner Gottes ist schon „vor" Erschaffung der Welt sein eingeborener Sohn Jesus Christus, der mit ihm als seinem Vater-Gott über den Heiligen Geist, den Geist der Liebe, der von beiden gleichermaßen ausgeht, als „Binde- und Austauschglied" in Liebe fest zur Einheit verbunden ist.

Da Gott in sich den Menschen nach seinem Bilde schuf, finden wir auch in dieser Beziehung die Dreiheit wieder:

Gott oder Jesus Christus – Heiliger Geist – Mensch.

Das Wort: Mensch ist abgeleitet vom lateinischen Wort: mens=denkender Geist. In Gott leben, weben und sind wir (siehe Apg. 17,28). Gott ist uns näher als wir uns selber sind: „Noch ehe ein Wort mir auf die Zunge kommt, hast du Herr, es schon gehört" (Ps. 139,4, Die gute Nachricht). Gott kennt nicht nur unser Bewusstsein, das uns direkt willentlich zur Verfügung steht und das nur etwa ein siebentel unseres Gesamzbewusstseins ausmacht. Er kennt auch unser Unbewusstes (6/7), also seelische Vorgänge in uns, die nicht unmittelbar unserer Selbstbeobachtung zugänglich sind, aber unser bewusstes Erleben und Verhalten beeinflussen oder steuern können. Deshalb kann Gott uns auch in unsern Gebeten besser vertreten als wir selber es nur mit unserem Wachbewusstsein tun können (siehe Rö. 8,26).

Alles das, was wir von Gott noch nicht verstehen, hebt seine Offenbarung nicht auf. Seine größte Selbstbezeichnung ist die, dass er die Liebe ist.

Unser irdisches Leben ist ein Leben des Glaubens und noch nicht des Schauens.

2.6 Zweite Annäherung an das Thema: Was ist Christlicher Glaube?

Ein Grundprinzip im Land des Glaubens heißt Freiheit. Denn „wo der Geist des Herrn ist, da ist Freiheit" (2. Kor. 3,17). Das Evangelium, die frohe, frohmachende Botschaft von Jesus Christus ist ein Ruf zur Freiheit des in Gott geborgenen Menschen. „Für die Freiheit hat uns Christus freigemacht" (Gal. 5,1).

Der allmächtige Gott, der Schöpfer von allem, was überhaupt ist, hat das Böse in der Welt möglich gemacht. Wir aber machen es wirklich. In Jesu Augen sündigen wir nicht, sondern wir alle sind ohne Ausnahme Sünder. Jesus meint deshalb nicht, etwas an uns müsse sich ändern, sondern vielmehr alles. Er will unsere Rettung und neue Menschen aus uns machen. Darum fordert er von uns eine Kehrtwendung um 180° hin zu Gott. „Kehrt um und glaubt an das Evangelium" (Mk. 1,15). Wir sollen durch Jesus befreit werden vom Zwang zur Sünde.

Sünde ist nach biblischem Verständnis kein Moralbegriff. Sünde ist nicht eine verbotene Lust. Gott ist kein Spaßverderber und Lebensneider, der darauf bedacht ist, dass wir nur ja nicht glücklich werden. Sünde ist vielmehr ein Beziehungswort. Es beschreibt die Entfremdung zwischen Mensch und Gott, eine Entfremdung von dem, was seinem Ursprung nach zusammengehört. Sünde ist Zielverfehlung. Gottes Zielvorstellung für unser Leben atmet Weite und Freiheit. Gott möchte, dass sich unser Leben entfaltet, dass es im Vertrauen auf ihn aufblüht in liebevoller Zuwendung zu anderen Menschen und in der Annahme und Bejahung der eigenen Person.

Ein Sünder ist demnach kein unmoralischer Mensch, sondern einer, der Gott abgrundtief misstraut und ihm seine Güte nicht glaubt und der lieber selber Gott spielen will. Wer Gott nicht mehr für sich sorgen lassen will, der muss sich selber Sorgen machen. Und das macht egoistisch und einsam.

Das Gegenteil von Sünde meint nicht, sich zusammenzureißen und anständig zu leben, sondern es meint Glauben und Vertrauen. In diesem Glauben und Vertrauen heilt unser Misstrauen Gott gegenüber aus.

Glauben leitet sich ab von dem deutschen Wort geloben und bedeutet soviel wie: sich einlassen auf, sich jemandem versprechen, sich jemandem hingeben. Es hat nicht in erster Linie die rationale Bedeutung von annehmen oder für-wahr-halten. Glauben heißt, Gott zum Zentrum des eigenen Lebens zu erwählen, an ihn sein Herz zu hängen, sich ihm auf Dauer hinzugeben, sich ihm ganz anzuvertrauen. Glauben heißt, sich Jesus ganz auszuliefern und sich dabei der Gnade Gottes ganz gewiss zu sein, heißt erlöst zu sein. Blaise Pascal spricht nach seinem nächtlichen Bekehrungserlebnis vom Wissen des Herzens. Als Glaubender erfuhr er Gewissheit, erfuhr er Lebenssinn. Auch Marion Gräfin Dönhoff sagte in einem Fernsehinterview: „Glauben ist der höchste Grad der Gewissheit".

Gott wird nicht bewiesen. Denn ein bewiesener Gott wäre ein Stück Welt. Gott wird erfahren als nie versiegende Kraftquelle, als unerschöpflich fließender Strom heilender Liebe, der immer für uns da ist in Freud und Leid, im Leben wie im Sterben.

Wir Menschen sind Gottes große Leidenschaft. Ohne uns hält er es in seinem Himmel nicht aus. In Jesus begegnet er uns mit seinem Himmel auf der Erde. Er ist unser guter Vater, der sich unsere Liebe wünscht. Und darum heißt Christsein, Gott eine Freude zu machen. Ja, Gott freut sich auch, wenn wir ihm unseren Kummer und unser Elend bringen.

In Jesus wird Gott für uns anschaubar, hat er sein Inkognito gelüftet und sich uns deutlich gezeigt. In Jesus sucht er uns in Person. Jesus ist darum für uns der kürzeste Weg zu Gott, weil er Gottes Weg zu uns ist. Im Stall zu Bethlehem wurde Gott in Jesus einer von uns, als Mensch der erste unter Brüdern, damit wir die Angst vor ihm verlieren sollten. „Fürchtet euch nicht", schallte es über den Feldern des Nachts zu den Hirten als er geboren wurde.

Den Himmel gibt es umsonst, wir brauchen uns nicht selber anzustrengen, um ihn uns zu verdienen.

In Jesus hat sich Gott selber zum Sündenbock für uns gemacht und alles Misstrauen der Welt auf sich genommen, ertragen und für immer davongetragen.

Gott leidet, weil er liebt. Und wer liebt, leidet am meisten, glaubt Thomas Mann zu wissen. Am Kreuz opferte Jesus sich selber ins Leben hinein. Er starb nicht für Gott. Er starb für uns. Und weil er selbst so schwer gelitten hat, kann er andere Leidende als Leiderfahrener trösten und heilen. Darum ist er unser Heiland. Seit Karfreitag kann kein Mensch mehr tiefer als in die Hand Gottes fallen. Auch im tiefsten Tal stehen wir immer noch auf dem Rücken Jesu. Das begreift nicht unser Kopf. Das begreifen wir nur mit dem Herzen. Doch das Heilsgeschehen will ja auch garnicht begriffen werden. Es will uns ergreifen, so dass auch wir es dann ergreifen können. Gottes Liebe kennt keine Vorbedingungen. Er verschenkt das ewige Leben an alle, die Jesus vertrauen und nachfolgen. Christsein heißt, sich gefallen zu lassen, was Gott in Jesus für uns tat und immer noch tut. Christsein heißt nicht, dass wir etwas leisten müssten, sondern, dass wir etwas empfangen, über das wir uns freuen dürfen. Wer sich den Himmel nicht schenken lässt, der bekommt ihn nicht.

Gottes Lieben lässt uns nicht wie wir sind. Es will uns so verwandeln, dass wir nach Gottes Willen fragen und wenn wir ihn erkannt haben, auch nach ihm handeln. Wir sind Gott dankbar, weil er uns liebt und nicht damit er uns liebt. Christsein ist ein gelebtes Dankeschön. Freudig handeln wir wie Gott selber an der Welt und wenden uns in Liebe unseren Nächsten zu. Als Christen sind wir nicht unbedingt besser als manche Nichtchristen, aber wir sind besser dran. Denn wir haben eine Beziehung zu einem göttlichen Du.

Wir sind alle Sünder, die von der Vergebung Gottes leben und sich von seiner grenzenlosen Güte verändern lassen. Wir wissen, dass Gott trotz unserer Fehlerhaftigkeit und Unfertigkeit ja zu uns sagt. Als Christen sind wir von Gott erwählt und dürfen fest damit rechnen, dass er uns unverbrüchlich die Treue hält.

Die Hand, die Gott bei unserer Taufe nach uns ausgesteckt hatte, müssen wir aber auch ergreifen. Denn Taufe und Glaube gehören zusammen.

Das Evangelium ist Gottes Anklopfen bei uns. Ein Christ hat Gottes Erwählung angenommem. Gott will sich in unserem Leben entfalten. Verlieren wir dadurch unsere Freiheit, sind wir nun fremdbestimmt? Nein!, denn wir werden durch die Abhängigkeit von Gott von unseren alten Bindungen befreit, die unsere freie Entfaltung einschnürten. Christen tun alles, was sie tun, zur Ehre Gottes (soli deo gloria). Sie reden mit Gott: beten und beichten.

Das Entscheidende des Glaubens wird nicht gemacht. Es wächst, weil die Rebe, der Glaubende, am Weinstock, welcher Christus heißt, angeschlossen ist. Jesus ist unser Lebensmotor und der Heilige Geist der nie versiegende Treibstoff für ihn. Alle Glieder am Leibe Christi gehören zusammen. Gemeinsam sind alle Christen auf dem Erdenrund ein großes Volk, das Gott in vielen Sprachen lobt.

Lebe vom Evangelium das, was du von ihm verstanden hast, aber das lebe!

Christlicher Glaube ist also keine himmlische Wissenschaft, sondern eine irdische Verhaltensweise, nämlich so zu leben wie Jesus selber es uns vorgelebt hat. „Wer sagt, er bleibe in ihm, ist verpflichtet, auch selbst so zu wandeln, wie jener (Jesus) gewandelt ist" (1. Joh. 2,6). „Seid also Nachahmer Gottes als geliebte Kinder und wandelt in (der) Liebe, wie auch Christus uns geliebt hat" (Eph. 5,1+2). „Glaube in Aktion ist Liebe, Liebe in Aktion ist Dienst am Nächsten" (Mutter Teresa). Glaube ist ein Geschehen und kein Etwas. Er ist das Werk Gottes an uns. Denn Gottes zuvorkommende Gnade hat unsere Entscheidung doch erst ermöglicht, so dass wir sie nur als Gottes Geschenk an uns verstehen können. Doch sie bleibt dabei unsere eigene Entscheidung, denn wir sind es ja, die glauben. Wir ergreifen in Jesus Gottes nach uns suchend ausgestreckte Hand und nehmen Gott beim Wort.

Jesus vermittelt uns nicht etwas, das wir nun glauben sollten. Nein!, er ruft uns zu sich. Seine Worte sind seine Selbstaussagen. Sein Wort ist er selbst. Wer Jesus sieht und hört, der sieht und hört den Vater.

Solange wir etwas ersehnen, haben wir es im Geiste noch nicht als bestehend akzeptiert.

Bist du bereit, ergreift dich Gott. Du kannst ihn von dir aus nicht ergreifen. Du musst dich nur bemüh'n, dich ihm zu nah'n, dann nimmt er dich gewiss mit Freuden an. „Naht euch zu Gott, so naht er sich zu euch" (Jak. 4,8a).

Im Glauben geben wir uns mit unserer ganzen Existenz, mit unserm ganzen Leben radikal Gott hin und erwarten nichts mehr von uns selber, sondern alles nur von ihm.

„Während wir anfangen zu glauben, fangen wir zugleich an, dieser Welt abzusterben und für Gott zu leben im zukünftigen Leben, so dass der Glaube eigentlich Tod und Auferstehung ist" (Martin Luther).

Es geht kein Kraftfluss aus von Gott. Gott schenkt sich uns ganz. Er will sich nicht zerteilen. Er ist unser Ebenbild und das versteh'n wir nun. Er kann nur ganz oder garnicht in uns wohnen. Halb ist nicht möglich. „Ein halber Christ ist ein ganzer Unsinn".

Doch ist's gescheh'n, dass Gott selber der lebendige und einzig wahre in dich als ganzen Menschen, in den Tempel seines Geistes (1. Kor. 3,16; 6,19) eingetreten ist und sein Geist sich dann berührt mit deinem Geist, erkennst du ihn und ihr seid dann ein Geist geworden, seid ein Wille und einen andern hast du nun nicht mehr. Denn Gott ist ja dein Wesenskern geworden. Du schwingst mit Gott in Resonanz. Zu deiner Eigenfrequenz wurdest du von ihm nur angeregt. Und damit wurdest du zu dem, als der du von ihm gemeint von Anfang an. Die Welt siehst du mit Gottes Augen jetzt. Alles wird durchscheinend auf sein Licht und durch dich sieht Gott die Welt von deiner Warte aus. Du siehst gemeinsam sie mit ihm. Und wenn du zu Gott betest, spricht er selber deine Worte mit (Rö. 8,26) und hört sie auch und hilft dir auch, wenn du in seinem Willen bleibst (1. Joh. 5,14). Dein Wunsch ist ja sein eigener. Dein Handeln ist nun so wie's Gott gefällt, wie's seiner Eigenart entspricht, so wie Gott selber handelt an der Welt. Zu diesem Handeln nach dem Willen Gottes brauchst du dich nun nicht mehr zu entschließen. Aus innerm Drang heraus musst du es einfach tun. Du kannst nicht und du willst nicht anders.

Gott -Vater, Sohn und Heiliger Geist!

Wir haben uns heute einige Aspekte des Glaubens an dich vergegenwärtigt. Wir, die Glaubenden, wollen zukünftig unsern Glauben nicht nur ernst nehmen, sondern ernst mit ihm machen. Wir wollen an der Welt, an unsern Nächsten handeln wie du selber, wie Jesus es uns gezeigt und exemplarisch vorgelebt hat. Wir vertrauen fest darauf, dass du uns dabei helfen wirst, denn ohne dich können wir nichts tun. Du bist als der Einzige immer bei jedem Einzelnen von uns, denn in dir leben, weben und sind wir ja alle, ganz gleich, ob uns das passt oder auch nicht. So begleite du uns auch heute auf unserm Lebensweg.

Dafür dass du das auch tun wirst, danken wir dir von ganzem Herzen. Amen

3. Warum bin ich Christ?

Am dritten Tage nach meiner Geburt empfing ich ungefragt in meiner Geburts-klinik das Sakrament der heiligen Taufe vom Pfarrer einer evangelischen Kir-chengemeinde. Vierzehn Jahre später wurde ich dann mit eigener Zustimmung in einer evangelisch-lutherischen Gemeinde konfirmiert. Damit war ich nicht nur ein Teil am Leibe Jesu Christi, sondern gleichzeitig auch Mitglied der evangelisch-lutherischen Landeskirche, von der der Münchener Landesbischof Hermann Dietzfelbinger in einem Rundbrief vom 16.12.1957 an seine Amtsbrü-der geschrieben hatte: nicht ohne Grund hat man die evangelisch-lutherische Kirche als die „Mitte der Konfessionen" bezeichnet.

Verglichen mit allen anderen Religionen und Weltanschauungen, von denen ich weiß, ist mir das Christentum in der lutherischen Form am attraktivsten. Ja für mich ist der christliche Glaube konkurrenzlos. Denn ich glaube, dass durch den geschichtlichen Menschen Jesus von Nazareth der einzige und lebendige Gott, der die reine Wahrheit und die reine Liebe ist, der Schöpfer und Erhalter Himmels und der Erden zur Zeitenwende zu uns Menschen geredet hat. „Jeder der anerkennt, dass Jesus Christus ein Mensch von Fleisch und Blut wurde, hat den Geist Gottes (1. Joh. 4,2; Die gute Nachricht). In diesem Menschen Jesus können wir Gott kennen lernen. Denn in ihm war Gott in einer bis dahin nicht erreichten Form präsent. Und darum ist Jesus in der Weltgeschichte einzigartig und unaustauschbar. Er war der wahre Mensch, wie so vor ihm noch keiner auf Erden gelebt hatte. Er lebte uns exemplarisch vor, wie Gott den Menschen ursprünglich gemeint hatte. In ihm war das zum Ziel gekommen, zu dem wir noch auf dem Wege sind. Jesus war eins mit Gott und d.h., er war ohne Sünde, denn nichts Trennendes stand zwischen ihm und Gott. So konnte er stellvertre-tend für die in ihrem eigenen Menschsein gestörten und gottfernen Menschen, die ohne Gott auskommen wollten, in der Bibel, unserer Glaubensgrundlage, darum Sünder genannt, den Sühnetod sterben und d.h. ausnahmslos für alle, um sie mit Gott, seinem Vater, zu versöhnen und das meint nach griechischem Verständnis, die Feindschaft zwischen beiden zu beenden und ihnen das ewige Leben in der Gemeinschaft mit Gott zu erwerben.

Jesus hat nicht nur diesen oder jenen Menschen erlöst: denn: „Er (Jesus) ist für alle gestorben" (2. Kor. 5,15). Darum können wir zu unserer Schuld stehen, denn davon hängt unser Selbstwertgefühl als von Jesus Erlöste nun nicht mehr ab. Das ewige Leben, schon hier auf Erden beginnend, verschenkt Gott in seiner grenzenlosen Liebe und Güte an alle diejenigen Menschen, die seinen eingebo-renen Sohn Jesus Christus bei sich aufnehmen, ihm vertrauen und nachfolgen und dadurch zu Kindern Gottes werden.

Durch den Glauben an ihn und nicht durch den Glauben an gewisse Dinge über ihn, nehmen wir wahr, dass wir Erlöste sind. „Denn ihr seid alle Söhne Gottes durch den Glauben an Christus Jesus" (Gal. 3,26). Mehr als das kann ein Mensch in der Welt wahrhaft nicht erreichen.

Im Römerbrief des Völkerapostels Paulus lesen wir im Kapitel 3 in den Versen 23+24: „Alle haben ja gesündigt und ermangeln der Ehre vor Gott und werden gerecht gesprochen ohne Verdienst durch seine Gnade mittelst der Erlösung, die in Jesus Christus ist". „Denn es ist ein Gott, es ist auch ein Mittler zwischen Gott und den Menschen, der Mensch Christus Jesus, der sich selbst als Lösegeld für alle gegeben hat" (1. Tim. 2,6).

Das Verstehen des Kreuzestodes Jesu als schenkende Liebestat Gottes zur Vesöhnung der Menschen mit sich selber lief allem religiösen Denken seinerzeit zuwider. „Denn vom Aufgang der Sonne bis zu ihrem Niedergang ist mein Name herrlich unter den Heiden und an allen Orten wird meinem Namen geopfert und ein reines Opfer dargebracht; denn mein Name ist herrlich unter den Heiden, spricht der Herr Zebaoth" (Mal, 1,11).

Man kannte damals nur diesen umgekehrten Ansatz, dass die Menschen von sich aus Gott oder Göttern (Gottnichtsen nach Martin Buber) Opfer brachten, um sich mit ihm oder mit ihnen zu versöhnen bzw. ihn oder sie gnädig zu stimmen.

In seinen Erdentagen zeigte uns Jesus, der Erdmensch, der letzte Adam (1. Kor. 15,45), der exemplarische Mensch Gottes, was Menschsein im Angesicht Gottes und in der Gemeinschaft mit ihm heißt und er ermöglchte es auch uns als der Erstgeborene unter vielen Brüdern (Rö. 8,29). Er zeigte uns, was echter, unerschütterlicher Glaube in allen Lebenslagen in Freud und Leid ist. Zwischen ihm und Gott steht nichts. Beide sind unzertrennlich. Was sie so unzertrennlich verbindet ist die Liebe. Das ist die Gottesidee von der Jesus vollständig ergriffen war. Allgemein verbindet die Liebe das Einzelne mit dem Ganzen.

So einig, ja eins mit Gott, redete der Vater durch den Sohn zu uns, „Was ich also rede, das rede ich so, wie es mir der Vater gesagt hat" (Joh. 12,50). „Denn der, den Gott gesandt hat, redet die Worte Gottes" (Joh.3,34). Martin Luther nannte Jesus darum den Spiegel Gottes.

Alles, was Jesus seinen Schülern, seinen Jüngern und Zuhörern abverlangte, das tat er ebenfalls selber ihnen und auch uns, die wir heute leben, zum Vorbild.

Christlicher Glaube ist kein Etwas und auch keine himmlische Wissenschaft, sondern durchaus eine irdische Verhaltensweise, nämlich so zu leben wie Jesus es uns exemplarisch vorgelebt hat. 1. Joh. 2,6 lesen wir: „Wandelt selbst so, wie Jesus gewandelt ist" und Eph. 5,1 fordert uns auf: „Seid also Nachahmer Gottes als geliebte Kinder und wandelt in der Liebe". „Das ist mein Gebot", spricht Jesus, „dass ihr euch untereinander liebt, wie ich euch liebe" (Joh. 15,12). Und Jesus sagt uns weiter Mt. 22,37-39: „Du sollst den Herrn deinen Gott lieben mit deinem ganzen Herzen und mit deiner ganzen Seele und mit deinem ganzen Denken. Dies ist das größte und erste Gebot. Das zweite ist ihm gleich: „Du sollst deinen Nächsten lieben wie dich selbst". Denn: „Was ihr getan habt einem von diesen meinen geringsten Brüdern, das habt ihr mir getan" (Mt. 25,40). Für Jesus ist Gott im Mitmenschen verborgen. Und darin folgt ihm Luther, der glaubt, dass ihm Christus in seinem Nächsten begegnet.

Wer also Gott finden will, oder besser gesagt, wer sich von Gott durch Jesus

Christus finden lassen will, wie das verlorene Schaf im bekannten Gleichnis Jesu, der muss sich mit allem, was er ist und kann und hat, ganz – gleichsam mit Haut und Haaren – auf ihn einlassen. Das heißt, er muss Glauben wagen und auch glauben wollen. Wer schwimmen (lernen) will, der muss früher oder später ins Wasser steigen, um zu spüren und damit zu wissen, ob es ihn trägt. Einen anderen Weg kenne ich nicht.

Auch den Glauben kann man sich nicht theoretisch aneignen oder ihn von anderen Menschen einfach für sich übernehmen.

Wenn du Durst hast, wird dieser nicht dadurch gestillt, dass du die chemische Formel von Wasser kennst. Du musst es selber trinken.

Ebenso verhält es sich mit deinem (möglichen) Durst nach Gott. Theologisches Wissen allein stillt ihn nicht. Denn Theologie ohne Glauben ist tot, aber Glauben ohne Theologie ist blind, notiert Karl Barth.

Jesus hat uns also nicht etwas vermittelt, das wir nun glauben sollten. Nein!, er ruft uns zu sich. Er ruft uns in seine Nachfolge, bei der Gott selbst uns hilft. Und Nachfolge bedeutet nach Dietrich Bonhoeffer: Freude. Damit ist Freude das Fundament des christlichen Glaubens. Um diese Freude weiterzugeben missionieren Christen. Mission ist der Ruf, alle Menschen, die ihn noch nicht kennen, mit dem lebendigen Gott in Jesus Christus bekannt zu machen. Wir sollen in Christi Wort und Tat nicht soviel ihn selbst sehen, sondern den Vater, rät uns Martin Luther.

Mission ist von Gott aus gesehen an die ihm fernen Menschen gerichtet. Missionare sind demnach Werkzeuge Gottes, die ihren Mitmenschen dienen wollen, indem sie ihnen den eigenen Trost, den sie für sich selber aus dem Evangelium Jesu Christi geschöpft haben, als Geschenk Gottes anbieten.

Glauben haben wir nicht wie eine x-beliebige Sache. Er ist unser neues Sein, unser neues, mit Gott innig verbundenes Leben, als von ihm durch Jesus Christus Erlöste. „Denn in ihm leben, weben und sind wir" (Apg. 17,28), ruft Paulus auf dem Areopag in Athen den um ihn versammelten, wohl vorwiegend heidnischen Griechen zu und zwar mit einem Wort des griechischen Dichters Aratus, der aus Cilicien stammte und im dritten vorchristlichen Jahrhundert gelebt hatte: „Denn in ihm (Jesus Christus) ist alles, was in den Himmeln und auf Erden ist, erschaffen worden, das Sichtbare und das Unsichtbare......Alles ist durch ihn und auf ihn hin erschaffen und er ist vor allem und alles hat in ihm seinen Bestand" (Kol. 1,16+17). „So gibt es doch für uns nur einen Gott, den Vater, von dem alle Dinge sind und wir zu ihm und einen Herrn, Jesus Christus, durch den alle Dinge sind und wir durch ihn" (1. Kor. 8,6). Da Jesus der Erstgeborene aus den Toten ist, ist er zugleich der Erstgeborene der Schöpfung. Dieses Geschehen ist so entscheidend für jede Gegenwart, so dass darin die ganze Vergangenheit und alles Zukünftige die wahre Bedeutung bekommen. Die Schöpfungstat Gottes wird in die Sinndeutung von Natur und Menschenleben eingefügt, wie diese sich als göttliche Initiative in der Lebensgeschichte Jesu Christi vollzogen hat. Jesus war „vor" aller Zeit bei Gott, dem Vollkommenen, dem er nicht erst später hinzugefügt wurde.

Da der Mensch Jesus von Nazareth vor rund 2000 Jahren der Weg Gottes zu uns Menschen war, ist der von Gott auferweckte Jesus Christus heute für mich der kürzeste Weg zu Gott. Und deshalb gibt es für mich auch nur diesen einen Weg.

Nach dem bekannten Ausspruch Kardinal Ratzingers: Es gäbe soviele Wege zu Gott, wie es Menschen gibt, müssen wir wohl Jesu Ausspruch im Johannesevangelium: „Niemand kommt zum Vater, denn durch mich", so auslegen, dass alle Wege, die zum einzigen, wahren und lebendigen Gott führen, Wege Jesu Christi sind, dass sein Geist in allen diesen Wegen ist, andernfalls sie keine Wege zu Gott sind. Christus ist auch da am Werk, wo das Evangelium nicht verkündigt oder nicht vernommen wird. Dietrich Bonhoeffer geht davon aus, dass es eine leere Abstraktion sei, ohne Christus von der Welt zu sprechen. Die Welt steht vielmehr in Beziehung zu Christus, ob sie das weiß oder ob sie das nicht weiß. „Wissend oder unwissend hat die Welt, wenn sie es mit Gott zu tun hat, mit dem Christus zu tun", meinte auch Ernst Käsemann.

Und Ramakrishna gibt zu bedenken, wenn Gott unendlich ist, dann muss es auch unendlich viele Wege zu ihm geben.

Paulus fragt: „Ist Gott nur der Juden Gott? Nicht auch der Heiden? Ja", antwortet er, „auch der Heiden, weil ja Gott (nur) einer ist" (Röm. 2,29), „denn nicht die Hörer des Gesetzes sind gerecht vor Gott, sondern die Täter des Gesetzes werden gerecht gesprochen werden, denn wenn die Heiden, die das Gesetz nicht haben, von Natur tun, was das Gesetz enthält, so sind diese, die das Gesetz nicht haben, sich selbst ein Gesetz, da sie ja zu erkennen geben, dass das Werk des Gesetzes in ihre Herzen geschrieben ist, indem auch ihr Gewissen dies bezeugt und ihre Gedanken sich untereinander anklagen oder auch verteidigen" (Röm. 2,13-15).

Und Jesus sagt Mk. 9,40: „Denn wer nicht wider uns ist, der ist für uns". Jesus selbst spricht hier also von einem unwissentlichen Jüngertum.

Als Christen sind wir vor Gott allein aus Glauben gerechtfertigt, d.h. Gott sieht uns ohne unsere Schuld. „So halten wir nun dafür, dass der Mensch gerecht wird ohne des Gesetzes Werke, allein durch den Glauben", wie Martin Luther Röm. 3,28 frei nach seiner festen Glaubensüberzeugung übersetzt.

„Christus ist des Gesetzes Ende" (Röm. 10,4). „Für die Freiheit hat uns Christus frei gemacht" (Gal. 5,1). „Wo aber der Geist des Herrn ist, da ist Freiheit" (2. Kor. 3,17). Die höchste Frucht der Freiheit ist die Liebe sagt Johannes Paul II.

Jesus hat unsere Strafe, die wir gerechterweise verdient haben, stellvertretend für uns auf sich genommen, so dass das Recht mit uns fertig ist und keinen Anspruch mehr an uns hat, so dass wir gerechtfertigt sind, so dass Gott zu uns spricht: „Du bist mir recht".

Wir bekommen das Heil also von Gott geschenkt. Wir müssen es uns nicht durch eigene Anstrengungen verdienen, es uns gleichsam von ihm erkaufen, was wirklich ganz unmöglich ist. Gute Werke an unsern Mitmenschen und Mitgeschöpfen tun wir, wo immer wir können, allein aus Dankbarkeit Gott gegenüber vom Heiligen Geist, der in uns wohnt, von innen heraus angetrieben, auch weil sie unserm neuen Sein vor Gott entsprechen und weil wir nun nicht mehr anders können. In welcher Religion finden wir auch nur etwas Annäherndes?

Der indische Guru Bhagwan (= der Erhabene, der Göttliche) Shree Rajneesh, der sich später von seinen Anhängern bescheidener Osho (= Meister) nennen ließ, erklärte: „Das Christentum, das gesamte Christentum hängt von diesem einfachen Satz ab: {wenn du bereust, kann dir vergeben werden}. Das Christentum ist in dieser Hinsicht einmalig. Keine andere Religion, vor allem keine indische, spricht von Umkehr, Reue und Vergebung".

Uns Christen drängt es, auch wenn wir keine professionellen Missionare sind, unser Erfahrungen, die wir mit Gott gemacht haben, all den Menschen weiterzusagen, die Gott so noch nicht kennengelernt haben, damit auch sie, wenn es ihr Wille ist, Erlösung durch ihn finden können.

Um in den Himmel, in das Paradies zu kommen, müssen Muslime (= Gottergebene), die Anhänger des Islams, mannigfaltige Plichten, wie rituelle Waschungen, Gebete etc. erfüllen. Islam bedeutet, sich dem Willen des allmächtigen, lebendigen Gottes, den sie Allah (= der Gott) nennen, vollkommen zu unterwerfen und das tun, was Allah von ihnen verlangt und den Weg gehen, den Gott ihnen zeigt, um dadurch Frieden zu finden.

Wenn ein Muslim die Gebote Allahs nicht hält, hat er die Gewissheit der ewigen Verdammnis. Jede noch so kleine Verfehlung zieht die ewige Verdammnis nach sich. Nur für Märtyrer, die für ihren Glauben in den Tod gehen, gelten andere Gesetze. Sie kommen augenblicklich in den Himmel, ins Paradies.

Eine der schlimmsten Sünden für einen Muslim ist es, Gott und sein Wort, wie es im Koran (das oft zu lesende Buch, das zu rezitierende Buch), wie er glaubt fehlerfrei festgehalten ist, in Frage zu stellen.

Hält aber ein Muslim alle Gebote Allahs, so hat er dennoch nicht die Gewissheit, sondern nur die Chance, von Allah akzeptiert zu werden und nach seinem irdischen Leben in den Himmel, ins Paradies zu kommen. Allah, der Allmächtige allein bestimmt, wer ins Paradies kommt. (Die obigen Angaben zum Islam sind frei wiedergegebene Aussagen von Nassim Ben Iman, einem ehemaligen Muslim und heutigen christlichen Prediger, die er am 31.8.2002 auf NBC gemacht hat).

Auf meine Frage: „Kann der Muslim, die Muslima hier im Leben wissen, ob er oder sie nach ihrem Tod ins Paradies kommt?", antwortete mir Herr Hadayatullah (= der von Allah Geleitete) Hübsch von der Ahmadiyya Muslim Jamaat im Offenen Kanal Hamburg, Sparte Fernsehen, im Februar 2000 so:

„Ja, es ist durchaus möglich, dass Gott einem Menschen zu seinen Lebzeiten hier auf der Erde mitteilt, dass er von Gott akzeptiert ist und das kann Gott tun, indem er ihm einen wahren Traum schickt oder eine Offenbarung schickt und letztlich, wenn Gott im „Heilgen Koran" ganz deutlich sagt in der Sura Al-Wage ´ah (56): Die Gläubigen haben zwei Gärten, nämlich einen im Diesseits und einen im Jenseits. Das bedeutet doch, dass der, der in dem Garten ist, doch wissen muss, dass er im Garten ist. Und der Koran sagt, dass die Engel zu denen herabkommen, die glauben und gute Werke tun und sagen: Fürchtet euch nicht. Wir sind eure Freunde im Diesseits und im Jenseits. Wie können die Engel Freunde von Leuten sein, die in der Hölle sind? Also kurzum, Gott selbst sagt ganz deutlich, dass man natürlich in seinem Leben auf der Erde die Hoffnung haben muss, ins Paradies zu kommen und dass man auch sozusagen Zeichen durch Träume oder so von Gottbekommen kann, das Gott einen angenommen hat".

Hinduisten und Buddhisten kennen und fürchten die Seelenwanderung (Metempsychosis), das Rad der Wiedergeburten, die Reinkarnation.

An eine derartige Wiedergeburt glaube ich aus den folgenden 7 Gründen nicht:

1. Weil ich an den von Gott auferweckten Jesus Christus glaube und durch ihn bewirkt an die Auferstehung aller Toten, nachdem sie einmal gestorben sind (Hebr. 9,27). „Nun aber ist Christus von den Toten auferweckt worden als Erstling der Entschlafenen. Denn da der Tod durch einen Menschen gekommen ist, kommt auch die Auferstehung der Toten durch einen Menschen. Denn wie in Adam alle sterben, so werden in Christus auch alle lebendig gemacht werden" (1.Kor. 15,20-22).

2. Weil weder die Bibel noch das frühe Christentum etwas von Wiedergeburten berichten. Das erwartete Wiederkommen des Propheten Elia unmittelbar vor Erscheinen des Messias beispielsweise wird in ganzheitlicher Leiblichkeit gedacht und nicht als Reinkarnation seiner Seele in einenem neuen Leib.

3. Weil die Wiedergeburt eine Fluchtmethode ist, die den Tod, den letzten Feind nach: 1. Kor. 15,26 verharmlost.

4. Weil die Idee der Wiedergeburt die Transzendenz in den Bereich des Beweisbaren herunterzuziehen versucht.

5. Weil es sich bei der Wiedergeburt um eine illusionäre Vorstellung handelt. Denn bei sog. Rückführungen in frühere Leben ihrer Seele machen die betroffenen Menschen sich etwas vor. Man denke nur an die Doppel- oder gar Mehrfachbesetzungen von Personen der Zeitgeschichte, was ja jeweils nur in einem Fall tatsächlich zutreffen könnte.

6. Weil visionäre Grenzerlebnisse an der Schwelle des Todes, sog. Nahtoderlebnisse keine unbezweifelbaren Indizien für die Wiedergeburt liefern.

7. Weil sich mit der Wiedergeburt ein Läuterungsprozess der Selbsterlösung aus eigener, menschlicher Kraft verbindet, der unter Umständen viele Leben andauern können soll. Im jeweils nächstfolgenden Leben sollen die Karma-Reaktionen, d.h. die Nachwirkungen von eigenen auch geistigen über den Tod hinauswirkenden guten-religiösen oder schlechten-irreligiösen Taten genossen oder erlitten werden, bis im angestebten, günstigsten Fall im Hinduismus und dem aus ihm hervorgegangenen Buddhismus das individuelle vergängliche Ich in Brahman aufgehen soll, mit Brahman, dem ewigen nicht-dualen Absoluten eins werden soll. Dieses Verlöschen: Nirvana = wörtlich: eine Lampe ausmachen, eine Flamme auslöschen, bedeutet ein gefülltes, leid-

7. freies Nichts unendlicher Wonne. „Niemand geht je in das Nirvana ein", so ein japanischer Zen-Meister, „denn es ist unmöglich, einen Ort zu betreten, den man niemals verlassen hat". Der thailändische buddhistische Mönch „Atchancha" meint, wer sieben Minuten meditieren kann, ohne Gedanken zu haben, der ist im Nirvana. Endgültig im Nirvana angekommen ist das „Pendel" zur Ruhe gekommen. Es herrscht absolute Stille.

Im Buddhismus geht es um das Freiwerden vom Leid und von den Leidenschaften durch Loslassen, durch eine totale innere Leere, d.h. durch Selbstvernichtung. Dieses Freiwerden von allem durch eigene Kraftanstrengung unter Einsatz der ganzen Existenz ist ein Hereinfallen auf ein Licht, das uns nur selbst reflektiert, meint ein zum Christentum zurückgekehrter, ehemaliger, langjähriger Buddhist. Wir meditieren uns selbst. Wir legen im übertragenen Sinn alle Kleider ab, ziehen aber keine neuen an.

Es ist der Wille des Gottes der Bibel, des Gottes Abrahams, des Gottes Isaaks und des Gottes Jakobs, also des Gottes des Volkes Israels, sowie auch des Gottes und Vaters Jesu Christi, sich mit allen Menschen guten Willens zu versöhnen. Der Selbstausschluss ist die einzige Begrenzung der Allversöhnungsabsicht Gottes. „Denn so sehr hat Gott die Welt geliebt, dass er seinen einzigen Sohn gab, damit jeder, der an ihn glaubt, nicht verloren gehe, sondern ewiges Leben habe. Denn Gott hat seinen Sohn nicht in die Welt gesandt, damit er die Welt richte, sondern damit die Welt durch ihn gerettet werde. Wer an ihn glaubt wird nicht gerichtet; wer nicht glaubt, ist schon gerichtet, weil er an den Namen des einzigen Sohnes Gottes nicht geglaubt hat" (Joh. 3,16-18).

„Darum zieht an den Herrn Jesus Christus" (Röm. 13,14).

Gelobt sei Gott, Halleluja!

4. Ihr seid das Salz der Erde

„Ihr seid das Salz der Erde, wenn nun das Salz nicht mehr salzt, womit soll man salzen? Es ist zu nichts mehr nütze als dass man es wegschüttet und lässt es von den Leuten zertreten" (Matthäus 5,13).

Das Salz wurde im Altertum auf verschiedene Weise gewonnen. Zum einen bergmännisch als Steinsalz. Dann wurde es in Form von Blöcken, Patten oder Klumpen beispielsweise auf Kamelen über weite Strecken hinweg transportiert. Zum anderen wurde das Gebrauchssalz für Palästina aus dem Salzwasser des Toten Meeres gewonnen. In Josua 15,62 wird eine Salzstadt erwähnt.

Die Mineralstoffkonzentration des Toten Meeres beträgt heute ca. 32%, also etwa das Zehnfache normalen Meerwassers. Neben einer geringen Kochsalzmenge: Natriumchlorid (NaCl) enthält es viel Magnesium-, Kalium und Kalziumchlorid, sowie Sulfate und Phosphate, Bromide und Jod. Wird dieses Gemisch längere Zeit unter Luftzutritt gelagert, dann wird das hygroskopische Kochsalz durch die Luftfeuchtigkeit allmählich hinausgelaugt. Das Salz verliert seine Salzkraft und wird, wie man damals sagte, dumm, schal oder fade. Der kochsalzlose, verbleibende Rest ist wertlos, ist Abfall.

Nach Josephus Flavius, dem bekannten, jüdischen Geschichtsschreiber, der von etwa 37-100 nach Christo lebte, ließ Herodes einmal mit Salz, das im Magazin verdorben war, die Tempelvorhöfe überschütten, damit es die Menschen zertreten sollten.

Um Jesu Bild: „Ihr seid das Salz der Erde", richtig zu verstehen, müssen wir uns vergegenwärtigen, wie unersetzlich, ja lebensnotwendig das Kochsalz besonders für die Menschen im heißen Palästina war und ist. Der Orientale versteht Jesu Bild unmittelbar.

Die Impulse der Nervenstränge werden von Natriumionen weitergeleitet, die im Kochsalz enthalten sind. Salzmangel kann zu Gewichtsverlust, Schwäche, Muskelkrämpfen und sogar zum Tod führen.

Das lateinische Wort: sal bedeutet Salz. Davon ist abgeleitet das lateinische Wort: salarium, das wörtlich übersetzt: Salzmenge bedeutet. Es bekam die Bedeutung: Salzdeputat, Sold, Honorar, denn die römischen Soldaten wurden u.a. mit Salz besoldet. Das Wort hat sich im englischen: salary und im französischen: salär erhalten. In beiden Sprachen bedeutet es heute noch Gehalt oder Lohn.

Cato, der von 234-149 vor Christo lebte, berichtet, dass einem Sklaven jährlich 9 Liter Salz zustanden.

Heute wird der Salzbedarf eines Menschen in unseren Breiten mit 7 [kg/Jahr] angegeben. Ein Liter Süßwasser enthält: ~1,3 [g] Kochsalz.

Die Lebenskraft des Salzes sollte in Alttestamentlicher Zeit schon dem neugeborenen Säugling zugute kommen. Deshalb wurden Säuglinge nach dem ersten Waschen mit Salz abgerieben (siehe Hesekiel 16,4).

Durch gemeinsamen Salzgenuss wurde ein Salzbund geschlossen. Manch Gastgeber in Palästina sagte zu seinem Gast: „Komm teile das Salz mit mir" und schenkte dem Gast ein Stück Salz. Diese Sitte erklärt Jesu Worte in Markus 9,20: „Das Salz ist gut, wenn aber das Salz nicht mehr salzt, womit wird man`s würzen? Habt Salz bei euch (wörtlich: in euch) und habt Frieden untereiander!"

Salz konserviert Speisen, daher ist im Alten Testament Salz als Zeichen der Dauer wichtig. Aus diesem Grunde wurde der Salzbund ein bildhafter Ausdruck für ewig gültige Abmachungen. Abija sagt in 2. Chronik 13,5: „Wisset ihr nicht, dass der Herr, der Gott Israels, das Königtum über Israel David gegeben hat ewiglich, ihm und seinen Söhnen durch einen Salzbund?"

Ähnlich wird das „ewige Anrecht" der Priester auf die Opfergaben in 4. Mose 18,19 als ein Salzbund bezeichnet.

Die Bestimmung, alle Speiseopfer zu salzen (3. Mose 2,13; Hesekiel 43,24), soll wohl ebenfalls auf die dauernde Verpflichtung Israels zeichenhaft hinweisen. Das Opfersalz nannte man Bundessalz, weil Gott mit Israel den Salzbund geschlossen hatte. Zur Aufbewahrung des Salzes für den Opferdienst war im Tempel extra eine Kammer eingerichtet worden.

Zu Jesu Lebenszeit auf Erden war Salz nur sehr schwer zu bekommen. Wegen seines Seltenheitswertes war es ein wertvoller, ja kostbarer Stoff.

„Christen haben Seltenheitswert und sind wertvoll" (Gerhard Münderlein).

Salz ist sparsam im Gebrauch. Wenig genügt, um eine Mahlzeit zu würzen. „Isst man denn Fades, ohne es zu salzen?" (Hiob 6,6).

Christen sollen das Leben ihrer Mitmenschen wie ein Gewürz bereichern, ihnen Geschmack am Leben geben. In allen Menschen, die Jesus nachfolgen, sollen die guten Eigenschaften des Salzes sichtbar werden.

Das Salz wirkt konservierend. Es schützt vor Fäulnis und vor Verwesung. So sollen die Jünger Jesu die Erde konservieren, d.h. sie sollen die Dinge für lange Zeit vor Schlimmem schützen, vor dem Zugrundegehen retten, dadurch dass Gott um ihretwillen und um ihrer Mission willen mit der Vollstreckung seines Gerichtes noch wartet und seine Gnadenzeit verlängert. Diese Erklärung steht in ausgezeichneter Übereinstimmung mit anderen biblischen Aussagen. So hätte Gott Sodom verschont, wenn er nur zehn Gerechte darin gefunden hätte (1.Mose 18,32). Wie Matthäus 24,22 eine Verkürzung der letzten Trübsaal um der Jünger willen kennt, so kennt 2.Petrus 3,9 eine verlängernde Geduld des Herrn für diese Erdenzeit.

Salz ist rein. Krankheitserreger können in ihm nicht leben. Elisa reinigt eine Quelle, macht das Wasser wieder gesund, indem er Salz hinein wirft (2. Könige 2,19-22). Das Volk Gottes soll rein sein (Sprüche 21,8; 1.Timotheus 1,5; 1.Timotheus 3,9; Philipper 4,8; Jakobus 1,27; 1.Johannes 1,7-9).

Der Kirchenlehrer Hieronymus, der von 348-420 nach Christus gelebt hat, nennt Christus selbst das erlösende Salz, das Himmel und Erde durchdringt. In keinem anderen ist das Heil.

Schon Homer, der im 9. Jahrhundert vor Christus lebte, nannte das Salz göttlich.

Die Jünger Jesu und mit ihnen alle Christen sollen der ihnen von Jesus zugedachten, verantwortungsvollen Heilsaufgabe nicht untreu werden und in sich selbst verschließen und damit für ihre Mitmenschen wertlos werden. Denn ihre Botschaft ist für ihre Mitmenschen unabdingbar lebensnotwendig, ganz so wie das reale Salz für sie lebensnotwendig ist.

So wie der Salzgenuss durstig macht, so soll der Christ als Vorbild, indem er sich an die Welt verströmt und mit dem ihm von Gott anvertrauten Pfunde wuchert, in ihren Nächsten einen geistlichen Durst wecken, so dass sie Gottes Wahrheit und Willen als etwas Wünschenswertes betrachten und erkennen.

Salz bringt Eis zum Schmelzen. Im übertragenen Sinne sind die Herzen von manchen Menschen mit einer dicken Eisschicht umgeben. Und die Christen sind aufgerufen, diesen starken Eispanzer zum Schmelzen zu bringen.

„Ihr seid das Salz der Erde", betont also das heilvolle Verhältnis der Wenigen zu den Vielen. Es meint so die liebende Heilsgegenwart Gottes durch sie bei den Menschen, die ihrer bedürfen.

5. Wenn ihr nicht werdet wie die Kinder

„Und er rief ein Kind herbei, stellte es mitten unter sie und sprach: Wahrlich, ich sage euch: Wenn ihr nicht umkehrt und werdet wie die Kinder, so werdet ihr nicht ins Reich der Himmel kommen. Wer nun sich selbst erniedrigt wie dieses Kind, der ist der Größte im Reich der Himmel" (Matthäus 18,2-4). Und an anderer Stelle sagt er: „Wer das Reich Gottes nicht annimmt wie ein Kind, wird nicht hineinkommen" (Markus 10,15).

Jesus macht aus einem Kind den zentralen Bezugspunkt der Beziehung des Menschen zu Gott. Der Erwachsene muss wieder wie ein Kind werden, wenn er sich selber finden und sich zugleich der Herrschaft Gottes öffnen will.
Das Kind ist ein archetypisches Grundsymbol einer echten Beziehung zu Gott.
Dass mit dem: „Werdet wie die Kinder" gemeint sein könnte, wieder kindisch, infantil-naiv zu werden, ist auszuschließen. Im Erwachsenen schlummert ein inneres Kind, das er einmal war. C.G. Jung schreibt: „in jedem Erwachsenen steckt ein Kind, ein ewiges Kind, ein immer noch Werdendes, nie Fertiges, das beständiger Pflege, Aufmerksamkeit und Erziehung bedürfte. Das ist der Teil der menschlichen Persönlichkeit, der sich zur Ganzheit entwickeln möchte. Von dieser Ganzheit aber ist der Mensch unserer Zeit himmelweit entfernt". Dieses innere Kind gilt es gegebenenfalls wiederzufinden, wieder aufzuwecken aus dem Schlaf, in den es versunken ist. Es gilt sich zu ihm hin zu entwickeln, ja zum Kind zu reifen und das Wiedergefundene zu bewahren und lebendig zu erhalten. „Nur wer erwachsen wird und Kind bleibt, ist ein Mensch", sagte Erich Kästner in einer Rede vor Schulanfängern.
Die Reife des Erwachsenen muss nicht unbedingt den Tod seines inneren Kindes bedeuten. Reife bedeutet, dass man durch seine Lebenserfahrungen neue Einsichten gewinnen kann. Reife bedeutet weiter, dass man Spontaneität und Rationalität im Gleichgewicht halten und sein inneres Kind mit der Weisheit des Erwachsenen verbinden kann. Äußere Kinder können uns helfen, unser inneres Kind lebendig zu erhalten, wenn die Rückbesinnung auf die eigene Kindheit nicht mehr so recht gelingen will.
Kinder werden klein geboren. „Kommt man in das Leben rein, ist man meistens noch sehr klein", heißt es in einem schon etwas älteren Lied. Somit ist die natürliche Perspektive der Kinder auf alles, was sie in der auf Erwachsene zugeschnittenen Welt erblicken, gleichsam von unten nach oben gerichtet. Auch zu den Erwachsenen blicken sie auf. Sie sehen auf zu den Dingen und Begriffen der Erwachsenenwelt. Kurz gesagt, sie leben in einer für sie zu großen Welt. Und sie wissen, dass sie klein und niedrig sind. Dabei machen sie sich nicht niedriger als sie tatsächlich sind.
Aber auch noch als Erwachsene können wir Gottes unendliche Größe und die grenzenlose Endlichkeit oder anders gesagt, die endliche Grenzenlosigkeit des von Gott ins Sein gerufenen Universums, das unsere, zeitbegrenzte diesseitige

Heimat ist, mit unserem, im Sperrgebiet der Endlichkeit agierenden, Verstand nicht begreifen.

Kinder haben noch unverdorbene, gesunde Sinne. Sie sind sensibel. Sie erleben alles unmittelbar, sie nehmen noch direkt wahr. Sie haben ein elementares Verhältnis zur Natur. Auf ihre spielorientierte Art haben sie auch ein spielerisches Verhältnis zu den Wesen der Natur. Kinder leben noch am unmittelbarsten aus ihren Wünschen, Gefühlen und Bedürfnissen und lassen ihren inneren, spontanen Impulsen freien Lauf. „Kinder warten nicht, bis Genuss über sie kommt, sie suchen ihn, sie gehen ihm entgegen. Und genau das ist es, was viele Erwachsene nicht mehr tun – aktiv ihren Lebensgenuss suchen" (Diplom-Psychologe Helmut Lautner aus Pegnitz, Oberfranken).

Im kleinen Kind sind die Entfaltungsmöglichkeiten noch sehr umfassend, in ihm fließt die Quelle des Selbst noch uneingeschränkter als beim Erwachsenen. Alle Kinder strotzen vor Phantasie. Sie erfinden neue Begriffe und bringen alte in neue Zusammenhänge. Als Kind kann man sich noch wundern und staunen. Kinder sind unverstellt neugierig, haben einen Forschungsdrang, suchen Abenteuer, sind experimentierfreudig und risikobereit, stellen unentwegt Fragen und wollen immerfort Neues lernen.

„Das Studium und allgemein das Streben nach Wahrheit und Schönheit ist ein Gebiet auf dem wir das ganze Leben lang Kinder bleiben dürfen",sagte Albert Einstein, der sich sein Leben lang ein kindliches Gemüt bewahrt hatte. Er betonte: „Ich bin kein Genie, ich bin nur neugierig".

Da ihnen vieles noch fremd ist, wollen Kinder überall und ständig Neues entdecken. Kinder kennen noch keine ausgetretenen Pfade. In ihren Spielen sind sie kreativ und wollen auch immer Neues schaffen. Darin sind sie uns Erwachsenen ein Symbol für ständigen Neuanfang. Sie sind ein Bild dafür, wie aus nichts alles werden kann. Ein Kind kann träumen und sich alles wünschen. Es ist ein Möglichkeitsdenker. Aber es kann auch mit kleinen, unscheinbaren Dingen glücklich sein und sich tüchtig über sie freuen. Ein Kind kann sich auf ein winziges Detail konzentrieren und sich in einen Gegenstand vertiefen. Es lässt sich von Lärm oder anderen Ablenkungen nicht beirren. Und wenn es fertig ist, kehrt es gestärkt und erfrischt in die geschäftige Welt zurück, bereit zu neuen Abenteuern. Ein Kind hat die Zeit, die es braucht. Es kann Pausen einlegen und einfach nur sein. Ein Kind verfügt über Flexibilität. Es ändert sich leichter als der Erwachsene. Es bildet sich nicht ein, fertig zu sein. Es ist offen und offenherzig. Was es denkt, das spricht es auch unbefangen aus (siehe z.B. das Märchen: „Des Kaisers neue Kleider"). Ein Kind vergisst und vergibt schnell. Es ist in der Regel nicht nachtragend. Ein Kind hat ein ganzheitliches, körperlich-emotionales Ausdrucksvermögen. Seine Gefühlsausbrüche sind spontan, ursprünglich, situationsangemessen und von äußerer Verformung noch ganz unverfälscht. Es ist noch nicht so angepasst wie der Erwachsene. Ohne jede Verstellung ist es ganz es selber. Es wohnt in einem „Haus" voller Liebe. Und ist auch selber Willens, Liebe zu empfangen und wen es von sich aus liebt,den liebt es von ganzem Herzen und von ganzer Seele. Voll Inbrunst ist es mit seinem ganzen Wesen daran beteiligt. In all seinen Emotionen geht es ganz auf, in seinem Staunen und Erschrecken, in seiner Freude und in seinem Schmerz, in seinem Zorn, in seiner Wut, in seiner Albernheit, in seinem Lachen und Weinen. Ein Kind ist ganz bei sich selber.

Kinder wissen längst, was die moderne Gelotologie (die Lachforschung) erst mühsam entdeckt: Humor befreit und entspannt, stärkt das Immunsystem, baut Schmerz und Stress ab: „Scherz gegen Schmerz" (Hanns Dieter Hüsch), fördert die Durchblutung und Verdauung. Lachen gibt gute Laune und gute Laune lässt uns herzlicher lachen und die gute Laune steigert sich noch mehr.

Einem Kind macht es Spaß, Hilfe zu leisten aber auch gerne Hilfe anzunehmen. Ein Kind bittet jeden Menschen, ganz gleich, wer er ist, ihm zu helfen. Es tritt dem Anderen unvoreingenommen und aufgeschlossen gegenüber. Ein Kind kennt noch keine Unterschiede des Alters, der Klassenzugehörigkeit, der kulturellen Prägung und Religionszugehörigkeit, der Hautfarbe oder der Behinderung. Auf seinen Nächsten geht es unbefangen zu und geht auf ihn ein. Es wagt neue Beziehungen ohne Wenn und Aber, von der Zeit des sog. Fremdelns vom sechsten Lebensmonat an einmal abgesehen.

In Jesus lebte die Kraft eines wunderbaren Kindes. Für ihn gab es überhaupt keine Grenzen der Menschlichkeit. Er lehnte sich auf gegen die Grenzen der sozialen Klassen mit ihren unmenschlichen Unterschieden, ihren Schranken und Tabus.

Martin Luther meinte: „Wo du ein Kind siehst, da begegnest du Gott auf frischer Tat". Im Kind können wir Gott erkennen, denn: „wer ein solches Kind um meines Namens willen aufnimmt, der nimmt mich auf" (Mt. 18,5). Gott selber ist im Kind verborgen.

Der Mescalero-Apache Peter Alvarez antwortete in einem Focus-Interview vom 6.4.1996 auf die Frage: „Von wem haben Sie in ihrem Leben am meisten gelernt?": „Von den Kindern. Weil sie die Welt auf eine bessere Weise sehen als die Erwachsenen".

Der Erwachsene, im Folgenden der Deutlichkeit halber als ein Extrem überzeichnet, um ihn vom Kinde abzuheben, gepeitscht von dem „Du sollst" und „Du musst" der Welt, maskiert sich in aller Regel und passt sich den jeweiligen Umständen an bis hin zur eigenen Selbstverleugnung. „Wir wären gut anstatt so roh, doch die Verhältnisse, sie sind nicht so" (Bert Brecht). Er hat noch Gefühle, doch darf er sie nicht zeigen. Er darf nicht tun, was er gern mag. „Keiner tut gern tun, was er tun darf, was verboten ist, das macht uns gerade scharf" (Wolf Biermann). Konflikte darf er nicht offen austragen; unter den Teppich damit, schluck den Ärger hinunter. Er darf sich nicht immer so ausdrücken, wie ihm gerade ums Herz ist. Er darf sich nicht situationsbezogen ausleben. Vieles muss er verdrängen. In der modernen Massengesellschaft ist er ein beliebig austauschbares Rädchen im Getriebe der Wirtschaft geworden. Seine Individualität geht ihm verloren. Er ist verwechselbar geworden. Seine Arbeit ist reduziert auf wenige, monotone ständig zu wiederholende Handgriffe. Alles ist standardisiert. Seine Kreativität wird gebremst, kommt nicht zum Zuge. So hat er seinen Kampf ums Dasein zu bestehen.Er muss ständig fit sein, um möglichst viel leisten zu können, von der Uhr gehetzt. Seine Gesundheit ist sein höchstes Gut. In sein Ich verkrampft, kreist er um sich selber. Was andere sagen und von ihm verlangen, muss er tun und denken. Allenfalls darf er, was andere ihm vordenken, selber zuende denken. Alles bei ihm läuft auf fremden Gleisen. Sich selbst ist er entfremdet. Aus Verzweiflung greift er zu Zigarretten, Alkohol und harten Drogen. Er meint sich etwas Gutes damit anzutun und schadet sich doch nur dabei. So verschieben seine Perspektiven sich allmählich. Anderes nimmt er schon kaum mehr wahr. Er sieht nicht mehr, was ist. Am Ende sieht er nur noch das, was erlaubt ist, was man zu sehen hat. Schließlich weiß er garnicht mehr, wer er denn eigentlich selber ist. Die ihm von außen aufgeprägten Verhaltens- und Erlebnisweisen lasten schwer auf ihm und zehren seine letzten Kräfte auf. Er fühlt sich stark bedrückt und angestengt. Er ist gestresst, seine Abwerkraft erlahmt. So wird er schließlich krank. Als Ausdruck seiner seelischen Befindlichkeit plagen ihn Schmerzen aller Art, die kein Arzt ihm zu nehmen weiß. Sich selber fremd und ohne Hoffnung sinkt er ins Grab weit vor der Zeit.

Nach diesem düstern Bild aus der Erwachsenenwelt geht unser Blick zurück aufs Kind. Wie verhält es sich zu seinem Vater? Der Vater vertritt hier auch die Mutter. Jedoch wies in der jüdischen Gesellschaft die Vater-Sohn-Beziehung auf eine besonders enge Bindung hin.

Normale Verhältnisse vorausgesetzt, fühlt sich ein Kind in der Liebe seines Vaters umfassend geborgen. Ihm vertraut es unbedingt, seiner ist es sich absolut gewiss. In seine ausgebreiteten Arme springt es von oben her vertrauensvoll, wohl wissend, dass er es sicher auffangen wird. Es ahnt oder erkennt bald, dass es ohne ihn nicht leben könnte. Von ihm weiß es sich ganz abhängig. Ohne ihn fühlt es sich wehr- und hilflos, unversorgt und unbehütet. Durch sein sog. Kindchenschema, seine Hilflosigkeit und Ohnmacht wirkt es auch von sich aus auf ihn ein. Es bemächtigt sich seiner, ruft seine Liebe und treusorgendes Handeln hervor. Von ihm lässt es sich willig führen und leiten. Ihm gehorcht es, weil es seine Überlegenheit spürt. Es erkennt, dass es gut mit ihm fährt, weil er es immer gut mit ihm meint. Es ist darum bereit, Regeln zu befolgen, die es nicht selber aufgestellt hat. Es ist selig im Nehmen. Des Vaters Gaben empfängt es unbefangen wie selbstverständlich ohne sich immer gleich revanchieren zu müssen, denn Leistungs- und Anspruchsdenken sind ihm noch ganz fremd. Es ist nicht berechnend. Es lebt in inniger Ich-Du-Beziehung zum Vater. Es liebt ihn von ganzem Herzen, weil es auch seine große Liebe spürt, die es gern erwidern will. Es ist sein Spiegel. Es bewundert und verehrt ihn. Es fürchtet ihn auch mal, wenn es spürt, dass es in seinem Übermut zu weit gegangen ist und seine Gebote missachtet hat, wenn es ihnen zuwider gehandelt hat. Es erfährt aber auch, dass er ihm immer wieder vergibt, dass es dennoch weiter liebt. Darauf vertraut es. So lebt es alles in allem optimistisch in einer heilen Welt diesseits des Zweifels und der Reflexion. Darum werdet Gott gegenüber wieder wie die Kinder. Denn Jesus wünscht sich: "„Lasset die Kinder zu mir kommen und wehret ihnen nicht" (Mk. 10,14). Gott wohnt in Kindern, nicht in Sündern, „denn ihrer ist das Himmelreich". Von Gott geschaffen zu seinem Bild sind sie ihm noch wesensgleich.

„Jesus hatte keinen (abstrakten) Begriff von Gott, sondern ein dauerndes Erleben Gottes (in inniger Verbundenheit mit ihm), so wie die Kinder auch keinen Begriff von ihrem Vater haben, aber ihn ganz genau kennen" (Johannes Müller; die in Klammern gesetzten Worte sind eigene Zusätze).

Der verlorene Sohn im Gleichnis Jesu, eh´ er verloren war, war Sohn. Er wurd´ es nicht erst später, als er, nach innrer Einkehr, zum Vater heimgekehrt, für den er tot gewesen. Dann wurde er es wieder. Wir alle wurden sündig nicht geboren. Wir hab´n die Sünde nicht geerbt, denn unser war das Himmelreich. Wenn Jesus wirklich für all unsere Sünden gestorben ist, dann sind wir sündenfrei geboren. Wir sündigten später selber. Wir hätten es auch lassen können, wie Jesu Beispiel es uns zeigt. Er ruft uns zu, nachdem er uns von unsern Sünden losgesprochen hat: "Sündiget hinfort nicht mehr" und „werdet vollkommen, wie euer Vater im Himmel vollkommen ist" (Mt. 5,48). So konnte er uns doch nur auffordern, wenn er uns ein sündenfreies Leben auch tatsächlich zutrauen würde.

Der ältere, zuhausgebliebene Sohn des gütgen Vaters, der sich dem Vater nahe dünkt, er steht für die gesetzlich Frommen, erkennt in seiner Missgunst, in seinem unverholnen Neid ihn nicht. Innerlich ist er dem Vater fern. Sie beide trennen Welten.Er sündigt wider ihn ganz nah „auf Kirchenbänken und in Klöstern".

Wenn Jesus Christus, als seines Vaters Stimme, von uns etwas fordert, dann können wir ganz sicher sein, dass er sich selbst auch lässt drauf ein und sich´s auch selber abverlangt. So folgt er Gottes Willen, uns ein Beispiel gebend. Und folgst du ihm nach mit deinem ganzen Sein, innerlich angetrieben von Glaube, Hoffnung, Liebe mit dem Herzen eines Kindes, dann lässt er dich gewiss nach deinem Tod auf Erden zu sich in Gottes Himmel ein. Und dort wirst du dann ewig bei ihm sein.

6. Wort Gottes

Wo ist das Wort Gottes zu finden? Antwort eines der Evangelisch-Lutherischen Landeskirche angehörigen Christen: In der Bibel: 1. Im Alten Testament (der hebräischen Bibel der Juden) und 2. zusätzlich im Neuen Testament der Christen. Allein die Bibel: „sola scriptura" ließ Martin Luther als Grundlage unseres Glaubens gelten. In den reformatorischen Bekenntnisschriften ist sie die alleinige Regel und Richtschnur. Das Wort: Bibel wurde abgeleitet von dem griechischen Wort: biblos = Buch, Lesung oder Anrufung.

Die Bibel wurde in einem Zeitraum von etwa 1350 Jahren, zwischen 1200 vor Christus und 150 nach Christus von verschiedenen Autoren als eine Sammlung von ganz unterschiedlichen Büchern, als eine kleine Bibliothek von Einzelschriften aufgezeichnet und überliefert. Insgesamt sind es 66 Einzelschriften, 39 davon im Alten Testament und 27 im Neuen Testament. Es lassen sich u.a. Geschichtsbücher, prophetische und poetische Bücher, Evangelien und Briefe ausmachen.

Der schriftlichen Fixierung der Texte ging meistens eine mündliche Überlieferung vorauf. Die verstreut entstandenen Einzelstücke wurden später von Redaktoren gesammelt, manchmal überarbeitet oder kommentiert und gemäß ihrem jeweiligen Verständnis kombiniert, ergänzt und schließlich gegebenenfalls zu Geschichten oder zu größeren Texten zusammengefasst.

Das Evangelium als Gattung ist ein Unikum in der Antike.

Eine Urschrift des Neuen Testamentes oder Teile bzw. Bruchstücke davon sind bis heute noch nicht aufgefunden worden. Was wir heute haben, sind ausnahmslos spätere Abschriften. Im Jahre 1996 waren 4500 Handschriften des Neuen Testamentes bekannt. Die ganze Bibel betreffend gibt es einige opulente Handschriften, „Codici" genannt und kleinere Handschriften, „Minuskeln" oder „Papyri" genannt. Der „Codex Sinaiticus" ist die älteste und am besten erhaltene Einzelüberlieferung. Er stammt aus den 5. Jahrhundert nach Christus. Daneben gibt es jüngere Codici, die ebenfalls nach ihrem Fundort oder nach ihren Auffindern benannt wurden, Eine „Koine" genannte Handschriftengruppe enthält gute, mittelgute und schlechtere Texte. Meistens haben die großen, alten Codici recht, jedoch nicht in jedem Fall.

Den autentischen Urtext des Neuen Testamentes gibt es also nicht. „Es gibt rund eine viertel Million von Lesarten und Textvarianten in den Handschriften der griechischen Evangelien, wie sie in jeder wissenschaftlichen Ausgabe des Neuen Testamentes ersichtlich sind", schreibt Pinchas Lapide.

Jesus Christus, nach unserm Glauben der eingeborene Sohn Gottes, hat seine Botschaft nicht schriftlich, sondern in lebendiger Sprache an seine Zuhörer weitergegeben. So konnte der Geist Gottes von ihm direkt auf die von ihm Angesprochenen überspringen.

Geschriebene Texte sind geronnene, erstarrte Sprache, unbelebt. In einem willkürlichen Augenblick wurde sie festgehalten, ungefähr so, wie wenn man einen laufenden Film durch einen Druck auf die Stopptaste zu einem statischen Bild einfriert.

Nun dürfen wir aber nicht meinen, dass uns das Wort Gottes in der Gestalt eines Buches begegnet. Wir Protestanten haben keinen „papierenen Papst", wie uns gelegentlich vorgeworfen wurde und manchmal noch immer vorgeworfen wird. Das Wort des lebendigen, einzig wahren Gottes kam zu uns in der Gestalt des irdischen, geschichtlichen Menschen Jesus von Nazareth. Er selbst, er ganz persönlich ist seine Lehre. Seine Worte waren der christlichen Urgemeinde ja nur deshalb bewahrenswert, weil sie von ihr zugleich als Worte des auferstandenen und zur Rechten Gottes erhöhten und damit „heute" immer noch gegenwärtigen Herrn verstanden wurden. Es interessierte die damaligen Nachfolger Jesu Christi nicht so sehr, wer dieser Jesus einmal war, sondern vielmehr, wer er jetzt für sie in ihrem Leben ist. Der Apostel Paulus interessierte sich, wie wir in seinen Briefen nachlesen können, ganz ausschließlich für den gekreuzigten und auferstandenen Herrn. Vom irdischen Jesus von Nazareth schreibt er nichts.

Auch uns ist die Bibel nicht deshalb so wichtig, weil sie mit dem Wort Gottes identisch ist, sondern weil sie Gott verkündigt, sein Erscheinen, Reden und Handeln in Jesus Christus. Weil wir in der Bibel das Wort Gottes finden können. „Gott gab uns sein Wort, nicht seine Wörter", meint Heinz Zahrnt. Wir sind bibeltreu jedoch nicht bibelgläubig. Der Philosoph Hamann nannte die Bibel doppeldeutig Ur-Kunde. Kunde: geisterfüllte Anrede Gottes und Gottes Urkunde im juristischen Sinne, in der er sich verbindlich macht.

„Das im ganzen gesehen eindeutige Wort Gottes würde unsere Freiheit vernichten, wenn es sich uns nicht zur Wahl stellen würde. Zu einer Wahl gehören mehrere Möglichkeiten, unter denen das Wort Gottes nur eine ist"

„Wer bei der Suche nach dem Geist das Risiko von Irrtum und Missverständnissen ausschließen will, schließt den Geist aus, den er sucht. Was wir brauchen, ist die geistliche Freiheit, Schicht um Schicht des biblischen Worts aufzugraben, aufzudecken, prüfend, nachdenkend, meditierend, betrachtend, im Gespräch mit dem, der den Geist damals sandte und der ihn heute zu senden zugesagt hat" (Jörg Zink).

Anders verhält es sich mit dem „Heiligen Koran", zu Deutsch wie die Bibel: Buch oder Lesung (wörtlich: Zitat), dem Buch der Muslime im Islam. Der Koran gilt als das wahre Wort Gottes. Er ist in arabischer Hochsprache in göttlichem Arabisch geschrieben und gilt nur in dieser Form als die wörtliche Wiedergabe des Urkorans, der sich bei Gott im Himmel befinden soll. Der Korantext wurde dem Propheten Mohammed beginnend in der „Nacht der Bestimmung", der „gesegneten Nacht" (so der Koran) wörtlich vom Erzengel Gabriel übermittelt. Mohammed selbst war als Sprachrohr lediglich der Stenotypist des Koran. Eine Übersetzung des Korantextes in eine andere Sprache wird von den Muslimen nicht als Koran anerkannt, allenfalls gibt sie die ungefähre Bedeutung des Koran wieder.

In der Bibel, die durchaus auch in Übersetzungen als Bibel gilt, ist aufgezeichnet, was Menschen von Gott vernommen haben, wie sie sich von ihm gesucht und gefunden, wie sie sich von ihm angenommen, gestärkt und getröstet empfunden haben. Martin Luther sagte vom Psalter: „Da siehst du allen Gläubigen ins Herz".

Manche Bibeltexte erschließen sich dem Suchenden nicht durch einfaches Lesen. Einige sind mehrdeutig. Und andere zeigen uns erst als Allegorie oder als Bild verstanden bzw. als narrative Katechesen, also als Unterricht in erzählender Form den Weg zum Glauben an den dreieinigen Gott.

Schon der Verfasser des 2. Petrusbriefes stellt im 3. Kapitel, Vers 16 fest: „In Paulusbriefen findet sich einiges Schwerverständliche".

Wie können wir aber Zugang zu einem biblischen Text finden?

1. Gilt es den buchstäblichen Sinn eines Bibelverses oder einer Versgruppe, einer Perikope zu erfassen. Was steht eigentlich da? Habe ich die einzelnen Wörter verstanden, habe ich ihren Sinnzusammenhang begriffen?

2. Geht es um eine historische Erklärung der betrachteten Perikope mit Hilfe von Kommentaren, Bibellexika, theologischer Literatur etc. Was hat der Autor oder der Redaktor in seiner Zeit, wann war das?, mit seinen Worten, dem „Damalswort" ausdrücken wollen? Wen hatte er im Blick? Und was war sein Umfeld?

3. Geht es um die exegetische Kommentierung, d.h. um das Herausarbeiten des Skopus, des Zielpunktes etwa der synoptischen Gleichnisse Jesu bei Matthäus, Markus, Lukas, wie es nach A. Jülicher üblich geworden ist.

4. Geht es um den Versuch einer Aktualisierung und um die persönlche Aneignung der Textaussage. Was sagt der alte Text (Damalswort) uns heute (Heutewort)? Und was gilt mir persönlich (persönliches Wort)? Was ist der verborgene, auf mein Leben bezogene Sinn? Wie wirkt der Text nach betender Betrachtung auf meine Seele? Welche Bilder lässt er in ihr aufsteigen? Und wie kann ich sie deuten. Kann ich mich möglicherweise so in eine biblische Geschichte hineinversetzen, dass ich mich mit einer der in ihr vorkommenden Personen identifitieren kann?

Die Bibel ist Gottes Wort für uns, immer dann, wenn Gott sich uns darin zeigt und sich uns zuwendet. Biblische Texte werden uns, wenn Gottes Geist sie uns aufschließt, zur Stimme Gottes selbst und nur dann. Das wusste auch schon Martin Luther. Er meinte, wir würden kein Tüttelchen der Schrift verstehen ohne den Heiligen Geist.

Das Christentum ist deshalb keine Buchreligion. Es ist eine Wortreligion. Denn glaubten wir an ein Buch, so verschwände dahinter die unbeschränkte Souveränität Gottes, dessen Geist auch heute noch weht, wann und {nach den Reformatoren: wo} und wie er will.

Jesus als der Weg zu Gott zeigt uns Gott als das Ziel aber er begrenzt ihn nicht den Grenzenlosen.

Die Bibel ist kein Koran und auch nicht eine Art „Bürgerliches Gesetzbuch BGB", in denen steht, was ich alles muss. Sie bietet an, zwingt uns aber nie etwas auf als ein „Du-sollst", „Du-musst". Wo aber der Geist des Herrn ist, da ist Freiheit (2. Kor. 3,17).

Im Johannes-Evangelium ist das griechische Wort: logos, zu Deutsch nach Luther: Wort, eine Bezeichnung für Gott selbst. „Im Anfang war das Wort und das Wort war bei Gott und Gott war das Wort" (Joh. 1,1). Jesus ist der fleischgewordene, inkarnierte, der menschgewordene logos. Gott sagt uns durch ihn und in ihm nicht etwas, sondern er sagt sich selber, er gibt sich uns und der Welt selbst. Gott handelt, indem er spricht. Und Gott sprach: „Es werde und es ward". Sein Wort ist Tatwort. Was er sagt, geschieht sogleich.

Gott musste sein, von ihm kündendes, Wort in die Elemente dieser Welt kleiden. Das Weltbild, sagt Emil Brunner, ist gleichsam nur das Alphabet, das Lautmaterial, in dem das Wort Gottes ausgesprochen wird. Gott offenbart sich uns zwar im Menschenwort ohne jedoch in ihm aufzugehen. Menschenwort ist eigentlich eine Tautologie, ist also doppelt gemoppelt. Denn wir Menschen kennen ja nur das menschliche Wort. Und nur das allein ist uns verständlich. Somit können wir vom Worte Gottes nur gerade soviel erfassen, wie wir in unserem sprachlichen Denken zu begreifen vermögen. Nur Gott allein ist die reine, ganze, absolute Wahrheit. Und die hat von uns Menschen niemand. Gottes Wort ist immer größer, es übersteigt auch das, was in der Bibel aufgeschrieben ist. Selbst Jesu ureigene Worte, seine „ipsissima verba", haben wir bis auf ganz wenige Ausnahmen, wie etwa seine intim vertraute Anrede Gottes als „Abba" = Papa, „talita kum" = Mädchen, ich sage dir, steh auf! „Eli,eli, lama asabtani" = Mein Gott, mein Gott, warum hast du mich verlassen?, nicht im Originalton, sondern nur mittelbar. Jesus selbst hat uns nichts Schriftliches hinterlassen. Von ihm wird nur an einer Stelle im Johannes-Evangelium berichtet, dass er etwas in den Sand geschrieben habe. Manche Ausleger meinen in Jeremia 17,13 darauf einen Hinweis zu finden. Denn dort ist zu lesen: „Die dich verlassen, werden zuschanden. Die Abtrünnigen werden auf die Erde geschrieben". Jesus sprach aber vermutlich immer nur Aramäisch. Der Urtext des Neuen Testamentes wurde jedoch in nachklassischem Volksgriechisch, in der griechischen Umgangssprache, der „Koine" geschrieben, die Graf Zinzendorf stark untertreibend: elendes Fischergriechisch nannte. Der Urtext ist also bereits eine Übersetzung und damit schon eine erste Interpretation. Denn keine Sprache gleicht der anderen in allen Begriffen. Das Wort: übersetzen entstammt der Schiffersprache. Es meint die Übertragung des zu übersetzenden Wortes vom „Redeufer" zum „Höreufer". Nach Martin Buber gilt: „Jede Übersetzung übt Ersetzung, den Urlaut und den Ursinn gibt es nie". Entweder man hält sich mehr an die Ursprungssprache, oder aber man passt den zu übersetzenden Text mehr der Zielsprache an.

Martin Luther rechtfertigte seine freie Übertragung der Bibel vom Griechischen weiter ins Deutsche damit, dass seine Worte dem Sinn dienen sollten, damit sie von seinen Landsleuten auch in rechter Weise verstanden werden konnten.

Da eine Gebrauchssprache lebendig ist, erfahren ihre Worte und Begriffe im Laufe der Zeit mitunter einen Bedeutungswandel. Darum muss eine Bibelübersetzung von Zeit zu Zeit immer mal wieder revidiert werden und dem neuen, gewandelten Sprachverständnis angepasst werden, um weiter richtig verstanden zu werden. Eine für alle Zeiten gültige Bibelübersetzung lässt sich also niemals herstellen. Auch deshalb nicht, wenn man zusätzlich bedenkt, dass man die Bibel wortgemäß (verbal), sinngemäß (real) oder geistgemäß (ideal) übersetzen kann.

Die Bibel können wir verstehen als eine Sammlung von Texten, in denen die Predigt (= Verkündigung) von Gott ihren Niederschlag gefunden hat, der immer wieder neu in aktueller Predigt zum mündlchen Wort drängt. Denn der Glaube kommt aus der Predigt, schreibt der Apostel Paulus und die Predigt aus dem Wort Christi. In immer wieder neuer Auslegung des geschriebenen Wortes geht es darum, den gegenwärtigen Christus den Menschen glaubhaft zu machen; damit sie an ihn glaubend das ewige Leben haben und nicht am toten Buchstaben kleben bleiben.

Der Prediger ist nicht als Mittler für das Wort Gottes zu verstehen, sondern als sein Zusprecher. Der Prediger soll das Wort Gottes verkündigen und nicht über „das Wort" erhabene Ausführungen machen.

Martin Luther schrieb dem Prediger ins Stammbuch: „Wenn du runter von der Kanzel gehst, hast du keinen Grund zu sagen: {Herr erbarme dich}; sage: {Hier sprach Gott}".

Die Predigt vom Wort Gottes sollte immer wieder ein pfingstliches Ereignis sein, Anrede, Anruf, Aufruf zur persönlichen Entscheidung.

Gott spricht zu uns nur durch Menschen und sei es in oder durch uns selbst etwa in unseren Träumen, durch innere Erleuchtungen, pneumatische Erfahrungen (2. Kor. 12), durch Visionen, Erscheinungen, Auditionen, innere Stimmen, Erlebnisse etc. Gottes Wort verleiblicht sich im Menschenwort.Es hat keinen „Scheinleib". Die Bibel redet zu uns in menschlichen Geschichten, aufgezeichnet von Menschen, die in einer Zeit lebten, als die Erde noch als Mittepunkt des ganzen Kosmos galt. Ihre Erlebnisse und Erfahrungen mit Gott gaben sie in mythischen Bildern weiter. Denn die erzählte Geschichte ist die einzige Form, in der Erfahrungen von einer Generation an die nachfolgenden weitergegeben werden können.

Gott ist dem biblischen Volk in seiner Geschichte begegnet und diese Begegnung hatte geschichtliche Auswirkungen. Die Bibel will Geschichte deuten und nicht Vergangenes rekonstruieren. Die bloße Historie schafft keine Gegenwart, sondern stellt nur das Gewesene fest, ist dabei aber nie das Gewesene selbst. „Das Historische macht nur verständig, nicht aber selig", merkt Fichte an.

Altisraeliten haben im Bildmaterial des altorientalischen Mythos ihre Bekenntnisse formuliert und so den Mythos, ohne ihn dabei zu eliminieren, mit einer neuen Aussage versehen.

Nach Luther muss es in der Bibel eine Mitte geben, die die Schrift selbst bebezeugt. Er glaubte fest, dass es das ist, was Christum treibet. Ohne ihre Christusmitte wäre die Bibel ein Geschichtsbuch unter vielen anderen. So aber ist sie das Evangelium (abgeleitet vom Griechischen: Euangelion), ein Begriff aus den Bereichen Sport und Politik, die „Frohe Botschaft", „Die Gute Nachricht" vom Heil, das uns in Jesus Christus von Gott geschickt wurde. Dieses Heil findet der Mensch also wesenhaft: „extra se, non ex opere suo", außerhalb seiner selbst, nicht aus eigener Anstrengung, nicht aus eigenem Wirken. Und dieses Heil gilt dem ganzen Menschen mit seiner Einheit von Körper, Seele und Geist. Es versöhnt uns mit Gott und spricht uns die innige Gemeinschaft mit ihm zu. Gott zu kennen, heißt mit ihm einig, ja eins zu sein.

Person (abgeleitet von dem lateinischen Wort: personare = hindurchtönen), ist der Mensch dadurch, dass Gott durch ihn hindurchtönt. Der Mensch lebt wahrhaft nur, wenn er von Gott her lebt. Paulus ruft einmal aus: „Nun lebe nicht ich, sondern Christus lebt in mir". Nur wer (zu) Gott findet, findet auch (zu) sich selbst. Wir Können uns als Menschen nicht selbst verwirklichen. Weil wir uns nicht uns selbst verdanken – wir kommen aus unserem eigenen Nichts und ganz aus Gott, sagt uns Martin Luther – können wir Erfüllung auch nur von außen her als ein freies Geschenk Gottes finden. Gott hat uns als seine Ebenbilder dazu befähigt, dass in unserem tiefsten Innern die große Stimme der Gottesoffenbarung, wenn und wann Gott es immer will, nach Art einer spirituellen Resonanz zum Klingen, zum Mitschwingen kommt.

Wenn einem Menschen so das Wort Gottes zustößt, gleichsam als unwiderstehlicher Impuls, als innerer Drang, als Idee unter Zittern und Faszination (tremendum et fascinosum), dann kann und will er nur noch tun, was dieses Wort ihm abverlangt. Kein wahrer Prophet hat jemals freiwillig prophezeit. Die göttliche Stimme überwältigte ihn dazu. Ihr konnte er sich letzten Endes nicht entziehen. Wer von Gott direkt angesprochen wird, weiß, dass er von ihm angeredet wurde. Aus dem Wort: „Verkaufe alles, was du hast und gib es den Armen", entwickelten die Urchristen eine Art Liebeskommunismus. Sie teilten alles miteinander.

Wer sich auf den rechten Weg macht, den ihm der Herr zeigt, der wird reichlich finden: „Und sie fingen eine große Menge Fisch".

Das Evangelium, die Heilsbotschaft geht mich immer erst dann existentiell etwas an, wenn ich zwischen ihr und meinen ureigensten Lebensfragen eine direkte Verbindung feststelle. Wenn mir das mich ansprechende Wort unter die Haut geht. „Tua res agitur", deine Sache wird betrieben, du ganz persönlich bist nun gemeint.

Grundsätzlich darf ich jeden Bibeltext so lesen, als wäre er speziell für mich einmal geschrieben worden. Durch ihn will Gott zu mir reden, mich treffen. Mit ihm hat er mir einen Liebesbrief geschrieben und will mich zur Liebe überwältigen. Die Bibel ist geichsam ein Kompass, dessen Nadel in Richtung Nächstenliebe zeigt. Jesus hat uns durch sein Reden und Tun klar gemacht, dass Gott die Liebe ist. Und wer die Liebe liebt, der liebt Gott, bezeugt Augustinus. Jesus selber verkörperte diese Liebe, die gibt und gibt und gibt.

Unsere Liebe zu Gott ist gut aufgehoben in der Liebe zum Nächsten. Denn Paulus schreibt, alle Gesetze sind in dem einen Satz zusammengefasst: „Liebe deinen Nächsten wie dich selbst". Dieses Gebot der Nächstenliebe weist ganz in die Welt hinein. Sei du dem anderen ein Christus, mahnt Luther. Auch in ihm begegnet Christus dir.

Jesus erzählt uns von gelungener Liebe. In seinem Gleichnis vom „barmherzigen Samariter", finden wir alles, was er uns über Gott hat mitteilen wollen. Durch den vorübergehenden Priester und den Leviten, der auch den Überfallenen unversorgt auf dem Wege liegen lässt, ist dieses Gleichnis nach Dorothee Sölle die antifundamentalistische Geschichte schlechthin.

Doch Liebe kann auch misslingen. Gott lässt jedem die Freiheit, seinen eigenen Weg in Richtung Liebe selbst zu finden. Das Wagnis der Freiheit ist grenzenlos. Alles ist euer, ihr aber gehört Christus an, Christus aber gehört Gott an, schreibt Paulus. Und Augustinus ruft uns begeistert zu: „Liebe und tu, was du willst".

Wenn die Liebe dich ganzheitlich erfasst hat, dann sind Gottes Gebote dir ins Herz geschrieben und du erfüllst seinen Willen aus deinem Innern heraus angetrieben, weil du nicht mehr anders kannst. Du handelst an der Welt wie Gott selber, so wie es ihm gefällt. „Das Evangelium, das ein Ruf zur Freiheit ist und zwar zur Freiheit eines geborgenen Menschen, zeichnet den Weg zu dieser doppelten Freiheit vor. Zur Freiheit nämlich von allem, was nicht Gott selbst ist und zur Freiheit eines ungeteilten Menschen" (Jörg Zink).

Wir dürfen uns nicht dazu verleiten lassen, falsche Fragen an die Bibel zu stellen, etwa: „Was ist tatsächlich geschehen?"

Die größte Gefahr für das Christentum kommt von bestimmten Christen selbst, die aus ungläubiger Angst heraus das Eigentliche in Gefahr sehen, wenn zeitgebundene Einkleidungen fallen, die unserm heutigen Naturbild nicht mehr entsprechen. „Nicht Demut, verkappter Hochmut nimmt die Bibel wörtlich, d.h. erspart sich weiteres Nachdenken, das Gott uns doch zutraut und von uns erwartet", merkt Joachim Illies an. Martin Buber gibt uns zu bedenken: „Entweder du nimmst die Bibel wörtlich oder du nimmst sie ernst". Und Heinz Zahrnt ruft uns im gleichen Sinne zu: „Nimm Gott beim Wort, aber die Bibel nicht wörtlich".

Sogenannte Orthodoxe, Konservative, Fundamentalisten, Biblizisten, Buchstabilisten und wie sie sich sonst noch nennen mögen oder genannt werden, nehmen alle Aussagen der Bibel wortwörtlich. Für sie gilt ehern der Satz: „Es steht geschrieben". Alles in der Schrift ist Norm für sie.

Die Bibel beansprucht aber von ihrer Substanz her keine flächenhafte, sondern eine abgestufte Autorität. Im Neuen Testament gibt es durchaus Texte, die dem „Evangelium" in den vier Evangelien und in anderen Texten weniger gerecht werden als andere, die also Christum weniger treiben. Deshalb hätte Luther den Hebräer- und den Jakobusbrief lieber nicht in seiner Bibel haben wollen.

Jede Bibelkritik wird von den Fundamentalisten strikt abgelehnt. Sie wenden sich auch mit unqualifizierten Begründungen gegen Ergebnisse moderner Naturwissenschaften, die Aussagen der Bibel zu widersprechen scheinen, sich in Wahrheit aber nur gegen zeitbedingte Einkleidungen der eigentlichen Aussagen wenden. Nehmen wir als Beispiel die beiden unterschiedlichen Schöpfungsberichte auf den ersten Blättern der Bibel. Sie wollen uns den Gott Israels als den alleinigen Schöpfer von allem, was ist, nahebringen, aber sie wollen uns nicht berichten, wie und in welchem Zeitraum die Welt, der Kosmos im Detail entstanden ist. Doch so, wie wir es heute noch im ersten, jüngeren Bericht lesen können, hat es der Priester oder die Priestergruppe im sechsten Jahrhundert vor Christus der angefochtenen Gemeinde im Exil, in der babylonischen Gefangenschaft erzählt, damit sie verstehen konnte, wie einzigartig ihr Gott ist.

Die Fundamentalisten lassen Glaube und Verstand nicht zusammenkommen, weil sie die Bibel sakralisieren; doch sie ist nicht das Wort Gottes. Sie enthält es allenfalls in einer, dem Menschen fassbaren Weise. Wir glauben nicht an die Bibel, sondern vielmehr an den lebendigen, dreieinigen Gott, der sie unendlich, für uns unvorstellbar, übersteigt und von dem die Bibel uns Kunde gibt.

In fundamentalistischer Verengung lassen die Fundamentalisten diesem lebendigen Gott keinen Spielraum. Sie begrenzen ihn, den Grenzenlosen. Wie wollen sie das begründen?

{Die unbiblischen und theologisch unhaltbaren Auffassungen der Orthodoxie lassen sich wie folgt zusammenfassen:

1. Offenbarung gäbe es ohne Zuordnung zum Glauben.
2. Offenbarung sei geschichtlich im Sinn der historischen Feststellbarkeit und Konstatierbarkeit.
3. Offenbarung sei ein abgeschlossenes Faktum der Vergangenheit, „Botschaft von einem vollzogenen Heilsereignis, einem Perfektum".
4. Offenbarung könne ohne Bezug auf das Heilsgeschehen betrachtet werden.
5. Offenbarung könne man zuerst wissen (wer sie nicht erkenne, sei bösen Willens) und dann glauben} (Wilhelm Knevels).

Nun aber ist jede theologische Aussage über Gott eine Glaubensaussage und hat daher keine Gültigkeit außerhalb des Glaubens. Als menschliche Aussage hat sie Stückwerkcharakter, wie jedes menschliche Urteil und alle wissenschaftliche Erkenntnis. Nur der Glaube vermag Jesus als den zu erkennen, als der er erkannt sein will. Die orthodoxe Starrheit nimmt die Heilstatsache aus dem Bereich des Glaubens und stellt sie unter objektivierende Theorien.

Einen anderen Irrweg schlägt die Existentialtheologie ein. Sie isoliert das Kerygma (gr.) = Verkündigung, Botschaft, Proklamation, feierliche Mitteilung (wie durch einen Herold) und bezeichnet es an sich als das Wort Gottes. Hier wird nicht an Jesus Christus, sondern an das Kerygma oder gar an den Glauben an das Kerygma geglaubt.

Jesus sagte: „Höret und verstehet". Verstehen gehört zum Glauben. Es geht aber nicht um den richtigen Glauben; es geht vielmehr darum, richtig zu glauben.

„Fundamentalismus ist ja nur Angst vor der Wahrheit", meinte Carl Friedrich von Weizsäcker.

Wir glauben nicht, dass Jesus auferstanden ist, das soll heißen, wir glauben nicht an das vor fast zweitausend Jahren einmal geschehene einmalige Faktum, sondern wir glauben an den auferstandenen, uns auch heute noch gegenwärtigen Herrn, den wir anreden dürfen und der uns antwortet. Ihn bezeugen wir.

Wie verhält es sich nun aber mit der Inspiration der biblischen Texte? Wirkte der Heilige Geist, der Geist Gottes bei ihrer Abfassung mit? Und wie soll das geschehen sein?

Die Lehre von der Verbalinspiration meint die wortwörtliche Eingebung der Bibeltexte bis hin zur Interpunktion, zur Zeichensetzung durch den Heiligen Geist. Sie macht alles gleich göttlich, macht alles gleich richtig, gleich gewichtig, gleich gültig, gleichgültig.

Die Lehre von der Realinspiration meint die Eingebung des sachlichen Inhalts der Bibeltexte durch den Heiligen Geist.

Und schließlich die Lehre von der Personalinspiration meint die Einwirkung des Heiligen Geistes auf das persönlich bestimmte Glaubenszeugnis der Verfasser der Bibeltexte.

In 2. Tim. 3,16a steht im griechischen Urtext: „pasa graphe theopneustos", was wörtlich ins Deutsche übertragen heißt: „Jede gottgehauchte – nicht eingehauchte oder eingegebene – Schrift. Das ist passivisch zu verstehen. Es ist also nicht gemeint: göttlichen Geist atmend.

Das Wort Gottes ist nach Stählin ein visionäres Erlebnis. Somit waren die Evangelisten des Neuen Testamentes wohl vom Heiligen Geist inspirierte Dolmetscher der Lehren Jesu, nicht nur Stenotypisten, sagt der Theologe Robert Stein. Sie versuchten mehr die Bedeutung weiterzugeben als exakte Details. Dem jeweiligen Schreiber blieb seine spezifische Eigenart voll erhalten, wie man bei der Bibellektüre unschwer erkennen kann. Die Schrift wurde den Autoren also nicht wortwörtlich vom Heiligen Geist diktiert. Denn wäre dem so gewesen, dann gäbe es doch mit Sicherheit keine voneinander abweichenden Aussagen zum selben Geschehen, die aber mehrfach in der Bibel zu finden sind.

Matthäus schrieb sein Evangelium für Judenchristen. Deshalb beginnt er es mit Jesu jüdischem Stammbaum, um seine Wurzeln im jüdischen Volk aufzuzeigen.

Markus hält Jesu Taufe für das wichtigste Anfangsereignis. Deshalb fängt er sein Evangelium mit der Taufe Jesu im Jordan durch Johannes dem Täufer an.

Lukas sieht Jesu Kommen im Zusammenhang mit dem Römischen Reich. Deshalb beginnt er Jesu Geburtsgeschichte mit dem römischen Kaiser Augustus.

Johannes, der vierte Evangelist, meint sein Evangelium in der Ewigkeit Gottes anfangen zu müssen.

So verfährt jeder Evangelist nach seiner persönlichen Gotteserfahrung.

Jesu Auferweckung von den Toten wird in 1, Kor. 15 ca. 25 Jahre nach dem Ereignis von Paulus schriftlich der Nachwelt überliefert. Das ist das älteste Zeugnis von dem Geschehen, das wir heute haben.

Der Grund für den Auferstehungsglauben sind die Erscheinungen des auferstandenen Jesus vor seinen Jüngern und Anhängern und als letztem vor seinem erbitterten Gegner Saulus/Paulus von Tharsus, dessen totale Umkehr er bewirkte. Die Erscheinungen des Auferstandenen können von dem zum Glauben an ihn Überführten und Hingerissenen als ein persönliches Geschenk Gottes gedeutet werden. Dem Ungläubigen, der von den Erscheinungen hört, sind sie ein psychologisches Phänomen in einem einzelnen Menschen oder in einer Menschenansammlung bei vielen Menschen gleichzeitig.

Was man bekennen und darauf sein ganzes Vertrauen und Leben setzen will, kann nur jede oder jeder für sich alleine entscheiden. Für einen Blinden ist es überall dunkel.

Paulus erwähnt in seinen Briefen weder das leere Grab Jesu noch die Frauen als erste Zeugen dafür und für die Erscheinungen des Auferstandenen vor ihnen.

Das leere Grab begründet, da es mehrdeutig verstanden werden kann, nicht den Glauben an den Auferstandenen. Die Geistverleihung an seine Jünger wird beim Evangelisten Johannes am Ostersonntagabend durch den auferstandenen Jesus vollzogen (Joh. 20,22). Ostern und Pfingsten fallen hier auf einen Tag zusammen. Bei Lukas geschieht Jesu Himmelfahrt bereits am Ostersonntag. Derselbe Autor lässt sie in seiner Apostelgeschichte, vielleicht nach einer anderen, von ihm aufgefundenen, Überlieferung, die er nicht fallen lassen wollte, erst 40 Tage nach Ostern geschehen. In beiden Fällen geht es um Jesu Entschränkung. Jesus ist nun überall da, wo Gott der Vater ist. Und der ist überall im Himmel wie auf Erden. Jesus spricht: „Siehe ich bin bei euch alle Tage bis an der Welt Ende".

Luther meint zur Bibel: „Es ist nicht zu fragen, ob sie historisch echt sei, sondern was sie lehrt". So kann auch reine Dichtung als Wahrheit erscheinen. Bei den Juden war es nämlich erlaubt, zu Texten etwas hinzuzuerfinden, wenn damit das Wesen der wiederzugebenden Sache besser getroffen wurde.

Das Buch Jona beispielsweise ist eine literarische Fiktion, die wahrer ist, als es ein Tatsachenbericht je sein könnte; obwohl der Prophet Jona nie in Ninive, der Hauptstadt Assyriens war, um es zu bekehren, denn Ninive war schon vor Jonas Lebenszeit zerstört worden.

Hintergrund der Jona-Geschichte war die Anschauung, dass die Sonne jeden Abend im Westen von einem Dämon gefressen wird, in der Nacht von ihm in seinem Bauch unter der Erdscheibe hindurch nach Osten transportiert und dort am nächsten Morgen wieder ausgespien wird.

In einer Sammlung von Auslegungen der Hebräischen Bibel nach den Regeln der jüdischen Schriftgelehrten, dem Midrasch, schwamm Jona im Bauch des Fisches unter dem Jerusalemer Tempel hindurch.

In unserem Märchen: „Rotkäppchen" verwandelt sich die Sonne in Rotkäppchen, das Ungeheuer der Tiefe in den bösen Wolf, der es verschlingt und der Gott aus der Höhe in den Jäger, der als Retter den Bauch des Wolfes öffnet und Rotkäppchen, die Sonne befreit.

Nach dem bisher Gesagten können wir feststellen: Die Bibel ist nicht vom Himmel gefallen! Von unterschiedlichen Menschen geschrieben, wird sie mit Hilfe des Heiligen Geistes doch Gottes Wort für uns; redet Gott durch sie zu uns. Sein Wort trifft uns von außen. Wir können es uns nicht selber ausdenken oder aus eigener Kraft finden, wie wir etwa den Lehrsatz des Pythagoras selber herausfinden könnten. „Dein Wort (Gott) ist meines Fußes Leuchte und ein Licht auf meinem Wege" (Psalm 119,105).

So lasst uns nun Gott um seiner selbst willen lieben und nicht um seiner Gaben wegen. Er allein sei uns genug. Mit ihm wünschen wir uns, eins zu sein für Zeit und Ewigkeit. „Wir existieren wirklich zu zweit" (Ernst Fuchs). Nicht die Hoffnung auf einen, wie auch immer gearteten Himmel oder die Furcht vor ewiger Gottesferne leite unsere Einstellung und unser Verhalten Gott gegenüber.

Er allein bleibt für immer unser Ziel.

„Wenn aber alles ihm untertan sein wird, dann wird auch der Sohn selbst untertan sein dem, der ihm alles unterworfen hat, damit Gott sei alles in allem" (1. Kor. 15,28).

7. Die 7 Wunderzeichen Jesu im Johannes-Evangelium

Der Völkerapostel Paulus, als der uns bekannte, dem Jesus-Geschehen zeitlich nächste, Mitautor des Neuen Testamentes erwähnt in seinen uns überlieferten Briefen keine Wundertaten Jesu von Nazareth. Ihn interessierte nur der gekreuzigte und auferstandene, erhöhte Herr Jesus Christus. Er beginnt seinen Brief an die Römer so: „Paulus, Knecht Christi Jesu, berufener Apostel, ausgesondert zur Verkündigung der Frohbotschaft Gottes, die er vorher verheißen hat durch seine Propheten in heiligen Schriften von seinem Sohn gekommen aus (dem) Samen Davids nach (dem) Fleisch bestimmten zum Sohn Gottes in Macht nach (dem) Geist (der) Heiligkeit seit (der) Auferstehung von (den) Toten, Jesus Christus, unserm Herrn, durch den wir empfangen haben Gnade und Apostelamt zum Gehorsam (des) Glaubens unter allen Völkern" (nach der Interlinearübersetzung des griechischen Textes von Nestle-Aland durch Ernst Dietzfelbinger).

Von Wundertaten und Wunderzeichen Jesu können wir in den in unterschiedlichem Zeitabstand jahrzehnte nach Paulus geschriebenen vier ins Neue Testament aufgenommenen Evangelien lesen.

Hier wollen wir uns nur mit den 7 Zeichen und Wundern Jesu (Semeia kai terata), von denen der Evangelist Johannes in seinem Evangelium berichtet, beschäftigen. Johannes fand die sog. Semeia-Quelle in der Tradition seiner Gemeinde vor. Ihr magischer Zuschnitt war ganz hellenistisch. Die Massivität der mirakulösen Wunderzeichen sollte die Souveränität und die Größe des Wundertäters Jesu unterstreichen. Eigentlich wollte Johannes diese vordergründige Magie gar nicht. Für ihn ist das größte Wunder, das, was im Innern der am jeweiligen Geschehen beteiligten Menschen geschieht. Doch der Tradition lässt er ihr Gewicht. Seinen Berichten gibt er die Schlusswendung: Dies ist die Stunde der Metanoia, die Stunde der inneren Umkehr, der Hinwendung zu Gott. Er wählt aus der ihm vorliegenden Semeia-Quelle 7 besonders symbolträchtige Wunderberichte aus. An den Anfang stellt er das auf das Abendmahl hinweisende Weinwunder zu Kana. Und mit Bedacht stellt er ans Ende die Auferweckung des Lazarus von den Toten. Sie weist auf Jesu eigene Auferweckung durch Gott hin, auf das Ostergeschehen.

Es ging den Verfassern der Evangelien gar nicht darum, historisch zu dokumentieren, was einmal geschehen ist. Ihre Absicht war vielmehr, die Wahrheit, von der sie ergriffen, überzeugt, ja überwältigt waren, zu bezeugen und zu verkündigen: „Jesus Christus ist der Herr und Heiland". Und mit ihren Wunderberichten wollten sie Glauben an ihn wecken, an ihn, der die Liebe Gottes in Person ist.

Lesen wir dazu Joh. 20,30+31: „Noch viele andere Zeichen tat Jesus vor seinen Jüngern, die nicht geschrieben sind in diesem Buch. Diese aber sind geschrieben, damit ihr glaubt, dass Jesus der Christus ist, der Sohn Gottes und damit ihr durch den Glauben das Leben habt in seinem Namen".

Die urchristlichen Zeugen können gar nicht anders, als die Geschichte des irdischen Jesus im Lichte seiner Auferstehung zu sehen, sie gleichsam von rückwärts zu lesen und erst später gewonnene Erkenntnisse bereits in die früheren Geschichten einzutragen. Die Evangelien haben nicht den Charakter von Protokollen, sondern von Zeugnissen. Der antike Mensch kannte den Anspruch auf Objektivität in unserm heutigen Verständnis überhaupt nicht. Man richtete sich seinerzeit nach dem Erwartungshorizont dessen, für den man predigte (=rühmte) oder schrieb und dementsprechend setzte man seine Akzente.

Wundergeschichten waren in biblischer Zeit auch bei Nichtjuden, den sog. Heiden, wie Griechen, Römern etc. nicht ungewöhnlich. Daneben ist zu bedenken, dass Vorgänge, die damals als Wunder galten, heute möglicherweise auf ganz natürliche Ursachen zurückgeführt werden können.

Waren die Wundererzählungen damals Mittel, um über die Gegenwart Gottes in der Welt zu reden, so sind sie seit der Aufklärung für den Gegenwartsmenschen problematisch geworden und wirken heute eher kontraproduktiv für den Glauben. Gott begegnet uns verborgen im natürlichen Geschehen in verhüllter Weise. Die natürlichen Wirkungszusammenhänge hat er als ihr Schöpfer selber verursacht. Sollte er sie da etwa zeitweise nicht mehr wollen? Warum sollte er sie partiell aufheben und damit sein ganzes Schöpfungswerk in Frage stellen?

Schon der Kirchenvater Augustinus (354-430) schrieb: „Wunder geschehen nicht wider die Natur, sondern nur gegen die uns bekannte Natur".

Und Simon Stevin (1548-1620), ein holländischer Naturwissenschaftler meinte: „Wunder sind keine Wunder". Ein Wunder, das geschieht, ist kein Wunder. Es ist durch Naturgesetze erklärbar oder ein Rätsel, das noch seiner natürlichen Erklärung harrt. Die biblischen Wunderberichte sollten veranschaulichen, dass Gott allgegenwärtig ist und in der Geschichte an uns Menschen handelt. Werden nun aber Wundererzählungen, die von einer physischen Wirkung des Geistes Gottes sprechen, wörtlich verstanden, dann wird der Geist Gottes als eine zwar außergewöhnliche, aber doch endliche Ursache neben anderen endlichen Ursachen aufgefasst. Damit wird der Geist Gottes zu einer physischen Substanz und geht sowohl seiner Geistigkeit wie seiner Göttlichkeit verlustig. Jede Verwechslung des Symbols mit dem, worauf es hinweist, kann nur Götzendienst sein. Ein Wunder kann also nicht darin bestehen, dass Gott seine eigene von ihm geschaffen Naturordnung durchbricht, um dadurch seine Macht zu beweisen. Vielmehr spielt er im besonderen Fall auf dem Instrument der natürlichen Abläufe. Der Glaube an das Realgeschehen eines Wunders wäre der falsche Versuch, den eigenen Glauben zu beweisen. Der aber braucht keine objektiven Beweise, denn wissen wäre ja kein glauben mehr.

Zu uns heute spricht nur das, was über das vordergründig bildhafte hinausweist, was die ursprüngliche Intention der Wundergeschichte war. Jesu Wunder sind immer zugleich auch Gleichnis. Die Augen der ehemals Blinden sehen fortan ihn, die Ohren der ehemals Tauben hören ihn, die, die lahm waren, dürfen ihm nachgehen und die Gebundenen werden frei für ihn, den Herrn und Heiland. „Das innere Wunder des Glaubens ist mehr als das Äußere einer Heilung" (Martin Luther).

Die Wunderberichte sprachen aus, dass in Jesus Christus das Reich Gottes angebrochen ist. Sie sprachen aus, was von nun an und endgültig von Jesus zu erhoffen war. Alle Wunder (Zeichen) atmen Auferstehung (spirant resurrectionem). Die Wunder sollen deutlich machen, wer Jesus ist und nicht, was er alles kann. Jesus wandte sich erbarmend dem einzelnen, notleidenden Menschen zu. Immer ging es ihm darum, dessen Situation hilfreich zu verändern und ihm neue Lebensmöglichkeiten zu erschließen. Hilfe durch Jesus gibt es aber nur für Glaubende. Wunder sind nur da möglich, wo Jesus auf einen intensiven Glauben stößt. Wo der aber fehlt, wird das Wunder als solches gar nicht erkannt. „Das Wunder nimmt uns die Entscheidung gegenüber Jesus nicht ab. Es überbietet das Wort nicht, sondern legt es uns aus. Wunder können mit dem Zufall verwechselt werden. Jesus und sein Wort gehen im Incognito einher" (Helmut Thielicke).

Was nach früherem Glauben nur Gott allein möglich war, schreibt Jesus allen Menschen zu, die glauben. Hier einige Zitate aus dem Alten Testament:

„Gelobt sei Gott der Herr, der Gott Israels, der allein Wunder tut" (Ps. 72,18).

„Der (Herr, der) allein große Wunder tut" (Ps.136,4).

„Sollte dem Herrn etwas unmöglich sein?" (1. Mose 18,14). Und nun Jesus:

„Alle Dinge sind möglich dem, der da glaubt" Mk. 9,23).

„Die Zeichen aber, die folgen werden denen, die da glauben, sind diese; in meinem Namen werden sie böse Geister austreiben, in neuen Zungen reden......auf Kranke werden sie die Hände legen, so wird's besser mit ihnen werden" (Mk. 16,17+18).

„Wahrlich, wahrlich, ich sage euch: Wer an mich glaubt, der wird die Werke auch tun, die ich tue und er wird noch größere als diese tun" Joh. 14,12).

Nur der Glaubende sieht im Wunderzeichen eine Offenbarung Gottes. „Wer Jesus ist, das erfahre ich nur als Jünger. Dann aber kann ich auch nur wie ein Jünger reden" (Helmut Thielicke).

Da das Wunder nicht vom Kausalgeschehen abgrenzbar ist, lässt es sich auch nicht als göttliche Tat beweisen. Für den Außenstehenden ist das Wundergeschen ein ganz normaler Vorgang, mehrdeutig und damit auch missverständlich. Es erscheint ihm wie Zauberei, die allein nur sein Staunen hervorruft. Der Glaube ist keine märchenhafte Zauberkraft, die vor Schwachheit, Krankheit, Leiden und Tod bewahrt. Der Glaube macht das Leben nicht einfacher, Der Glaube hofft auch gegen den Augenschein der Welt, selbst da noch, wo er zu zerbrechen droht (siehe dazu die Hiob-Erzählung im Alten Testament). Der Glaube hat den längeren Atem. Nichts in der Welt kann ihn widerlegen. Und nichts kann uns scheiden von der Liebe Gottes (siehe Röm. 8,39).

Die unbelebte und belebte Welt in ihrer Gesamtheit inclusive uns Menschen als Großhirnrindenwesen mit Bewusstsein und Geist ist ein Wunder Gottes, denn in allem wirkt er. Kein Ereignis kann von Menschen mit absoluter Sicherheit vorausgesagt bzw. vorausberechnet werden. „Es gibt nur zwei Wege zu leben. Lebe als sei nichts ein Wunder oder lebe, als sei alles ein Wunder", meint Albert

Einstein. Für ihn war alles ein Wunder. Das wahre Wunder aber ist unser Glaube, der in uns dort entsteht, wo wir persönlich der Welt Gottes begegnen, wo Gott uns berührt. Das Kreuz Jesu Christi führt endgültig alle menschlichen Wünsche nach Wunderzeichen ad absurdum. Alles rationale Bemühen, Glauben auf sichtbare und sichere Beweise zu gründen, wird durchkreuzt. Doch auf Jesu Kreuzestod folgt, als das größte Wunder Gottes in der Weltgeschichte, die Auferweckung und Heimholung seines Sohnes Jesus Christus. Und wenn wir ihm, dem Lebendigen anhangen und nachfolgen, dann wird Gott auch uns dereinst vom Tode auferwecken und zu sich heimholen.

„Denn wo ich je der eins mangeln sollte, der Werke oder der Predigt Christi, so wollt ich lieber der Werke denn seiner Predigt mangeln. Denn die Werke hülfen mir nichts, aber seine Worte die geben Leben, wie er selbst sagt", bekennt Martin Luther.

Die Überlieferung gibt uns also nicht eigentlich Jesu einst gesprochenes Wort wieder und weiter, sondern sie ist sein Wort heute für uns, das durch Predigten in unsere Zeit und Situation hineingesprochen und ausgelegt werden soll, damit wir es verstehen, auf das es uns anrühren und im Sinne Jesu Jesu verändern kann.

Helmut Thielicke ruft den Predigern zu: „Eine Theologie muss gepredigt werden können, weil sie selber aus der Predigt kommt". Doch: „Predige nicht von Gott und nicht über Gott, sondern vor Gott".

„Gott hat den Menschen die Rückkehr zu Ihm öffnen wollen, für die, die Ihn suchen. Daher verminderte Er Seine Erkennbarkeit in der Weise, dass Er Zeichen von sich gegeben hat, die sichtbar sind für die, die Ihn suchen und es nicht sind für die, die Ihn nicht suchen" (Blaise Pascal, 1623-1662, Mathematiker und Philosoph).

7.1 Das erste Zeichen: Die Hochzeit zu Kana oder das Weinwunder (Joh. 2,1-11)

Die uns von der Kirche überlieferten Glaubenswahrheiten oder Glaubenssätze können wir als Gefäße auffassen. Gefäße haben bei Gebrauch naturgemäß einen Inhalt. Und nur diesen Inhalt brauchen wir heute.

„Wir haben aber diesen Schatz in irdenen Gefäßen, damit die überschwengliche Kraft von Gott sei und nicht von uns" (2. Kor. 4,7).

Uns interessiert die in den Glaubenssätzen verborgene, innere Wahrheit, die uns als ganzen Menschen anspricht und indem sie unsere eigene wird, uns ganz verwandel und zu neuen Menschen macht, die Gott und die einander lieben. Das ist das ganze Gesetz, meint Jesus und in seinem Sinne auch nach ihm der Apostel Paulus. „Das ist mein Gebot, dass ihr euch untereinander liebt, wie ich euch liebe" (Joh. 15,12).

Wenn die Liebe, das Streben nach Einheit mit dem Geliebten, unser innerster

Wesenskern geworden ist, der mit unserem Bewusstsein auch unser Unbewusstes mitumfasst, dann werden wir aus unserer neuen Natur heraus, aus innerem Bedürfnis nicht mehr töten, ehebrechen, stehlen, falsch Zeugnis reden, begehren usw.. Das Gesetz, die göttlichen Gebote sind dann nicht mehr ein Fremdprinzip für uns, das uns von außen aufgeprägt wird und uns als ein Du-sollst, Du-musst gängelt. Nein!, freudig leben wir im Geist und Willen Gottes, der die Liebe ist.

„Liebe und dann tu, was du willst", spornt uns Augustinus an, denn: „Wo der Geist des Herrn ist, da ist Freiheit" (2. Kor. 3,17).

Vom reinen Bekenntnisglauben, vom reinen Gegenstandsglauben müssen wir hingelangen zum Innerlichkeitsglauben, zum Erfahrungsglauben. Innere Erleuchtung bringt uns zu einer persönlichen Beziehung zu Jesus Christus.

„Nahet euch Gott, so wird er sich euch nahen" (Jak. 4,8). „Der Fromme von morgen wird ein Mystiker sein, einer, der „etwas" erfahren hat, oder er wird nicht mehr sein", vermutete schon vor vielen Jahren Karl Rahner. Erst müssen wir den lebendigen Gott, den Schöpfer, Erhalter und Vollender der Welt unmittelbar erfahren, um als Resonanzkörper für Gottes Schwingungen voll im Gleichklang mit ihm zu schwingen, so dass wir die Welt mit seinen Augen sehen, mit den Augen der Liebe und ganz in seinem Sinne an ihr handeln und in Freud und Leid Gott Loblieder singen.

Wir lesen nun Joh. 2,1 ff: „Und am dritten Tage war eine Hochzeit zu Kana....." Wird hier von uns gefordert, das schier Unglaubliche zu glauben und es als ein reales Geschehen zu akzeptieren?

Im „Praktischen Bibellexikon", das 1990 im Herder Verlag erschienen ist, heißt es: „Die vielumstrittene Erzählung vom Weinwunder zu Kana ist durch historisch-psychologische Deutung nicht zu erhellen. Dem Evangelisten ist das Wunder ein Zeichen der eschatologischen (also die letzten Dinge betreffenden) Freude, die Jesus in der Stunde seines Todes und seiner Erhöhung den Glaubenden eröffnet. Deshalb wird Maria, die um Wunderwein bittet, getadelt und auf die Kreuzesstunde verwiesen, weil am Beispiel ihres Glaubens die Aufgabe jedes christlichen Glaubens dargestellt ist: vom innerweltlichen Heilsverlangen hinzufinden zu jener Gabe, die der Erhöhte gibt".

Im Folgenden zitiere ich aus einer eigenen Mitschrift eines Vortrages von Prof. Dr. Eckart Otto: „Johannes schrieb diesen Wunderbericht um das Jahr 100 nach Christo im ägyptischen Raum in einem Umfeld, in dem der Prophet der bedeutendste war, der die größten Wunder tat. In dem Wunderbericht wollte Johannes etwas von der magischen Kraft Jesu, als Ausdruck der Macht Gottes, anklingen lassen. Die Geschichte vom Weinwunder ist eine wahre Geschichte, drückt sie doch aus, dass dieser Gott (der Vater Jesu Christi; eigener Zusatz) mehr als die Welt ist, dass er ihr Herr ist, Herr der Natur. Die Geschichte ist sehr wahr, auch wenn Jesus nie in Kana war, wofür es gute Gründe gibt.

Nähmen wir diese Weinwundergeschichte als Bericht eines realen Geschehens, als Demonstration der Macht Jesu, „Naturgesetze" zu durchbrechen (ich füge hinzu: also etwas anders zu machen als es gewöhnlich in der Natur abläuft, in unserem Fall sich Regen im Weinstock mit anderen Nährstoffen, die die Pflanze aufnimmt, zu Traubensaft umwandelt, aus dem durch Gährung Wein wird), so würde das bedeuten, dass wir eine Sicherheit suchen, dass wir einen Wahrheitsbeweis für unsen Glauben haben wollen. Wir können aber nur glauben auch gegen den Augenschein der Welt".

Im Hebräerbrief lesen wir: „Es ist aber der Glaube eine Zuversicht auf das, was man hofft, eine Überzeugung von Dingen, die man nicht sieht" (Hebr. 11,1).

Luther merkt zu den Taten Jesu an: „Denn wo ich je der eins mangeln sollte, der Werke oder der Predigt Christi, so wollt ich lieber der Werke als seiner Predigt mangeln. Denn die Werke hülfen mir nichts; aber seine Worte, die geben das Leben, wie er selbst sagt (Joh. 6,63; 8,51)".

Joh. 6,63: „Der Geist ist es, der lebendig macht, das Fleisch hilft nichts; die Worte, die ich zu euch geredet habe, sind Geist und sind Leben". Und:

Joh. 8,51: „Wahrlich, wahrlich ich sage euch: Wenn jemand mein Wort befolgt, wird er in Ewigkeit den Tod nicht sehen".

Die Verwandlung von Wasser zu Wein als typisches Motiv der altgriechisch, heidnischen Dionysos-Legende wurde auf Jesus übertragen. In der Legende ist dieses Geschehen, das Wunder der Epiphanie = Erscheinung des hellenistisch-heidnischen Wein-, Weinbau- und Fruchtbarkeitsgottes und gleichzeitig des Gottes des Theaters Dionysos (lat. Bachus), Sohn des Gottvaters Zeus und seiner Geliebten Semele. Dieses Erscheinen wurde deshalb auf den Zeitpunkt des Dionysos-Festes, nämlich auf die Nacht vom 5. Auf den 6, Januar datiert.

In der alten Kirche verstand man noch den Zusammenhang und legte deshalb das Fest der Taufe Jesu, bei der er erkannte, wer er wirklich war, als seine Epiphanie ebenfalls auf den 6. Januar und sah diesen Tag auch als das Datum der Hochzeit zu Kana an, auf der Jesus das Weinwunder als sein erstes Zeichen tat. In Jesus erkannte man den wahren Dionysos, der allein wirklich Wein = Geist spenden kann.

„Ich kann das nicht glauben, sagte jemand zu dem großen Hieronymos (347-419/420), das ist ja eine Unmenge Wein. Der Bibelübersetzer und Kirchenlehrer antwortete nachdenklich: „Ja, wir trinken heute noch davon".

Die unerhört große Menge Wein (ca. 600 Liter) weist auf das Maßlose, alle irdischen Maße sprengende, Ewige hin.

Durch die Übertragung solch heidnischer Motive auf Jesus wurde z.B. für die Griechen der Wechsel zu der neuen christlichen Religion viel einfacher als für andere Religionsgemeinschaften, blieben sie doch weitgehend in ihrer eigenen Bilderwelt.

Zum Abschluss möchte ich Ihnen noch mitteilen, was mir die Weinwundergeschichte sagt und was sie mir bedeutet. Auch ich verstehe sie als Gleichnis. Schon weil sie nur der Evangelist Johannes uns überliefert hat, wo doch alle Jünger Jesu - dem Text nach - dabei gewesen waren.

Bedenken Sie, dass Johannes die Geschichte vom Weinwunder Jesu nach Ostern geschrieben hat. Aus diesem Grunde beginnt er seinen Bericht mit den Worten:

„Und am dritten Tage", was auf Ostern hindeuten könnte.

Das Wasser in den sechs Steinkrügen diente einer zeremoniellen Reinigung der Hände vor dem Essen, die den Juden vorgeschrieben war.

Jesus verwirft in Markus 7,3 ff diese Vorschrift als ein von Menschen gemachtes Gebot.

Ich sehe Jesus, den Repräsentanten Gottes auf dieser Hochzeit auch als den Bräutigam und als seine Braut das Volk des alten und des neuen Bundes. Das Gleichnis vom verlorenen Sohn hat mich auf diese Idee gebracht. Dort ist von Gott die Rede, der aber gleichermaßen von dem gütigen Vater, der dem zu ihm reumütig heimkehrenden Sohn freudig entgegeneilt, dargestellt wird. In Mt. 9,15 und 25,1, in Mk. 2,19+20 und in Lk. 5,34+35 gibt sich Jesus selbst als Bräutigam zu erkennen.

Jesus fügt dem Wasser, das seiner Meinung nach nicht reinigt, also dem todverfallenen, natürlichen Leben das neue , ewige Leben hinzu, symbolisiert durch den guten, köstlichen, kostbaren Wein, der seinerseits als Abendmahlswein für Jesu Blut steht. Im Blut, dem Sitz der Seele, aber dachte man sich die Lebenskraft lokalisiert. Mit dem Wein schenkt also schon der irdische Jesus seiner Braut,der Gemeinde, sich selbst, seinen Geist, sein Leben, das ewig währt.

Das Zeichen des Weinwunders hat Johannes an den Anfang aller Machttaten Jesu Christi gerückt, als das Grundzeichen, das Urbild und den Inbegriff aller Werke, die als Zeichen für die Doxa, die Herrlichkeit des Gottessohnes zu verstehen sind. Bis dahin herrschte die Zeit alttestamentlicher Gesetzlichkeit mit Ritualismus und Kultusordnung, vertreten durch das Wasser, das von außen den Menschen leidlich reinigt und in Ordnung hält.

Mit Jesus aber beginnt der Anbruch der neutestamentlichen Gnadenwirklichkeit, vertreten durch die übergroße Fülle des guten, messianischen Weines, wie wir oben schon andeuteten, der den Menschen von innen her mit überschäumender Freude und Kraft aus der Höhe zum neuen Leben belebt und erquickt . Der Mangel wird in Fülle verwandelt. Alkoholmissbrauch, so wie wir ihn heute beobachten können, war in der damaligen Armutsgesellschaft gewiss kein Problem. Gelegenheit Wein zu trinken und dann auch noch im Übermaß, gab es damals vermutlich nur selten. Darum konnte man ihn anlässlich großer Feste dann auch unbeschwert und mit Freuden genießen. Zeigte der Wein den Menschen doch, dass ihr Leben weit mehr ist als nur Arbeit und Kampf ums tägliche Brot, Entbehrung und Leid. Gott gönnt ihnen auch die Fülle des leiblichen Genusses, Spiel, Tanz und Gesang. Die in ihrem Alltag gefangenen, in Schuld und Scheitern verstrickten Menschen sind herzlich eingeladen zum großen Fest des Lebens in Gottes neuer, herrlicher Welt.

Das Offenbarungszeichen Jesu erschließt sich nur dem Glaubenswilligen und führt ihn tief in den Glauben hinein. Der Glaube beginnt mit einem rauschenden Fest. Gott gibt einen aus. Das Leben ist zum Feiern da, Hochzeit, hohe Zeit: Weinzeit. Wer Ohren hat, der höre, wer Augen hat, der sehe und wer eine Seele hat, der verstehe.

7.2 Das zweite Zeichen: Heilung des Sohnes eines königlichen Beamten (Joh. 4,43-54)

In der Geschichte der Heilung des todkranken Sohnes eines königlichen Beamten geht es um das Verhältnis von Zeichen, Glauben und Leben. Das ganze Erzählen der Perikope dient der Weitergabe dessen, wie Glaube wird.

Jesus verweigert sich der Bitte des Beamten, seinen Sohn aufzusuchen, um ihn zu heilen. Er beabsichtigt nicht, ein sichtbares Schauwunder zu tun, von dem nur ein bestaunbarer, physischer Heilungsakt sichtbar werden würde, der keinen echten Glauben an ihn, den Vermittler des wahren, ewigen Lebens, bewirken würde.

Dem Beamten sagt Jesus: „Geh hin, dein Sohn lebt". Allein durch die Macht seines Wortes beabsichtigt er eine Fernheilung des Kranken. Der Beamte muss sich allein auf dieses Wort verlassen und Jesus vertrauen.

Als der Vater merkte, dass das Fieber seinen Sohn zu der Stunde verlassen hatte, als Jesus zu ihm gesagt hatte: „Dein Sohn lebt", glaubte er mit seinem ganzen Hause.

Allein den Glaubenden offenbart sich unter dem Zeichen Jesu das göttliche Leben. Diese Heilungsgeschichte erweist Jesus als den, in dessen irdischem Dasein shon die Fülle des göttlichen Lebens verborgen ist.

7.3 Das dritte Zeichen: Die Heilung eines Kranken am Teich Betesda (Joh. 5,1-8)

Von den vielen auf Heilung wartenden Kranken, die in den 5 Hallen am See Betesda lagern, heilt Jesus an einem Sabbat nur einen einzigen Gelähmten, der schon 38 Jahre lang krank darniederlag. Vorab fragt er ihn, ob er denn gesund werden will. Willst du wirklich gesund werden? Bist du jetzt dazu bereit?

Die Bereitschaft des Kranken ist das Entscheidende. Jesu Frage ist ein Ruf zur Wandlung, zum freiwilligen Wollen, sich von Grund auf helfen zu lassen.

Dann spricht er zu dem nur indirekt antwortenden Mann: Steh auf, nimm dein Bett und geh hin! Und der Kranke steht sogleich auf und tut wie Jesus ihm geheißen. Jesus behandelt den Gelähmten wie einen Gesunden. Steh auf und geh! Das Heilungswunder geschieht durch Jesus, durch den uns das Heil vermittelt wird. Deshalb ist unsere Stellung zu ihm auch das allein Entscheidende. Nur ihm ist von seinem himmlischen Vater die Macht und der Auftrag übertragen worden, heil und lebendig zu machen. Wenn er handelt, so tut er es immer im Auftrag des Vaters, der ihn in die Welt gesandt hat, damit er ihn dort vertrete. Wer nun den Sohn sieht, der sieht zugleich auch den Vater. Die Zukunft ist bereits in die Gegenwart hereingezogen. Jetzt schon kommt man durch den Glauben grundsätzlich aus dem Bereich des Todes in den Bereich göttlichen Lebens und entgeht so dem Gericht. Der Nichtglaubende jedoch ist schon gerichtet. Jesus ist aber nicht in die alte Welt gekommen, um sie partiell zu flicken, um sie zu verbessern, sondern er ist gekommen ihr das „Neue Reich Gottes" zu bringen. Seine Aufforderung an den von ihm Geheilten, nicht mehr zu sündigen, bedeutet zum einen eine Warnung vor den Folgen der Sünde, der Ursache von noch etwas Schlimmeren als der körperlichen, psychischen Lähmung, nämlich der ewigen Verdammnis und zum anderen lässt sie das Heilungswunder dem Glaubenden als Zeichen einer endgültigen, letzten Heilung, ja des Heils selbst erscheinen.

Unter der Überschrift: „Blockade im Kopf" erschien im August 1997 die folgende Pressemitteilung: „Im wohl berühmtesten Fall einer psychischen Lähmung war die Heilung einfach: Das Jesus-Wort: „Steh auf, nimm dein Bett und geh hin" habe genügt, berichtet der Evangelist Johannes. Doch welcher Mechanismus solchen meist nach schweren psychischen Traumen beobachteten Lähmungen zugrunde liegt, war bislang unter Medizinern heftig umstritten. Nun haben der britische Neurophysiologe Peter Halligan und seine Kollegen am Fall einer 45jährigen Frau, deren linke Körperhälfte nach einem traumatischen Ereignis gelähmt war, eine plausible Erklärung gefunden. Wie sie im Fachblatt COGNITION schreiben, beobachteten sie mit Hilfe eines Kernspintomographen die Hirnaktivitäten, während die Frau versuchte, ihre Beine zu bewegen. Beim gesunden rechten Bein zeigte sich das Kleinhirn, zuständig für die Feinsteuerung von Bewegunsabläufen, aktiv. Versuchte die Frau hingegen, ihr gelähmtes linkes Bein zu bewegen, blieb dieses Areal stumm, aber dafür zeigte sich Aktivität in zwei Frontalhirnregionen, von denen angenommen wird, daß sie motorische Reaktionen unterdrücken. Diese Befehle aus dem Frontalhirn, so meinen die Forscher seien es, die offenbar physisch intakte Körperpartien einfach lahmlegen".

7.4 Das vierte Zeichen: Die Speisung der 5000 (Joh. 6,1-15)

Der Evangelist Johannes berichtet, dass Jesus mit 5 Gerstenbroten und 2 Fischen, die ihm ein Kind gab, 5000 Männer speiste und dass nach dem Essen die übriggebliebenen Brocken 12 Körbe füllten. Diese 12 Körbe sind vermutlich ein Hinweis auf die 12 Stämme Israels, die gesammelt werden sollten.
Ein sog. supranaturales, also übernatürliches Verständnis dieser Speisungsgeschichte, das meint, so habe es sich real abgespielt und darum sei es buchstabengetreu zu glauben, macht aus der Bibel ein Märchenbuch, aus Jesus einen Zauberkünstler, was er doch selbst in der Versuchungsgeschichte in der Wüste von sich gewiesen hat, und aus seinen Nachfolgern, den Christen, macht es Schizophrene, die gleichzeitig in zwei ganz unterschiedlichen Welten leben, die beide nicht zur Deckung zu bringen sind. Nämlich in einer dem Verstand unbegreiflichen, wunderbaren Wirklichkeit der Religion und daneben in einer kausalbegreiflichen, normalen Wirklichkeit, in der er lebt.
Wenn uns Heutigen ein naives Fürwahrhalten dieser Geschichte nicht mehr zu-

mutbar ist, wie können wir dann aber ihren Sinn verstehen? Was also kann sie uns heute noch sagen?

Es ist versucht worden, das Zeichen – von Wunder und von Brot- sowie Fischvermehrung ist ja in der Geschichte gar nicht die Rede – so zu deuten, dass Jesus die in einer versteckten Höhle vorher eingelagerte, für alle Anwesenden ausreichende Brot- und Fischmenge, sich von seinen Jüngern zureichen ließ, um sie an das versammelte Volk zu verteilen.

Oder aber Jesus habe dadurch, dass er die 5 Gerstenbrote und die 2 Fische an die ihm nahe Gelagerten verteilte, denen ein beispielhaftes Vorbild gegeben, die mehr als für sich selber ausreichend Proviant bei sich hatten, so dass sie davon denen abgaben, die nichts oder zu wenig bei sich hatten, um satt zu werden und so weiter. Durch das Miteinanderteilen wird die reale Nahrung mehr und mehr.

Neben diesen vordergründigen, wohl kaum zutreffenden Erklärungsversuchen gibt es aber auch einen einleuchtender erscheinenden existentialen Interpretationsversuch der Speisungsgeschichte. Denn wunderbare Brotvermehrungen wurden auch von anderen antiken, religiösen Heroen berichtet. So finden sich auch im Alten Testament -nach dem gleichen Erzählmuster- Berichte über wundersame Bereitstellungen von Nahrung im Überfluss (siehe 1. Kö. 17,7-16; 2. Kö. 4,1-7; 2. Kö. 4,42-44).

So könnte dieses legendäre „Wandermotiv" nach Ostern auf Jesus übertragen worden sein, ohne dass ein solches Ereignis tatsächlich geschehen sein müsste. In der Brotausteilung durch Jesus wird dann ein Hinweis auf sein letztes Abendmahl mit seinen 12 Jüngern gesehen. Er dankte und teilte aus.

Es geht bei der Speisung somit nicht mehr um ein leibliches Sattwerden von verderblichem, irdischem Brot. Sie weist vielmehr hin auf die unvergängliche, himmlische Speise: Fleisch und Blut Jesu Christi. Sie weist hin auf ihn, den Offenbarer Gottes selbst: „Ich bin das Brot des Lebens".

Alle Lebensmittel helfen nicht weiter, wenn das Leben selber fehlt. Jesus bietet nicht nur Lebensmittel an, sondern er verspricht dem, der glaubt, das Leben, ewiges, göttliches Leben. Schon jetzt ist der Glaubende real im Heilsbesitz. Es geht um die Teilhabe am Reich Gottes.

Wie schon weiter oben ausgeführt, wollten die Autoren des Neuen Testamentes uns nicht vordergründig mirakulöse Tatsachen berichten. Ihnen ging es vielmehr darum, Jesus den Christus zu verkündigen. Sie wollten mitteilen, was sie mit Jesus und an ihm selber erfahren hatten, wer er in Wahrheit gewesen war und in Ewigkeit für immer bleiben wird. Und das drückten sie in den Denkgewohnheiten ihrer Zeit bildhaft aus.

Auf den Bericht von der Speisung der 5000 folgt im Johannes-Evangelium ein Gespräch Jesu mit den Menschen, die diese Speisung doch eben miterlebt hatten und gerade sie stellten ihm die Frage: „Was tust du für ein Zeichen, damit wir sehen und dir glauben? Was für ein Werk tust du?" (Joh. 6,30), ganz so, als ob sie zuvor nichts mit ihm erlebt hätten!

Die existentiale Interpretation der Speisung der 5000 will also versuchen, uns von Gott zu berichten, was er an uns tut und noch an uns tun will. Er gibt uns Brot im realen und im übertragenen Sinn als geistliche Speise. Und unsere Sache ist es nun, mitzuhelfen, beides gerecht an die Hungrigen zu verteilen.

Auch die Fische in dieser Speisungsgeschichte weisen auf Jesus hin. Der Fisch war lange Zeit vor dem Kreuz das Erkennungszeichen der frühen Christenheit, wie man ihn u.a. in den Katakomben Roms, einem Versammlungsort von Christen, in einfachen stilisierten Zeichnungen an Wänden fand.

Nimmt man die einzelnen Buchstaben des griechishen Wortes für Fisch: ICHTYS , so erhält man: Jesous Christos Theos Yios Sotär, zu Deutsch: Jesus Christus Gottes Sohn und Retter.

7.5 Das fünfte Zeichen: Jesus auf dem See (Joh. 6,16-21)

Diese Geschichte von Jesu Wandeln auf dem See findet sich auch in den synoptischen Evangelien bei Mt. 14,22-33 und bei Mk. 6,45-52. Da sie im Johannes-Evangelium nur sehr verkürzt wiedergegeben ist, wenden wir uns hier der Fassung des Matthäus zu: „Jesus und der sinkende Petrus auf dem See".

Diese Geschichte ist keine Geschichte die im Nachhinein erzählt wurde. Als eine Glaubensgeschichte ist sie eine Schlüsselgeschichte. Denn als Auferstehungsgeschichte gehört sie zum Kern des Evangeliums. Nur als Auferstandener mit neuer, pneumatischer Leiblichkeit konnte Jesus über das Meer, das Todeselement, das Sinnbild des Todes und der großen Angst, gehen.

Jesus treibt seine Jünger an, in ein Boot zu steigen und auf eigenem Weg vor ihm hinüber ans andere Ufer zu fahren. Das Boot ist ein Symbol für Gemeinschaft. Jesus selbst aber bleibt allein zurück, um auf einem Berg zu Gott, seinem Vater, zu beten.

Als sich das Boot auf dem See schon weit vom Land entfernt hatte, geriet es in Seenot. Die Jünger litten unter dem Gegenwind und kamen nicht weiter voran. Aber mitten in der Nacht, zur vierten Nachtwache kam Jesus zu ihnen über das Meer wandelnd. Als die Jünger ihn da sahen, erschraken sie über die Maßen und schrieen vor Furcht, denn sie hielten ihn für ein Gespenst. Jesus aber sprach zu ihnen: „Seid getrost, Ich bin`s, fürchtet euch nicht". In dieser Anrede an die Jünger klingt die alte Gottesoffenbarung: „Ich bin, wer ich sein werde", an. Jesus kommt zu ihnen im Namen und in der Kraft Gottes. Da fragte Petrus ihn: „Herr bist du es, so befiehl mir, zu dir zu kommen auf dem Wasser". Und er sprach: „Komm her". Und Petrus stieg aus dem Boot und riskierte sich, indem er die vermeintliche Sicherheit des Bootes losließ und auf demWasser ging und auf Jesus zukam. Als er aber den starkenWind spürte, erschrak er und begann zu sinken. In seiner Not rief er: „Herr, hilf mir!". Sogleich streckte Jesus seine Hand nach ihm aus und ergriff ihn und sprach zu ihm: „Du Kleingläubiger, warum hast du gezweifelt?" Und sie traten zusammen in das Boot und der Wind legte sich. Jesu Wandeln auf dem See ist ein Epiphanie-Wunder mit Theophanie-Zügen: die Furcht, die Furchtwegnahme und die Selbstoffenbarung Jesu:

„Ich bin`s". Mitten im Sturm ist Gott auch da, so dass wir ihn finden können.
Diese Wundergeschichte ist in einer Sprache geschrieben, in der auch unsere Träume zu uns sprechen. Alles in ihr hat symbolische Bedeutung. Es geht in dieser Geschichte um die Unausweichlichkeit mit der jedes Leben über die Wellen der Angst und der Unsicherheit zum jenseitigen Ufer des Todes voranschreitet.
Die Jünger leiden unter dem starken Gegenwind, d.h. unter der Anfechtung, unter der Versuchung. Der Lebenskampf ist die Versuchung, ohne Gott, ohne Christus auszukommen. Da ist die Angst vor den Untiefen des Lebens, aber auch die Sehnsucht nach der Lebendigkeit des Lebens mit all dem Auf und Ab, dem Wind und den Wellen.
Petrus ahnt etwas von der wunderbaren Freiheit da draußen auf dem Wasser. Wie herrlich frei und lebendig könnte das Leben ohne Angst sein. Ohne Angst vor dem Versinken, ohne Angst vor dem jenseitigen Ufer, ohne Angst vor dem Tod. Petrus traut Jesu Aufforderung und wagt sich hinaus auf das wild bewegte Meer. Der Glaubende ist immer ein Aussteiger. Doch Petrus beginnt zu versinken im Meer seiner verbleibenden Angst und schreit: „Herr, hilf mir!". Jesus streckt ihm seine rettende Hand entgegen, hält ihn fest und schilt ihn einen Kleingläubigen und Zweifler.
Warum versinkt Jesus nicht im Meer der Angst? Im Gebet ist er seinem Gott begegnet und hat ihn als seinen Vater erkannt und zugleich sich als das geliebte Kind seines Vaters. Als Sohn Gottes wagt er sich hinaus in die Stürme der Nacht und siehe, das Wasser des Lebens trägt ihn. Und zu Petrus sagt er: Komm, auch du bist ein geliebtes Kind Gottes. Dir kann nichts geschehen. Die Abgründe deines Lebens sind nicht grundlos, überschreite sie mutig, denn dein Vater ist der Urgrund allen Lebens. Darum hab keine Angst mehr. Sie ist im Letzten unbegründet.
Jesus ist uns in allem allein vorausgegangen. Und er ist nicht untergegangen. Hand in Hand mit ihm, der, wenn auch unsichtbar immer bei uns ist und immer für uns da ist, glangen wir schließlich sicher und wohlbehalten ans andere Ufer jenseits des Todes und unser Zweifeln erübrigt sich.
„Die aber im Boot waren, fielen vor ihm nieder und sprachen: Du bist wahrhaftig Gottes Sohn!"

7.6 Das sechste Zeichen: Die Heilung eines Blindgeborenen (Joh.9,1-41)

Blindheit galt bei den Juden als von Gott verhängt: „Wer hat den Blinden gemacht? Habe ich`s nicht getan, der Herr?" (2. Mo. 4,11). Nach 1. Mo. 19,11 galt Blindheit als Sündenstrafe.
Im übertragenen Sinn steht Blindheit für Gesetzlosigkeit und Unglauben.
In der Heilungsgeschichte vom Blindgeborenen sagt Jesus, dass weder der Blindgeborene noch seine Eltern gesündigt haben. Es sollen die Werke Gottes an ihm offenbar werden. Somit ist für Johannes die Heilung des Blingeborenen

ein symbolisches Zeichen dafür, dass Jesu Doxa = Lichtherrlichkeit offenbar wird. Doch nur ein durch Glauben sehend gewordener vermag das Zeichen als solches zu erkennen. Ein Nichtglaubender vermag das nicht.

Die Juden erkennen Jesus nicht und bleiben deshalb, auf beiden Augen sehend, blind. Für sie ist Jesus ein sündiger Mensch, der den Sabbat nicht hält und so einer kann nach ihren dogmatischen Vorstellungen dieses Zeichen garnicht tun. Die Juden sind in doppelter Weise blind. Weil sie das äußere Geschehen des Wunders nicht sehen wollen, können sie auch nicht hinter dem äußerlich Sichtbaren des Wunders das Zeichenhafte sehen. Sie können in Jesus nicht: „Das Licht der Welt" erkennen. Der Geheilte aber wird in doppelter Weise sehend. Er erhält zum einen das natürliche Augenlicht und zum anderen das wahre Licht und ist nun im eigentlichen johanneischen Sinne „sehend" geworden. Denn er sieht nun, wer Jesus in Wahrheit ist. Er ist das Licht des Lebens (Joh. 8,12) und als solches die Offenbarung der göttlichen Wirklichkeit in Person, für ihn das Heil schlechthin. Anbetend bekennt er sich zum Menschensohn.

Nur Glaubende vermögen den Wechsel Jesu von der menschlichen (sarkischen = fleischlichen) Existenzweise zur bleibenden geistigen (pneumatischen) Seinsweise mitzuvollziehen. Nichtglaubende dagegen wissen nicht, wohin er gegangen ist. Den Glaubenden mit geöffneten inneren Augen ist Jesus Christus als das lebenspendende Licht der Welt für immer gegenwärtig. „Glaubt an das Licht, damit ihr Kinder des Lichtes werdet" (Joh. 12,36).

7.7 Das 7. Zeichen: Die Auferweckung des Lazarus (Joh. 11,1-45)

An das Ende seiner Wunder- und Zeichenberichte stellt Johannes das größte und erhabenste Wunder Jesu: Die Auferweckung des Lazarus.

Lazarus ist die griechische Form des hebräischen Namens: Eleasar = Gott hat geholfen. Im Deutschen entspricht dem der Name: Gotthilf.

Lazarus, ein Freund Jesu, ist schwererkrankt. Seine Schwestern Maria und Marta senden zu Jesus, er möge kommen und ihren Bruder heilen. Jesus aber spricht: „Diese Krankheit ist nicht zum Tode, sondern zur Verherrlichung Gottes, damit der Sohn Gottes dadurch verherrlicht werde".

Ehe er sich auf den Weg macht, wartet er bis Lazarus gestorben ist. Zu seinen Jüngern sagt er: „Ich bin froh um euretwillen, dass ich nicht dagewesen bin, damit ihr glaubt". Damit ihr mehr und stärker glaubt als bisher.

Als nun Jesus in die Nähe des Dorfes des Lazarus kommt, liegt dieser schon vier Tage im Grabe. Maria und Marta trauen Jesus sehr wohl eine Krankenheilung zu, so wie das auch einige anwesende Juden tun, mehr nicht.

Jesus aber schreit in das schwarze Loch hinein, von dem der Stein hinweggewälzt wurde: „Lazarus komm heraus". Her zu mir! Jesus ruft den Verstorbenen beim Namen, weil erlebt. Und heraus kommt ein bereits stinkender Leichnam, d.h.ein wirklich Toter, ins Leben zurück. Das ist für die Geschichte wichtig, denn als Tote galten damals schon Schwerkranke, Aussätzige und Sünder, deren Heilung nach damaligem Verständnis als Totenerweckung bewertet wurde.

Der begrenzte Glaube der beiden Schwestern wird durch dieses Erweckungsereignis zu einem grenzenlosen überhöht an den, der selbst vom Tode errettet. Der von sich selber sagt: „Ich bin die Auferstehung und das Leben. Wer an mich glaubt, der wird leben, auch wenn er stirbt" (Joh. 11,25). Die Verherrlichung des Sohnes dient zugleich der Verherrlichung des Vaters, denn beide sind ja eins.

Die uns heute vorliegende Erweckungsgeschichte ist nicht aus einem Guss. Nach Meinung von Theologen entstammt sie älteren Überlieferungen. Verschiedene Autoren und Redaktoren formten im Laufe der Geschichte die Erzählung zu der das Wunderbare überzeichnenden Endgestalt.

Es kann vermutet werden, dass die Erzählung vom leeren Grab Jesu einen Einfluss auf die Bildung und Ausformung der Lazarusgeschichte hatte. Es sollte dann, basierend auf dem Glauben an den von Gott auferweckten Jesus, ausgedrückt werden, dass Jesus schon zu seinen Lebzeiten auf Erden Macht auch über den Tod hatte. Damals schon war er der Lebendigmacher (vivificator).

Angesichts der für die nächste Zukunft erhofften, nun aber ausbleibenden Parusie, der Wiederkehr Christi, könnte die Lazarus-Erzählung auch als Ermutigung zur Hoffnung auf die Auferstehung der bereits Verstorbenen gedient haben.

Dazu lesen wir 1. Thess. 4,13-18: „Denn wir glauben, dass Jesus gestorben und auferstanden ist, so wird Gott auch die, die entschlafen sind, durch Jesus mit ihm einherführen".

Nach Günther Bornkamm will die Urgemeinde nicht sagen, wer Jesus war, sondern wer er ist, wer er für sie ist. Die Lazarusgeschichte will zum Glauben an ihn als den Sohn Gottes hinführen. Sie ist ein Beispiel urchristlicher Christusverkündigung. Sie ist eine Lehrerzählung, keine historische Geschichte. Das schon deshalb nicht, weil die drei lange vor Johannes schreibenden drei Synoptiker: Matthäus, Markus und Lukas nichts von dieser doch größten aller Wundertaten Jesu berichten.

Den Erzählern lag keineswegs daran, etwas tatsächlich Geschehenes möglichst genau zu schildern. Denn selbst die Feststellung, dass Jesus dieses oder jenes Wunder vollbracht habe, würde ihn nur in eine Reihe mit anderen zeitgenössischen Thaumaturgen, d.h. mit anderen wundertuenden Gauklern stellen und nicht seine Einzigartigkeit zeigen. Die Lehrerzählung soll vielmehr darauf hinweisen, dass Jesus Christus die Auferstehung und das Leben ist, und dass der an ihn Glaubende leben wird, auch wenn er gestorben ist. Der Glaubende ist schon aus der Macht der Sünde und des ewigen Todes befreit und hat bereits Anrecht auf das unvergängliche, ewige Leben in Gott. „Ich sterbe in Gott hinein", erhoffte Martin Buber für sich.

Das Johannes-Evangelium will also nicht über einen Lazarus von damals berichten, sondern uns, dir und mir, sagen: „Du bist Lazarus". Denn was Jesus einem Menschen ist, das ist er grundsätzlich allen Menschen. Jesu Ruf: „Her zu mir" gilt uns allen, die wir ohne ihn wohl sterben, aber nicht leben könnten.

8. Ist die Welt Gottes Schöpfung?

Im Jahre 90 nach Christi Geburt wurde auf einem Konzil die „Hebräische Bibel" der Juden festgelegt. Bis 150 nach Christi Geburt war das „Alte Testament", das mit der Hebräischen Bibel weitgehend identisch ist, die allgemeine Bibel der Christen. In diese Hebräische Bibel sind mehrere Texte aufgenommen worden, die die Schöpfung der Welt durch den einen Gott Israels, der im Neuen Testament zum Vater Jesu Christi wurde, voraussetzen.

Der erste Schöpfungsbericht: Genesis 1.1 ff (im 6. Jahrhundert vor Christus abgefasst) mit dem das Alte Testament beginnt, wurde mehrfach tradiert und dabei geändert und abgewandelt. Der Stoff durchlief mehrere theologische Filter. Schöpfung selbst brauchte damals nicht geglaubt zu werden. Denn sie war Denkvoraussetzung. Glauben und Wissen waren zur Zeit der Abfassung der biblischen Schöpfungsberichte noch eins. Das Weltbild ist kosmozentrisch, d.h. der Kosmos steht im Mittelpunkt. Das Gottesbild ist kosmologisch.

Dem ersten Schöpfungsbericht wurde ein Siebentageschema übergestülpt, nach dem Gott die Welt in sechs Tagen erschuf und am siebenten Tag ruhte. Es wird hier von sieben irdischen Tagen und nicht von göttlichen gesprochen. Die Aussage von 2. Petr. 3,8: bei Gott sind 1000 Jahre wie ein Tag und ein Tag wie 1000 Jahre, fügt sich hier nicht ein.

Der zweite Schöpfungsbericht: Genesis oder 1. Mose 2,4b-25 gibt einen Einblick in das Paradies, den Garten Eden. Er symbolisiert die Sehnsucht der Nomaden, die in Dürrezeiten von einer blühenden Oase träumten. Sein Weltbild ist anthropozentrisch, der Mensch steht im Mittelpunkt, das Gottesbild ist anthropomorph, menschengestaltig.

Der Psalm 104, der ein Nachklang auf den Sonnenhymnus des ägyptischen Pharaos Echnaton (1375-1358 vor Christus), der die Sonne als einzigen Gott verehrte, ist, spricht von der Harmonie der Schöpfung. Sein Weltbild ist geozentrisch, die Erde steht im Zentrum. Das Gottesbild ist geometrisch.

Und schließlich zeigt der Psalm 139 des Königs David (1000-960 vor Christus) Gottes Gegenwart in allem, d.h. Gott ist jedem Ort des Raumes und jedem Augenblick der Zeit gleich weit nahe.

Die ersten beiden Bätter unserer Bibel wurden als eine theologische Glaubensaussage, als ein Bekenntnis von einer Priestergruppe in der babylonischen Gefangenschaft des Volkes Israel (597-538 vor Christus) verfasst. Die Priester wollten keine astronomischen oder sonstwie wissenschaftlichen Aussagen machen. Sie wollten nicht mitteilen, wie es dereinst gewesen ist. Ihr Bekenntnis enthält den von allen Mythen geläuterten Niederschlag des Glaubens von Jahrhunderten der Israeliten. Es geht in dem Text um die zentrale Aussage, dass der eine und tatsächlich einzige Gott, der Gott des Volkes Israel alles, was ist, aus dem Nichts erschaffen hat. Die Priestergruppe wollte ihren zeitgenössischen Volksangehörigen das eigentlich unaussprechliche, inmitten einer Kultur der Vielgötterei, in einer Sprache, die sie verstehen konnten, näherbringen.

Die israelitischen Priester sind während der Deportation ihres Volkes offensichtlich nachhaltig vom babylonischen Denken beeinflusst worden. Ihrem Glaubensbekenntnis über die Weltschöpfung durch den einen und einzigen Gott stülpten sie, wie schon erwähnt, ihrem fast formalistisch strengen Text ein Siebentageschema über. Denn Vorstellungen von der Kugelgestalt der Erde mit der Gleichzeitigkeit von Tag und Nacht je nach Lage der Erdteile zur Sonne, waren ihnen ja noch nicht bekannt.

Die sechs Tagesetappen vor dem Ruhetag Gottes mag man als eine erste Vorstellung einer Entwicklung des Vielgestaltigen aus dem Einfacheren werten. Jedoch war den Verfassern die moderne Deszendenztheorie sicher noch fremd. Eher mögen sie die Geschöpfe nach theologischen Gründen plaziert haben und zwar je nach ihrer damals angenommenen größeren oder geringeren Entfernung zu Gott. Am weitesten von Gott entfernt erschien das Chaos und ihm am nächsten der Mensch.

In dem Glaubensbekenntnis der Priestergruppe bilden der Mensch und der Sabbat zwei Höhepunkte.

Gott selbst ist kein Ausfluss der Welt. Als ihr Herr, der allein Unsterblichkeit hat (1. Tit. 6,16), steht er seiner Schöpfung gegenüber. Das Weltall ist nicht ewig und nicht unendlich. Gott aber steht jenseits von Zeit und Raum. Er ruft die Erde zur mütterlichen Selbstbeteiligung auf: „Die Erde bringe hervor".

In einer bewusst abfälligen Weise wird von den Himmelskörpern als von Lampen oder von Ölfunzeln gesprochen. Sonne und Mond werden nicht näher bezeichnet, denn es gab nur ein gemeinsames, semitisches Wort für sie und das bezeichnete sie je als Gottheit. Die Gestirne besitzen aber keine eigene Mächtigkeit. Im Gegensatz zur Erdgebundenheit der Tiere schuf Gott den freien Menschen: Adam. Das Wort ist ein hebräisches Kollektivum, kein Eigenname. Es ist abgeleitet von Adama = die Rote (Ackererde). Gott schuf den Menschen, den Erdling, als sein Abbild, das ihm wesensähnlich ist.

Wenn der biblische Erzähler den Menschen von Gott aus Erde erschaffen lässt, dann will er dadurch lediglich auf dessen Hinfälligkeit und Sterblichkeit hinweisen (Herbert Haag). „Denn du bist Erde und sollst zu Erde werden" (1. Mo. 3,19). Für: schuf steht im Urtext: barah, ein exklusives, hebräisches Verb, das nur auf das Schaffen Gottes angewandt wurde. Denn Gott erschuf die Welt aus dem Nichts (creatio ex nihilo) und bediente sich dabei nicht eines vorgegebenen und belasteten Materials. Deshalb gibt es auch keine Analogie zwischen Gottes Schöpfungshandeln und den Werken von Menschen, die bei ihren „Schöpfungen" grundsätzlich immer nur Vorgefundenes umformen.

Die Gottähnlichkeit des Menschen besteht aber u.a. darin, dass er die Welt beherrsche.

Der zweite Schöpfungsbericht soll auch verdeutlichen, wieso Mann und Frau sich zueinander hingezogen fühlen. Die Frau, von Gott aus einer Rippe des Mannes geschaffen, will zurück zu ihrem Ursprung und der Mann begehrt das Stück zurück, das er eingebüßt hat.

Der zweite Schöpfungsbericht in Genesis 2,4b – 3,24 wurde von einem einzelnen Verfasser, dem Jahwisten (so genannt, weil er Gott als Jahwe bezeichnet) ca. 400 Jahre vor dem ersten Schöpfungsbericht zur Zeit des Königs Salomo geschrieben.

Gott setzt den Menschen ins Paradies, in einen parkähnlichen Garten mit den beiden Bäumen des Lebens und der Erkenntnis des Guten und des Bösen. Von dem Baum der Erkenntnis zu essen verbietet Gott dem ersten Menschenpaar.

Das Anliegen des Textes ist, Gott hat den Menschen eine Schranke gesetzt. Der Mensch tritt seine Herrschaft über die Tiere an, indem er ihnen Namen gibt. Namensgebung bedeutet Ausübung des Hoheitsrechtes: Ich bin dein Herr.

Gott ruft in Jes. 43,1 Israel zu: „Fürchte dich nicht,.....ich habe dich bei deinem Namen gerufen; du bist mein!" Gott ruft den Menschen zur Verantwortung. Er muss sich entscheiden. Dazu gab Gott ihm die Freiheit, da er ihn nicht als seelenlose Maschine oder als Marionette haben wollte.

Die Schlange, die listigste unter den Tieren, sprach zu der Frau. Warum nicht zu dem Mann? Martin Buber, der jüdische Religionsphilosoph, versuchte eine Antwort: Die beiden Menschen wurden als Kinder geschaffen. Im Orient pubertieren, beginnen logisch zu denken, die Mädchen etwa vier Jahre vor den Jungen, in Europa ca. zwei Jahre vorher. So sprach die Schlange zur Frau, weil die in ein kritisches Stadium getreten war und begann, Fragezeichen zu setzen.

Anstatt sich nach dem Verzehr der verbotenen Frucht in göttlicher Herrlichkeit zu finden: „Ihr werdet sein wie Gott", finden sich die beiden in kreatürlicher Nacktheit und Gott machte ihnen Röcke von Fellen und zog sie ihnen an.

Jede Sünde, die ein Mensch begeht, ist gegen den Totalitätsanspruch Gottes gerichtet. Der Mensch entdeckt sein eigenes Ich. In seinem ganzen Denken und Tun kreist er um dieses Ich und vergisst dabei, dass er dieses Ich allein Gott zu verdanken hat, der es ihm gegeben hat.

Die biblischen Autoren beabsichtigten ganz sicher nicht, ein wissenschaftliches oder geschichtliches Lehrbuch zu schreiben. Inspiriert von Gott wollten sie enthüllen, wer Gott ist, was er getan hat, was er tut und was er noch tun will, um von Anfang an Sünder mit sich zu versöhnen.

Auch der christliche Glaube setzt ein mit dem ersten Gebot: „Ich bin der Herr dein Gott, du sollst keine anderen Götter haben neben mir".

Die Bibel ist ein Buch oder richtiger gesagt, eine Sammlung von Büchern, in der das erste Gebot als Erfahrung ausgelegt wird. Gott, der in einem für uns undurchdringlichen Geheimnis wohnt, kommt zu uns und offenbart sich uns.

Alle Wirklichkeit, die endlich ist, wird von uns als vorgegeben erfahren. Auch hinter der Welt des Augenscheins, die der naive Realist für die einzige Wirklichkeit hält, liegt für uns Verborgenes. Zudem bilden unsere Sinnesorgane die Außenwelt ja keineswegs ab, sondern deuten sie.

Der erste Schöpfungsbericht, eine Lehrerzählung in mythischem Gewand, fürwahr ein theologisches Meisterwerk, will keineswegs naturwissenschaftliche Aussagen machen, denn die wären immer zeitbedingt, wie die Geschichte der

Naturwissenschaften zeigt. Eine wissenschaftliche Sprache wäre schnell überholt. Wenn es also in dem Schöpfungsbericht nach neueren Erkenntnissen der Naturwissenschaften klingen mag, so ist das sicher ungewollt. Die biblischen Autoren wollten mit ihren zeitlosen Aussagen an keiner Stelle Antworten auf wissenschaftliche Fragestellungen geben. Somit können ihre Aussagen auch nie in einen Gegensatz zur Naturwissenschaft treten. In der Bibel geht es um das Wer, Wozu und Warum. In der Naturwissenschaft geht es um das Wie. „Wissenschaft ohne Religion ist wenig überzeugend und Religion ohne Wissenschaft ist blind", meint Albert Einstein. Die biblischen Autoren benutzten Metaphern, bildhafte Übertragungen, Gleichnisse oder Hyperbeln, um ihren Standpunkt zu verdeutlichen. Es kam dabei nicht darauf an, wann, wie und warum es im Einzelnen geschehen ist. Mit ihren Schöpfungsberichten wollten die Israeliten ihren Gott als den Schöpfer des ganzen Universums, loben und ehren.

Die Schöpfungsberichte wollen aufzeigen, dass alles, was existiert, sein Dasein allein dem schöpferischen Wirken dieses einen Gottes verdankt. Es gibt kein dualistisches Prinzip des Bösen, wie benachbarte Religionen es damals glaubten. Das Böse kommt vielmehr durch die freie Tat der Geschöpfe zustande.

Ein buchstabengläubiges Verständnis der Schöpfungsberichte ist ihnen nicht angemessen. Es ist sogar irreführend. Denn es verfehlt den Symbolreichtum und die geistliche Kraft, die in ihnen steckt. An einer wörtlichen Auslegung festzuhalten, wo sie unangebracht ist, heißt anders gesagt, das Wort Gottes in eine Zwangsjacke zu pressen und es zu verflachen. Auch kann eine solche Vorgehensweise eine unnötige Barriere für viele Zeitgenossen errichten, die sonst für das Evangelium, für die frohe Botschaft, für die gute Nachricht aufgeschlossen wären.

Die Naturwissenschaften befassen sich nicht mit der Wahrheit, sie beschreiben nur, was an der Welt messbar und wägbar ist. Was sich so naturwissenschaftlich beschreiben lässt, umfasst deshalb nur einen Teil der ganzen Wirklichkeit. Dem aber, was sich so als ein Satz von Wissen ergibt, darf theologische Aussage nicht widersprechen, um heute noch als glaubhaft gelten zu können.

„Wohl lehrt der Glaube, was die Sinne nicht erkennen, aber niemals das Gegenteil von dem, was sie sehen. Er ist darüber aber nicht entgegen", gibt Blaise Pascal zu bedenken.

Die Theologie hat keine neuen Weltbilder geschaffen, sondern die, vielleicht von den zeigenössischen Wissenschaften übernommenen, mit der Stempelmarke des ersten Gebotes versehen. Es gibt nicht zwei Wahrheiten nebeneinander, eine des Denkens für die Welt und daneben eine andere des Glaubens. Das geistige Schisma zwischen Religion und den Naturwissenschaften aufzuheben ist längst überfällig!

Naturwissenschaft ist nur positivistisch zu betreiben. In ihr gilt ein ontologischer Positivismus. Daraus ist aber nicht zwingend auf einen Atheismus des einzelnen Naturwissenschaftlers zu schließen. Naturwissenschaft und Theologie haben nach Ludwig Wittgenstein ihr je eigenes Sprachspiel. Man muss sich darüber im

Klaren sein in welchem man sich gerade bewegt, was sich in ihm sagen lässt. Das eine ist nicht gegen das andere auszuspielen.

Wie schon gesagt, sind Objekte der naturwissenschaftlichen Forschung messbar. Gott jedoch ist nicht messbar. Folglich kann die Naturwissenschaft über Gott gar keine Aussagen machen. In diesem Sinne meinte der französische Mathematiker und Astronom Laplace, Napoleon I gegenüber, die Hypothese Gott, nicht nötig zu haben.

Zur Offenbarung Gottes, zu seinem Gnadenangebot muss man sich frei entscheiden. „Es ist aber der Glaube eine Zuversicht auf das, was man hofft, eine Überzeugung von Dingen, die man nicht sieht" (Hebr. 11,1).

Ziel der ganzen Schöpfung ist Jesus, der Gott-Mensch. Seine Präexistenz (Joh. 1,1 ff) soll besagen, meint Heinz Zahrnt, dass die Gnade Gottes keinen nachträglichen Zusatz zur Schöpfung bildet; zwecks Reparatur des Sündenfalls und etwaiger daraus folgender Pannen, sondern dass sie vom Beginn der Schöpfung an da ist.

Jesus in der Nächstenliebe immer ähnlicher zu werden, ist für uns Leibwesen der von Gott für uns vorgesehene, normale Weg. Unser Heilsziel ist, im ewigen Glück bei Gott zu leben.

Evolution, allmählich fortschreitende Entwicklung ist ein universaler Begriff, der die ganze Wirklichkeit von Welt, Leben incl. Mensch, von Kosmogenese, Biogenese und Anthropogenie umfasst. Alles ist Evolution über unvorstellbar lange Zeiträume hinweg. Z.Zt. wird das Alter des Universums auf ca, 15 Milliarden Jahre geschätzt. Nicht wie sich die Evolution abspielt, ist heute das Geheimnis, sondern dass sie sich abspielt. Schöpfung ist ihr innerster Kern. Gott schafft in Evolution. Er hält seine fürsorgliche Hand unter alle Dinge der Welt, so dass sie im Sein erhalten bleiben.

Der sog. Theismus besagt: Gott hat die Welt erschaffen und erschafft und erhält sie ständig weiter. „Creatio continua" von Gott aus gesehen im ewigen Augenblick der Schöpfung.

Der sog. Deismus besagt: Gott hat alles im Anfang erschaffen und danach läuft alles von alleine weiter ab. „Gott der blinde Uhrmacher".

Die Kreationisten, abgeleitet vom lateinischen Substantiv: Creator = Schöpfer, behaupten: „Alle lebenden Wesen wurden durch die Tat eines Schöpfers hervorgebracht. Die Schöpfung der grundlegenden Pflanzen- und Tierarten mit spezifischen Eigenarten war in den ersten Repräsentanten vollkommen. Variationsbreite und Spezialisierung sind durch den Artrahmen begrenzt. Plötzliches Erscheinen der Lebensvielfalt in hohem Organisationsgrad. Zerfall der Komplexität vom Ursprung zur Gegenwart. Der Fossilienbefund zeigt: Plötzliches Erscheinen jeder Art nach spezifischen Eigenschaften in Vollkommenheit. Scharfe Grenzen trennen die größeren Ordnungsgruppen. Es gibt keine Übergangsformen zwischen niederen und höheren Ordnungen".

Evolutionismus bedeutet: Schöpfung ohne Schöpfer.

Das Evolutionsmodell nimmt an: Alle lebenden Wesen entstammen einer einzigen lebenden Zelle, einer Urzelle, welche selbst aus unbelebter Materie entstand. Jede Art entstammt einer Vorform durch langsamen, stufenweisen Wandel oder manchmal auch durch Fulguration, durch plötzliche große Sprünge. Es herrscht unbegrenzt Wandlung. Alle Formen sind genetisch miteinander verwandt, vom Einzeller bis zum Menschen. Es ist eine stufenweise Wandlung von der einfachsten Form in mehr und mehr hochorganisierte Formen zu erkennen. Übergangsserien verbinden alle Gruppen. Es gibt keine systematischen Lücken. Zugegebenermaßen gibt es noch offene Fragen zur Entstehung der Welt und des Lebens in ihr. Aber die Evolutionslehre ist zumindest nachprüfbar und wissenschaftlicher Analyse zugänglich. Sie muss nicht abergläubisch gefürchtet werden.

Gegner der Evolutionslehre stürzen sich gerne auf die Tatsache, die garnicht geleugnet wird, dass sie nur eine Theorie ist. Damit verkennen die Gegner die wissenschaftliche Methode. Theorien sind in der Naturwissenschaft das Gerippe, auf dem Fakten gesammelt und daraus Folgerungen gezogen werden.

1998 nannte Papst Johannes Paul II die Evolutionstheorie eine erhärtete Theorie. Der Glaube darf nicht nur in ungeklärten, menschlichen Wissenslücken Zuflucht suchen. Sie könnten sich einmal schließen lassen. Wie etwa im Fall Galileo Galilei: „Und sie (die Erde) bewegt sich doch!" Die Erde ist nicht mehr, wie man annahm, feststehender Mittelpunkt des gesamten Weltalls, um die sich alles dreht. Vielmehr drehen sich sowohl die Erde wie auch die Sonne um sich selbst. Die Erde dreht sich mit 30 [km/s] in einer eliptischen Bahn um die Sonne und die Sonne dreht sich ihrerseits in einer Umlaufbahn zusammen mit ihren 9 Planete (=Wanderer) in 220 Millionen Jahren um das Zentrum unserer Milchstraße. Und diese Milchstraße befindet sich mit Milliarden anderen Milchstraßen oder Galaxien in einer Fluchtbewegung voneinander.

Gottes „Existenz" ist mit innerweltlichen Mitteln nicht zu beweisen noch begründet zu leugnen. „Wer durch Gründe bewogen wird, Gottes Wirklichkeit zu glauben, der kann sicher sein, dass er von der Wirklichkeit Gottes nichts erfasst hat. Und wer mit Gottesbeweisen etwas über Gottes Wirklichkeit auszusagen meint, disputiert über ein Phantom" (Rudolf Bultmann).

Das abrupte Auftreten von komplett ausgereiften, neuen Lebensformen ist noch kein Beweis dafür, dass diese von Gott erschaffen wurden. Beschränken wir doch nicht den Schöpfer auf einmalige Akte. Die Beziehung zwischen Transzendenz und Immanenz reißt nicht ab, bis die Welt sich an das Jenseits Gottes mit Gottes Hilfe angenähert hat und schließlich in ihm aufgegangen sein wird, so dass Gott alles in allem ist (1. Kor. 15,28).

„Seht, welch eine Liebe hat uns der Vater erwiesen, dass wir Gottes Kinder heißen sollen – und wir sind es auch!....Es ist aber noch nicht offenbar geworden, was wir sein werden. Wir wissen aber, wenn es offenbar wird, werden wir ihm gleich sein, denn wir werden ihn sehen, wie er ist" (1. Joh. 3,1+2).

Nach 2. Petr. 1,4 bekommen wir Anteil an der göttlichen Natur.

Sind die Arten konstant oder veränderlich? Der schwedische Naturforscher Carl von Linne´ (1707 – 1778) behauptete: Wir zählen so viele Arten als von Anfang an geschaffen wurden. Der Denkfehler schon lange vor Charles Darwin war, aus der Konstanz der Arten abzuleiten, dass sie von Gott erschaffen sein mussten. Der französische Naturforscher Lamarck (1744 – 1829) vertrat als erster einen Entwicklungsgedanken. Der französische Zoologe und Morphologe Cuvier (1769 – 1832) erkannte in Fossilien ausgestorbene Tierarten und begründete die Paläontologie, die Lehre von den Pflanzen und Tieren der Vorwelt.

Heute wissen wir, dass 99% der Arten, die je auf Erden gelebt haben, ausgestorben sind und die meisten davon ohne das Zutun des Menschen, wie es zu unserer Zeit immer wieder geschieht.

Cuvier glaubte nicht an einen einheitlichen Bauplan im Tierreich. Er unterschied vier Arten von Tieren: Wirbeltiere, Moluskeln, Strahlentiere und Gliedertiere, die alle voneinander durch einen großen Sprung unterschieden sind. Er vertrat die Katastrophentheorie, die er mit der Hilfshypothese von Neuschöpfungen verband. Er unterschied 27 Katastrophen. Geoffroy St. Hilaire nahm in seiner Entwicklungslehre einen einheitlichen Bauplan für das gesamte Tierreich an. Er nahm an, dass alle Tiere von einem Universaltier abstammen. Der englische Naturforscher Charles Darwin (1809 – 1882) vertrat in seinem berühmten Werk: „On the Origin of Species by Means of Natural Selection, or the Preservation of Favoured Races in the Struggle of Life" 1859 auch den Entwicklungsgedanken. Er musste zunächst zeigen, dass sich die Lebewesen differenziert hatten:

1. Werden und verwandeln der Organismen,
2. Verwandtschaft der Organismen und Organe,
3. Ursachen dieser Verwandlung und Verwandtschaft.

Da Darwin auf seinen ausgedehnten Forschungsreisen herausfand, dass die Arten veränderlich sind, ließ er bedauerlicherweise den Schöpfungsgedanken und Gott als Schöpfer fallen.

Die Bedingung für etwas Veränderliches muss etwas Unveränderliches, Absolutes sein. Wenn das Materielle veränderlich ist, muss das Absolute nichtmateriell sein. Wenn die Zeit veränderlich ist, muss es ewig, d.h. über der Zeit, alle Zeit umfassend sein. Wäre das Absolute endlich, dann könnte es vermehrt oder vermindert werden, also muss es unendlich sein. Und das Absolute muss auch personal sein, nicht ein „Es", sondern ein „Du". Wir als Personen sind kontingent, nicht wesensnotwendig und wir sind veränderlich. Der Gegensatz und der Grund für uns muss eine absolute Person sein. Es widerspricht nicht der Vernunft, dass es einen transzendenten Gott gibt. Diesen unendlichen, ewigen Gott können wir als endliche Wesen nie vollinhaltlich ausschöpfen. Es gibt keine zwingende Logik, die uns den Glauben ersparen würde.

Der englische Arzt William Harvey (1578 – 1657) entdeckte den Blutkreislauf und stellte den Lehrsatz auf: „Omne vivum e vivo", d.h.: Alles Leben kommt aus Lebendigem. Die Urzeugung: „Generatio aequivoca", lehnte er ab.

Man unterscheidet die Ontogenese, die Einzelentwicklung und die Phylogenese, die Stammesentwicklung. Jeder Organismus ist durch eine hologenetische Kette mit allen seinen Vorfahren verbunden. In der Paläontologie gibt es keine Beispiele dafür, das sich aus größeren, kleinere, grazilere Formen gebildet haben.

1758 fasste Carl von Linne´ Menschen und Halbaffen als Primaten = Herrentiere zusammen. Den heutigen Menschen, den „homo sapiens sapiens", der allein die Erde bevölkert, gibt es erst seit ca. 35000 Jahren also erst 1060 Generationen, die Generation mit 33 Jahren gerechnet.

Man unterscheidet in der der Entwicklungsgeschichte des Menschen vier Menschenarten mit vielen Spezies:

1. den „homo habilis" seit 2,5 – 3 Millionen Jahren,
2. den „homo Rudolfensis" ebenfalls seit 2,5 – 3 Millionen Jahren,
3. den „homo erectus" seit 2 Millionen Jahren,
4. den „homo sapiens" seit 200000 Jahren.

Was machte den Menschen zum Menschen? Zum einen, typisch menschliche Werkzeuge, die sich nicht mit Händen und Zähnen allein herstellen ließen, wie sie von einigen Tieren angefertigt werden. Und zum anderen die Feuerherstellung. Die älteste bisher gefundene Feuerstelle ist 1,42 Millionen Jahre alt und wurde in Afrika entdeckt. Um das Feuer , das ein Blitzschlag lieferte in Besitz zu nehmen und zu hegen und um Feuer durch Funkenschlag oder durch Reibung selber zu erzeugen, brauchten die Menschen Intellekt, Erkenntnisvermögen, Verstand und den Willen dazu.

Kann Materie aus sich allein Geist hervorbringen? Kommt das geistige Prinzip aus purem Zufall? Zufall ist der Schnittpunkt von mindestens zwei Kausalketten. Ein Anderer kann eine Absicht damit verfolgen. Wenn Biologen, wie etwa der Franzose Jacques Monod: „Zufall und Notwendigkeit", annehmen, dass wir Menschen zufällig dabei herausgekommen sind, so könnte doch Gott uns absichtsvoll gewollt haben. „Alles ist durch ihn und auf ihn hin erschaffen" (Kol. 1,16b). Der menschliche Geist ist dann als Widerschein der transzendentalen Ordnung anzusehen, ohne die es in der Welt wohl keine geordneten Strukturen gäbe.

Am Anfang der Menschwerdung war das Wort, die Möglichkeit der Verständigung untereinander. Dazu war nötig die Zusammenarbeit sowie die Bereitschaft zum Teilen. Für die Ausbreitung des Menschen über den gesamten Erdball mit seinen unterschiedlichen Klimazonen und Lebensbedingungen war die Nichtspezialisierung Voraussetzung.

Wir Menschen kommmen ziemlich unterentwickelt zu Welt. Eigenlich werden wir zu früh geboren. Und bis zum Erreichen des Erwachsenenalters brauchen wir eine erheblich längere Zeit als alle Säugetiere.Und noch als Erwachsene sind wir Kinder geblieben mit Wissbegierde, Offenheit, Experimentierlust und Flexibilität oft bis ins hohe Alter hinein und mit Spontaneität. Das Ziel des Menschen hier auf Erden scheint darin zu bestehen, möglichst „jung" zu sterben und zwar so spät wie möglich. Der springende Punkt der darwinistischen Erklärung ist das Zusammenwirken von Zufallselementen mit gesetzmäßigen Einflüssen. Sog. Mutationen sind sprunghafte, richtungslose Veränderungen der Erbanlagen.

Durch Selektion überlebt in freier Wildbahn das Individuum, das am besten an seine Umwelt angepasst ist, keineswegs immer das dem Augenschein nach stärkere. Auf den Galápagos-Inseln, die Charles Darwin auf seinen Forschungsreisen besucht hatte, überlebten flügellose Insekten, die in anderen Erdregionen mit Flügeln ausgestattet sind. Auf den Inseln waren die flügellosen Tiere denen überlegen, die beim Fliegen vom Wind ins Meer abgetrieben wurden und keine Chance zur Rückkehr hatten.

Der Zufall allein bewirkt sinnleeres Chaos. Und das Gesetz allein bwirkt sinnleeren Automatismus. Zusammen aber erweisen sich beide, wie Konrad Lorenz es einmal formuliert hat: als die beiden großen Konstrukteure des Artenwandels". Jede Anpassung bildet einen Teil der realen Welt ab, ist selber ein Abbild der realen Welt.

Es besteht ein genetischer Zusammenhang aller Arten vom Einzeller bis herauf zu uns Menschen, als der mit einer Großhirnrinde ausgestatteten, zur Zeit höchstentwickelten Art.

Der aus fossilen Funden ermittelte Stammbaum aller Lebewesen, lässt sich heute auf Grund der „fossilen Moleküle" in den lebenden Organismen bestätigen. Das Hämoglobin, der Blutfarbstoff beispielsweise ist aus 574 Aminosäuren in ganz bestimmter Reihenfolge zusammengesetzt. Beim Menschen und beim Schimpansen ist er identisch, beim Gorilla zeigt sich eine Abweichung, Beim Orang-Utan (= Waldmensch aus dem Indonesischen übersetzt) zeigen sich zwei, beim Rhesusaffen sechs und beim Pferd achtzehn Abweichungen.

Evolution heißt nicht, dass sich alles höher entwickeln muss, denn dann gäbe es heute keine Einzeller mehr.

Zur Zeit der Dinosaurier gab es Säugetiere nur in ganz geringen Maß. Und da die Dinosaurier nicht zum gewollten Menschen führten, erhielt Gott sie nicht mehr im Sein. Vor ca. 65 Millionen Jahren ließ er sie durch innerweltliche Geschehnisse, wie etwa durch Meteoriteneinschläge etc. aussterben, so dass er uns als die derzeitige Krone der Schöpfung ins Dasein rufen konnte.

Und Gott sah, dass alles, was er geschaffen hatte, sehr gut war, und das mag heißen, sehr sinnvoll und zweckmäßig. Es ist die „beste aller möglichen Welten":

9. Die Sakramente Taufe und Abendmahl

Das eingedeutschte Wort: Sakrament ist von dem lateinischen Wort: sacramentum, gleichbedeutend mit eidlicher Verpflichtung, abgeleitet. Dieser Treueid wurde zur Römerzeit von einem Soldaten nachgesprochen, wenn er in eine römische Legion eintrat. Dabei legte er seine Hände zwischen die Hände des Kommandanten der Legion.

Dieser Sakramentsbegriff wurde als Treueid eines Christen in das Christentum übernommen, wobei der Christ hier nun als Kämpfer Gottes verstanden wurde.

Die katholische Kirche kennt heute die folgenden sieben Sakramente:

1. Taufe, in der Regel als Kindertaufe vollzogen.
2. Firmung in der Regel durch Handauflegen eines Bischofs vorgenommen.
3. Buße.
4. Eucharistie = Danksagung (Abendmahl).
5. Krankensalbung, früher letzte Ölung.
6. Ehe.
7. Priesterweihe, ein dreifach gestuftes Sakrament, das einen Menschen in den Dienst Christi stellt: Bischofsweihe, Priesterweihe und Diakonenweihe.

Nach reformatorischer Auffassung sind nur Taufe und Abendmahl Sakramente, weil nur sie die Grundsituation der Erscheinung Jesu Christi bezeugen, dessen öffentlicher Weg als Wanderprediger mit der Taufe im Jordan durch Johannes den Täufer begann und mit der freiwilligen Hingabe seines Leibes und Blutes am Kreuz von Gogatha für uns (pro nobis) sich vollendete.

Taufe und Abendmahl sind aufeinander bezogen. Den Getauften, die nun eine feste Beziehung zu Jesus Christus haben, ist das Abendmahl zugedacht.

In den Sakramenten ist Jesus Christus und mit ihm Gott der Vater der eigentlich Handelnde, das primäre Subjekt der Sakramente. Vom Menschen aus gesehen sind sie reine Empfangshandlungen ohne jeden Werkcharakter seinerseits. Die Kirche hat die beiden Sakramente nur zu vermitteln.

In der Taufe sagt Gott zu dem Täufling: „Ich habe dich bei deinem Namen gerufen, du bist mein" (Jes. 43,1).

Es gibt keine konfessionell geprägte Taufe. So kann nicht von einer römisch-katholischen, orthodoxen, anglikanischen oder evangelischen Taufe gesprochen werden. Es gibt nur die von Jesus Christus selber eingesetzte, eine christliche Taufe, durch die der Täufling in den Leib Jesu hineingenommen wird. Er wird in Christi Tod hineingetauft, nicht hineingeboren, um mit ihm aufzuerstehen und nicht in eine Konfession. „Ein Herr, ein Glaube, eine Taufe" (Eph. 4,5a).

Im Abendmahl sagt Gott uns zu: „Ich bin dein".

Nach lutherischer Auffassung ist das Wort Gottes der Kern der Sakramente. Das Entscheidende ist die Evangeliumsverkündigung, das hörbare Wort (verbum audibile). Wort und Sakramente vermitteln dieselbe Gnade Gottes. „Das Abendmahl ist eine polare Ergänzung zur Predigt. Mit der Predigt haben wir auch schon alles" (Axel Denecke).

Augustinus (354-430) definierte das Sakrament als ein sichtbares Zeichen einer unsichtbaren Wirklichkeit. Das Abendmahl nannte er: das sichtbare Wort (verbum visibile) der Gnade Gottes.

In den „res sacramenti" haben wir nach lutherischem Verständnis die Grundlage für die „virtus sacramenti", die Sündenvergebung. Nach Luther ist die res vom Heiligen Geist durchdrungen, also eine pneumatische res, aber eben eine res. Dieses Wort: res ist nur schwer ins Deutsche zu übersetzen, da das deutsche Wort „Sache" das lateinische Wort „res" nicht völlig trifft. Die res darf aber nie von der virtus getrennt werden. Die res hat immer nur um der virtus ihren Wert.

An der Abendmahlsproblematik erkannte Luther die Allgegenwart Gottes (ubiquität). Als wir darüber sprachen, ob Gott in Wirklichkeit in jedweder kleinsten Kreatur, in jedem Gras, Baum usw. sei, erwiderte er (Luther): So ist es. Denn Gott ist von keiner Stelle ausgeschlossen und in keine eingeschlossen. Er ist überall und nirgends ..... Unser Gott ist außer, in und über aller Kreatur ..... So ist Gott außer allem, was da ist, denn wenn er sagt: Der Himmel ist mein Stuhl, so wird er weit über den Himmel reichen; und: Die Erde meine Fußbank, so muss er auch in der ganzen Welt sein.

Gott. So ist er auch im Teufel? Ja, sprach Doktor Martinus, auch in der Hölle wesentlich, wie Paulus bezeugt: 2. Thess. 1,9; Ps. 139,8: „Bettete ich mich in die Hölle, siehe so bist du auch da".

Das Werk Jesu Christi, die Erwerbung der Sündenvergebung für uns geschah am Kreuz an einem ganz bestimmten Ort innerhalb der Geschichte. „So ist auch Christus einmal geopfert worden, die Sünden vieler wegzunehmen" (Hebr. 9,28). Das Opfer Christi kann weder fortgesetzt, noch wiederholt, noch ersetzt, noch ergänzt werden.

Das Opfer von Seiten Gottes in Christus ist in Richtung auf uns wirksam und in keinem Sinn ein Opfer auf Gott hin, das auf ihn einwirken sollte.

Wort und Sakramente teilen nach Luther das damals von Christus Erworbene an uns aus und geben uns so Anteil am Ertrag des vergangenen Heilsgeschehens, vergegenwärtigen aber nicht das Heilsgeschehen selbst.

9.1 Die Taufe

Die christliche Taufe kann als ein Gegenstück zur jüdischen Beschneidung angesehen werden, die am 8. Lebenstag am männlichen Säugling durch Entfernung der Vorhaut vollzogen wurde (siehe Kol. 2,11+12). Sie ist das Siegel seiner Zugehörigkeit zu Jahwe, der mit dem Volke Israel einen Bund geschlossen hatte. Auch Jesus wurde als Jude an seinem 8. Lebenstag im Tempel von Jerusalem beschnitten.

Die Beschneidung geht auf eine Anordnung Gottes an Abram (= erhabener Vater, der erste Name Abrahams = Vater der Menge) dem Stammvater Israels zurück. Sie gilt dort als Siegel der Vererbung seines Segens.

Im Umfeld Abrams war die Beschneidung schon seit Jahrtausenden üblich. Sie bedeutete im Grunde nur den Anschluss an die Kultgewohnheiten damaliger Religionsgemeinschaften und Völker. Bei den Ägyptern und bei fast allen semitischen Völkern des Orients war die Beschneidung üblich.

Schon seit dem Altertum nahm man hauptsächlich hygienisch-gesundheitliche Gründe (Reinlichkeit) für diese Maßnahme an. Doch diese Begründung genügt nicht, die eindringliche Dauer dieser Sitte bis hinein in unsere Zeit gerade auf religiösem Gebiet ausreichend zu erklären. Das Alte Testament gibt in 3. Mose 19,23 einen Hinweis. Die Juden sollten die erste Ernte eines Fruchtbaumes nach drei Jahren der Schonung und des Wachstums „wie eine Vorhaut" behandeln; was im nächsten Vers als ein „Preisopfer an den Herrn" dargestellt wird.

Der Vorgang der Zeugung und der Fortpflanzung wurde als ein heiliger Vorgang angesehen, da der Mensch, wenn er neues Leben zeuge, es gewissermaßen dem Schöpfer ähnlich tue. Man verehrte also in der Fähigkeit, neues Leben zu zeugen, Gott den Schöpfer. Aus Dankbarkeit oder auch um Gott zu versöhnen empfanden die Menschen das Bedürfnis, Gott ein Opfer zu bringen. Man opferte Gott sich stark vermehrende Tiere wie Sperlinge, Tauben, Hühner oder Hasen. Manche Menschen aber glaubten sogar, dass es Gott wohlgefällig sei durch ihre eigene Kastration ihre Zeugungskraft Gott zum Opfer bringen zu müssen. Allmählich kam es, da, wo sich solche Bräuche nicht abschaffen ließen, zu einer Abmilderung der Auffassung und man gab Gott schließlich nur noch einen Teil des Ganzen (pars pro toto), nämlich die Vorhaut.

Für Heiden, die zum Judentum übertreten wollten, galten drei Bedingungen: Beschneidung, ein rituelles Reinigungsbad (Taufe) und ein Opfer. So wurden Heiden schon vor dem Auftreten Johannes des Täufers mit der sog. Proselytentaufe in die jüdische Glaubensgemeinschaft aufgenommen. Bei dieser Taufe ging es aber nicht um Sündenvergebung, sondern um die Vermittlung kultischer Reinheit. Die Proselytentaufe war eine Selbsttaufe vor Zeugen, die während der Waschung des Übertetungswilligen ein Stück aus der Thora vortrugen.

Als Joannes der Täufer und später Jesus verlangten, dass ihre Anhänger sich taufen ließen, galt das nicht als ein völlig neuer oder ungewohnter Brauch.

Als typologisches Vorbild der Taufe, als ein Stück Befreiung gilt die Rettung des Volkes Israel durch Jahwe aus dem Schilfmeer. Paulus schreibt: „Ich will euch aber, liebe Brüder, nicht in Unwissenheit darüber lassen, dass unsere Väter alle unter der Wolke gewesen und alle durchs Meer gegangen sind und alle sind auf Mose getauft worden durch die Wolke und durch das Meer" (1. Kor. 10,1+2). Ein weiteres Vorbild für die Taufe, die jetzt auch euch rettet ist: Noahs Rettung mit seiner, acht Seelen umfassenden, Familie durchs Wasser hindurch (siehe 1. Petr. 3,20+21).

Im Neuen Testament gibt es keine ausgeformte Tauflehre. Auf die Kindertaufe findet sich kein wörtlicher Beleg. Aber sie wird auch nicht ausdrücklich verboten. Luther meint dazu: „Gott verbietet buchstäblich, was er nicht haben will". Die missionarische Situation der Frühzeit des Christentums hatte es naturgemäß mit Erwachsenen zu tun. Doch findet sich an mehreren Stellen des Neuen Testamentes die sog. Oikosformel, abgeleitet von oikos = Haus. Durch das Gemeinschaftsdenken damals galt, was einem etwas angeht, das geht auch seine Familie etwas an. Wir lesen über die Taufe von : Lydia der Purpurhändlerin und ihrem Haus in Anwesenheit von Paulus (Apg. 16,15); vom Gefängnisaufseher und allen den Seinen (Apg. 16,33); von Krispus, dem Synagogenvorsteher mit seinem ganzen Haus (Apg. 18,8) und von Stephanas und seinem Haus durch Paulus selbst (1. Kor. 1,16).

„Sein ganzes Haus" schließt nach damaligem Sprachgebrauch auch die Kinder der jeweiligen Familie mit ein. Denn: „Die Kinder sind wahrlich der Häuser ein gut Stück", merkt Luther an.

Der Kirchenvater Origenes (ca.185-254) hat als erster die apostolische Sitte der Kindertaufe ausdrücklich bestätigt. Die Sache ist für ihn noch keine Streitfrage. In seiner Auslegung des Römerbriefes sagt er: „Die Kirche hat von den Aposteln die Überlieferung empfangen, auch den kleinen Kindern die Taufe darzureichen". Nach Tertullian, dem Kirchenschriftsteller (vor 160 bis nach 220) ist die Kindertaufe bereits allgemeine Regel.

Im Jahre 256 wurde zu Karthago ein Konzil abgehalten, das der Bischof Cyprian leitete. Auf diesem Konzil wurde auch eine Streitfrage über die Kindertaufe behandelt. Es ging dabei aber nicht darum, ob man auch Kinder taufen solle, sondern nur darum, ob man Kinder am zweiten oder am dritten Tag nach ihrer Geburt oder erst am achten Tag taufen solle. Die Konzilsväter entschieden sich für den zweiten oder dritten Tag.

Bis zum Ende des Mittelalters bildete sich eine Tauflehre heraus, die das Sakrament in eine Mehrzahl additiv verstandener Wirkungen zerlegte:

1. Vergebung der Erbschuld.
2. Vergebung aller etwa schon begangener Sünden.
3. Erlass aller bisher verschuldeten Strafen und Sühneleistungen.
4. Zuerteilung der rechtfertigenden Gnade Gottes.
5. Aufprägung des Charakters.
6. Öffnung der Tür zum Himmel.

Gott schuf Materielles und Geistliches. Er benutzt die materiellen Dinge, um mit ihnen die geistlichen zu den Menschen zu bringen, aber so dass im Sakrament das Wort Gottes mit den äußeren Elementen verbunden ist.

Der leibhaft (incarnatus) gewordene Gott ist der wahre, der rein geistlich angenommene, ist ein von Menschen erdachter. Deshalb erwächst uns Sicherheit, dass Gott uns erwählt hat und an uns festhalten wird, nicht aus eigenen Erfahrungen, Erwägungen und Schlüssen unseres Herzens, denn wir können dabei einem Selbstbetrug zum Opfer fallen, sondern aus den sichtbaren Zeichen mit denen Gott sich uns kundgetan, sich uns offenbart hat.

Die Taufe ist ein äußerliches Bild für Gottes inneres Werk des Abwaschens der Sünden. „Petrus sprach zu ihnen: Tut Buße und jeder von euch lasse sich taufen auf den Namen Jesu Christi zur Vergebung eurer Sünden, so werdet ihr empfangen die Gabe des Heiligen Geistes" (Apg. 2,38).

„Oder wisst ihr nicht, dass alle, die wir auf Christus Jesus getauft sind, die sind in seinen Tod getauft? So sind wir ja mit ihm begraben durch die Taufe in den Tod, damit, wie Christus auferweckt ist von den Toten durch die Herrlichkeit des Vaters, auch wir in einem neuen Leben wandeln. Denn wenn wir mit ihm verbunden und ihm gleichgeworden sind in seinem Tod, so werden wir ihm auch in der Auferstehung gleich sein. Wir wissen ja, dass unser alter Mensch mit ihm gekreuzigt ist, damit der Leib der Sünde vernichtet werde, so dass wir hinfort der Sünde nicht dienen. Denn wer gestorben ist, der ist frei geworden von der Sünde. Sind wir aber mit Christus gestorben, so glauben wir, dass wir auch mit ihm leben werden" (Röm. 6,3-8).

Wir leben nun nicht mehr vom Wert unserer eigenen Leistung, sondern allein aus der Gnade Gottes. Gott steht immer zu uns, darauf dürfen wir uns felsenfest verlassen. „Denn der Herr, dein Gott, ist mit dir in allem, was du tun wirst" (Josua 1,9; nach: Luther), oder: „Denn ich der Herr , dein Gott, bin bei dir, wohin du auch gehst" (nach: Die Gute Nachricht).

Es gibt keine neutestamentliche Belegstelle für die Heilsnotwendigkeit der Taufe. Die ersten Christen glaubten auf Grund des mythischen Denkens in ihrer Zeit, dass Gott direkt durch die Taufe handelt, dass sich die Taufhandlung selbst auf sie segensreich auswirke, weil sie Dämonen vertreibe und ihnen den Geist Christi verleihe, der Erlösung bewirkt und das Heil bringt.

Die Taufe ist aber keine magische Handlung, die durch den bloßen Vollzug (ex opere operato), also gleichsam automatisch, göttlichen Segen bewirkt und darüber verfügt, dass Gott uns unsere Sünde vergibt. Der Taufvollzug bewirkt nicht wie durch einen Zauber die Wiedergeburt (siehe Tit. 3,5) des Täuflings.

Entscheidend heilsnotwendig ist aber unser Glaube, der aus der Predigt, der Verkündigung und Auslegung des Evangeliums erwächst. „So kommt der Glaube aus der Predigt, das Predigen aber durch das Wort Christi" (Röm. 10,17).

Das Wasser der Taufe reinigt uns nicht von unserer Sünde. „Das Blut Jesu, seines (Gottes) Sohnes, reinigt uns von aller Sünde (1. Joh. 1,7).

Paulus taufte nur selten selber. Für ihn hat die Verkündigung des gekreuzigten und auferstandenen Christus, des Herrn, den Vorrang.

Man kann auch ohne Taufe Christ sein, wie man ja auch ohne Pass Mensch ist. Luther schreibt dazu: „Es kann auch einer glauben, wenn er gleich nicht getauft ist; denn die Taufe ist nicht mehr als ein äußerliches Zeichen, das uns an die göttliche Verheißung erinnern soll. Kann man sie haben, so ist's gut, dann nehme man sie; denn niemand soll sie verachten. Wenn man sie aber nicht haben könnte oder sie einem versagt würde, ist er dennoch nicht verdammt wenn er nur dem Evangelium glaubt".

Luther hatte eine theozentrische Taufauffassung. Für ihn war wichtig:

1. Das Wasser als Zeichen.
2. Die Verheißung bzw. das Wort Gottes.
3. Die göttliche Einsetzung.

Theologisch trennt Luther die Taufe nicht vom Wort Gottes.

„Wasser tut's freilich nicht, sondern das Wort Gottes, so mit und bei dem Wasser ist und der Glaube so solchem Worte Gottes im Wasser traut; denn ohne Gottes Wort ist das Wasser schlecht (= schlichtes, gewöhnliches) Wasser und keine Taufe, aber mit dem Worte Gottes ist's eine Taufe" (Martin Luther).

Das dreimalige Begießen des Kopfes des Täuflings mit Wasser ist das äußere Zeichen dafür, was Gott für uns getan hat. Das Zeichen allein bewirkt jedoch nichts. Darin ist es einem Verkehrszeichen ähnlich. Das Wasser der Taufe ist nur ein Sinnbild. Im Wasser selbst ist keine Kraft. Dass gewöhnliches Wasser Taufwasser ist, ist allein Gottes Verheißung zu verdanken. „Denn wenn man das Wort davon absondert, so ist's kein anderes Wasser als das, womit die Magd kocht" (Martin Luther). Das Wort aber, das dir zum wahren Leben hilft, kannst du dir nicht alleine sagen. Es muss dir von außen kommen.

„Und Jesus trat herzu und sprach zu ihnen: Darum gehet hin und machet zu Jüngern alle Völker; taufet sie auf den Namen des Vaters und des Sohnes und des Heiligen Geistes und lehret sie halten alles, was ich euch befohlen habe. Und siehe, ich bin bei euch alle Tage bis an der Welt Ende" (Mt. 28,18-20).

Der Taufbefehl Jesu bezieht sich auf die Gründung einer Gemeinde. Wie es gehalten werden soll, wenn schon eine Gemeinde da ist, wird hier nicht gesagt. Jesus sagt seinen Jüngern, dass sie nach der Taufe die Getauften belehren sollen. Der „Codex Vaticanus" überliefert das so: Glaube vor der Taufe oder hinterher spielt schon im Neuen Testament keine so große Rolle. Der Glaube kann auch der Taufe folgen. Der Heilige Geist kommt nach der Taufe auf den Namen des Herrn (siehe Apg. 8,14 ff); und als Paulus (nach der Taufe) die Hände auf sie legte, kam der Heilige Geist auf sie und sie redeten in Zungen und weissagten (Apg. 19,6); der Heilige Geist kommt vor der Taufe durch Petrus auf den Hauptmann Kornelius und auf alle, die bei ihm waren (Apg. 10,44).

Ein täuferisches Taufverständnis, das die Taufe auf den eigenen Glauben gründete, konnte Martin Luther nicht annehmen, weil solcher Glaube immer Gefahr läuft, ein Werk des Menschen zu sein. „Machte er (Gott) uns selig – nicht um der Werke der Gerechtigkeit willen, die wir getan hatten, sondern nach seiner Barmherzigkeit – durch das Bad der Wiedergeburt und Erneuerung im Heiligen Geist" (Tit. 3,5).

Der Glaube gründet und baut sich auf der Taufe auf und nicht umgekehrt. Er ist nicht unsere eigene Leistung. Gott muss ihn uns erst durch seine Gnade ermöglichen. Taufe geschieht nicht im Namen des Glaubens, sondern im Namen des dreieinigen Gottes. Nicht der Glaube ist Grund der Taufe, sondern Christus, der Herr. Weder Täufer noch Täufling können bei der Taufe auf Glauben hin mit Sicherheit wissen, ob sie wirklich glauben.

Die Taufe ist ein unverdientes und durch keine eigenen Vorleistungen oder Ergänzungen von uns zu beanspruchendes Gratisgeschenk (von gratia = Gnade) der zuvorkommenden, rettenden Gnade Gottes, der uns zusichert: Du bist mein Wunschkind. Meine Eltern wünschten sich ein Kind. Sie haben nicht mich gewollt. Gott aber hat mich gewollt. Er hat mich ganz persönlich gemeint. Er liebt mich so, wie ich bin, ob ich das von ihm dankbar annehme oder nicht. Gott liebt auch die, die ihn ablehnen, oftmals vielleicht gerade sie.

Christ werden ist also nicht mein Schritt hin zu Christus, den ich tue, sondern Christi Kommen zu mir.

Sündigt ein Getaufter, so hat er sich, des der Sünde Gestorbenseins in seiner Taufe, zu erinnern und wieder zur Taufe zurückzukehren (habet tamen semper regressum ad baptismum = hat er doch immer die Rückkehrmöglichkeit zur Taufe). Die Taufe bedarf der ständigen Aneignung durch den Glauben des Getauften, auf dass er immer tiefer in Christus hineinwachse. Das ganze Christenleben sei ein Hineinkriechen in die Taufe, riet Martin Luther, um die Anfangserfahrung zu erneuern und eine Umkehrerfahrung gegebenenfalls nachzuholen. Um ein Leben lang zur Taufe zurückzukehren und sich täglich der eigenen Taufe zu erinnern, schrieb Luther gelegentlich mit Kreide auf seinen Tisch: „baptizatus sum" = ich bin getauft. Die Taufe ist kein sanftes Ruhekissen auf dem wir uns ausruhen sollen. Sie ist wie ein morgendliches Weckerklingeln, das uns zuruft: Auf, frisch in den Tag, lebe der Mitwelt mit deiner Taufe im Rücken dein Christsein vor. Zeige wie glaubwürdig du im Leben bist, wie glaubwürdig du in deinem Handeln bist. Jesus selbst ließ sich von Johannes dem Täufer aus Solidarität mit den Sündern im Jordan taufen. Bei dieser, einmalig vorzunehmenden, Taufe der Buße zur Vergebung der Sünden (Mk. 1,4), erkannte Jesus, wer er wirklich war. Denn als er aus dem Wasser stieg, sah er, dass sich über ihm der Himmel auftat und der Heilige Geist wie eine Taube auf ihn kam. Und Gott sprach mit einer Stimme vom Himmel her: „Du bist mein lieber Sohn, an dir habe ich Wohlgefallen" (Lk. 3,22; Luther).

„Mein Sohn bist du, heute habe ich dich gezeugt" (Lk. 3,22; Zürcher Bibel).

„Du bist mein Sohn, heute habe ich dich gezeugt" (Lk. 3,22; Ulrich Wilckens). [Und wir verkündigen euch die Verheißung, die an die Väter ergangen ist, dass Gott sie uns, ihren Kindern, erfüllt hat, indem er Jesus auferweckte; wie denn im zweiten Psalm geschrieben steht (Ps. 2,7): „Du bist mein Sohn, heute habe ich dich gezeugt"; siehe auch (Hebr. 1,5 und 5,5)].

„Dies ist mein Sohn ihm gilt meine Liebe, ihn habe ich erwählt" (Mt. 3,17; Die Gute Nachricht).

Was bei diesem einen damals zur Zeitenwende geschah, beziehen wir Christen auf alle Täuflinge. Über allen geht der Himmel auf, Gott erklärt sich zum Vater des Getauften und der bleibt fortan für Zeit und Ewigkeit sein Kind.

„Zur Freiheit hat uns Christus befreit" (Gal. 5,1). Denn: „wo der Geist des Herrn ist, da ist Freiheit" (2. Kor. 3,17). Gott will uns nichts gegen unsern Willen aufzwingen. Er will uns zu nichts nötigen. Wir dürfen darauf vertrauen, dass er immer da ist, er der uns von Anfang an und grundsätzlich ein Leben in innerer und äußerer Freiheit, in unserm Denken und in unserm Handeln zutraut. Wir sind befreit zur Liebe zu Gott und zu unsern Mitmenschen, zur Arbeit und zur Muße. So wie wir mit Hilfe unserer Eltern und/oder unsern Erziehern in unserer Kindheit unsere eigene Freiheit entfalten konnten, so werden wir später in unserem Erwachsenenleben dank der frohmachenden Freundlichkeit Gottes frei sein.

9.1.1 Die Kindertaufe

Die Kinder- oder Säuglingstaufe gefällt Jesus sicher, denn er sagte im Hinblick auf die kleinen Kinder: „Ihrer ist das Himmelreich". Ein Baby hat noch nicht gesündigt, denn Sünde setzt Bewusstsein voraus. Gott wendet sich den Kindern zu und weil Gottes Liebe und Treue in ihm selbst und nicht in unserm Glauben gründet, gilt seine vorlaufende Zusage uneingeschränkt. Zu seiner Rettung kann der in Gott Geborgene am allerwenigsten tun. Alles hängt vom Retter ab.

Ein kleines schutzloses Kind wird auch nicht gefragt, ob es von der Mutter geliebt werden will, doch von der Liebe der Mutter umhüllt, lebt es Tag für Tag. Mit dem sichtbaren Zeichen der Taufe eines Kleinkindes wird ausdrücklich bezeugt, dass Gott mit seiner Liebe und Barmherzigkeit unserem eigenen Denken und Tun immmer schon zuvorkommt. Gottes Ja zu uns steht bereits am Anfang unseres Lebens, ja vor dem Anfang fest. Von diesem Ja her dürfen wir leben.

Die Taufe als Siegel der Liebe Gottes ist eine Liebeserklärung Gottes an uns. Durch die Taufe nimmt Gott das Recht der Kinder wahr. Sie sind nun nicht mehr nur die Kinder ihrer Eltern, die der Schöpfer ihnen anvertraut hat, Gott selber nimmt sie jetzt als seine eigenen Kinder an. Und wenn so in der Anfangszeit eines selbständigen Lebens die Erfahrung gemacht werden kann, angenommen, anerkannt und geliebt zu sein, dann gibt diese Grunderfahrung die Kraft, auch dann nicht die Flinte ins Korn zu werfen, wenn einmal Träume geplatzt sind. Erfahrene Liebe befähigt zur eigenen Liebe. Wer geliebt wird, kann auch selber lieben. Und wer liebt, hat nicht umsonst gelebt.

Bei der Kindertaufe geht es ähnlich zu wie bei der natürlichen Geburt. Ich wurde nicht gefragt, ob ich geboren werden wollte und ich wurde auch nicht gefragt, ob ich wiedergeboren werden wollte. Doch wenn die Taufe das Bad der Wiedergeburt (Tit. 3,5c) ist, dann ist die Kindertaufe das eigentlich Normale, denn die Geburt steht am Anfang des Lebens. „Taufe heißt getauft werden, sie ist ein Erleiden des Rufes Christi" (Dietrich Bonhoeffer). Gerade die Ohnmacht des Säuglings, der aus sich heraus nichts vermag, kann uns bewusst machen, dass alle Macht bei Gott liegt, der alles vermag und von dem wir alles erwarten dürfen. „Wir werden im Schoß der Kirche geboren wie die Kindlein im Schoß der Mutter" (Martin Luther).

Der Getaufte ist nach Auskunft des Neuen Testamentes nicht einer der bestehenden kirchlichen Organisationen eingegliedert, sondern in den Leib Christi, dessen Haupt Christus selber ist. Er ist das Ganze und als ein Teil des Ganzen sind wir über ihn mit Gott dem Vater verbunden. „Denn wir sind durch einen Geist alle zu einem Leib getauft ..... und sind alle mit einem Geist getränkt" (1. Kor. 12,13).

Jede Gemeinde führt ein Taufregister, in dem alle Taufen die in ihrem Bereich vollzogen wurden, eingetragen sind. Mit der Aufnahme in ein kirchliches Urkundenbuch wurde man einst auch im bürgerlich-rechtlichen Sinne existent.

Ist die Kindertaufe eine Art geistliche Vergewaltigung? Oder ist nicht vielmehr die Verweigerung der Taufe eine Gewalttat, weil dem Kind etwas Lebensnotwendiges vorenthalten wird: nämlich das, was dem Kind in der Taufe zugesprochen wird: Gottes Leben, seine Gnade, Vergebung, sein Segen und Frieden.

Nein! In der Kindertaufe wird nicht über den Glauben eines Kindes verfügt, sondern die glaubende Gemeinde bittet, dass dieses Kind mit Gottes Hilfe auch ein Mensch des Glaubens werden möge. Die Taufe ist ein zu ergreifendes Angebot.

Unser früher Lebensweg war immer abhängig und mitbestimmt von Entscheidungen, die andere für uns getroffen haben, als wir dazu selber noch nicht in der Lage waren. Es wurde beispielsweise über unsere Staatsbürgerschaft oder über unseren Schulbildungsweg entschieden. Wir waren als Kinder immer schon einbezogen in das, was das Leben der Eltern und der Familie (im Normalfall) bestimmte. Wir sind vorgeprägt durch die Sprache oder Sprachen unserer häuslichen Umwelt und damit war zum guten Teil die Art wie wir denken festgelegt.

Im Hinblick auf die Erwachsenentaufe gibt es vor allem zwei Missverständnisse. Es entspricht einerseits doch nicht der Wirklichkeit, dass man Kinder wert- und damit auch religionsneutral erziehen kann, so dass sie sich später wirklich frei entscheiden könnten. Andererseits, kann man im Bewusstsein, dass Glaube und Zweifel immer benachbart und miteinander verwoben sind sich vielleicht nie zu dem Bekenntnis durchringen: „Ich glaube". Oder man wird sich, auf Grund eines solchen Bekenntnisses, im Glanze eines Gott wohlgefälligen Standes, den man sich einbildet, sonnen. Solches ist in Freikirchen mitunter zu beobachten.

Durch die Kindertaufe wird uns gewiss nichts Böses angetan. Wir werden doch keinem Despoten überantwortet, sondern einem Herrn anvertraut, der die Macht des Guten verkörpert, dem gerade an dem gelegen ist, was für Menschen doch wünschenswert ist: ein glückliches Leben in Liebe und Freiheit.

Das Taufkind wird sich in seinem späteren Leben ganz gewiss nicht an den Tag erinnern, an dem es getauft wurde. Es kann auch nicht im entferntesten etwas von dem ahnen, was in der Taufe mit ihm geschieht, was da an ihm vollzogen wird. Die Taufe ist ein erstes Wort und ein erstes Zeichen der Liebe Gottes, die uns von allen Seiten umgibt, längst schon bevor wir sie erwidern können. Gott sagt ja zu uns, die wir noch ganz klein und hilflos sind, die wir ihm noch nicht dienen können, von denen er keinen Gehorsam erwarten kann. Gott sagt ja zu denen, die ihn brauchen. Ja, das Kind braucht Gott, so wie es auf Gedeih und Verderb auf seine Eltern oder Erzieher angewiesen ist , auf ihre Liebe und Fürsorge. Es braucht die Zuwendung und die Ansprache, Verständnis und Fürbitte anderer.

Zu den bürgerlichen Namen, die der neue Weltbürger auf dem Standesamt bekommen hat, wird ihm auf Grund seiner Taufe , so wie allen Getauften, nach Gottes Sohn: „Jesus Christus" noch der zusätzliche Name: „Christ" verliehen.

Das Ziel für das Kind ist sein Ursprung: Gott selber, dessen einmaliger Liebesgedanke es ist. Hans Jürgen Baden sagte vor langer Zeit in einer Predigt, die im Rundfunk übertragen wurde:

„Gottes eigentliche Geschichte mit uns beginnt bei der Taufe, als wir noch ganz kleine Kinder waren. Die Erinnerung an diese Tat göttlicher Liebe kann uns unser ganzes Leben hindurch eine wesentliche Hilfe sein.

In der allerersten Zeit unseres Lebens ist vieles an uns geschehen, dessen wir uns überhaupt nicht erinnern können und das wir nicht aufbewahrt haben. Wieviel Liebe haben wir von unseren Angehörigen, besonders aber von unserer Mutter, erfahren. Wir haben das völlig unbewusst zur Kenntnis genommen. Aber diese Liebe hat unser innerstes Wesen durchdrungen. Sie hat entscheidend zu unserer Entwicklung, zur Entfaltung unserer Person beigetragen.

Zu dieser menschlichen Liebe tritt nun noch eine andere Liebe hinzu, die ebenfalls unser Leben von Anfang an bestimmte und innerlich geformt hat. Die Liebe Gottes, die uns in der Taufe zugeeignet wurde. Sie ist Gnade, ein Geschenk an uns. Wir brauchen sie uns nicht erst zu verdienen. Gott kam uns immer zuvor".

9.1.2 Der Taufvollzug

Die Taufe kann auf verschiedene Art und Weise vollzogen werden und sie wurde auf unterschiedliche Weise durchgeführt. Wichtigstes äußeres Merkmal für den Täufling ist, dass er oder sie im Vollzug der Taufhandlung, die ein Täufer oder eine Täuferin an ihm oder an ihr vornimmt, mit Wasser, mit Taufwasser auf die unterschiedlichste Weise in Berührung kommt. Das kann geschehen durch:

1. babtizo (gr.) = eintauchen, einhüllen, untertauchen oder sinken,
2. ebabtisthe (gr.) = waschen,
3. cheo (gr.) = übergießen, oder durch
4. rantizo (gr.) = besprengen.

Das Entscheidende bei der Taufe ist nicht die Wassermenge, sondern das Anrufen des Namens Gottes. Nirgends in der Bibel steht geschrieben: Du sollst durch Untertauchen taufen! Zwar wurde der erwachsene Täufling, wenn es möglich war, in fließendem Wasser, in Form eines Taufbades, durch den Täufer untergetaucht, um die Ersäufung = Tötung des alten Adam, wie Luther sagte, die Tötung des alten, sündigen Menschen bildhaft darzustellen. Doch Jesu Tod war kein Tod durch Ertränkung. Diese Interpretation konnte sich nur deshalb an die Taufe heften, weil sie nun einmal das christliche Initiations-Sakrament war und nun im Sinne eines solchen nach hellenistischer Auffassung gedeutet wurde.

Alttestamentlich-jüdischem Denken ist eine solche Interpretation fremd, denn es kennt nicht kultische Begehungen, die im Schicksal der Gottheit begründet sind und dieses vergegenwärtigen, sondern nur solche, die in der Geschichte des Volkes Israel ihren Ort haben.

Jesu Schicksal als kultbegründend zu verstehen und den abgeleiteten Kult als

Feier zu deuten, die den Feiernden in die sakramentale Gemeinschaft mit Jesus Christus bringt, so dass dessen Schicksal jetzt auch für ihn gültig ist, entspricht einem hellenistischen Mysteriengedanken. Die Wirkung der so verstandenen Taufe wird nun nicht in der Reinheit von Sünde, dem Schutz durch den Kyrios = durch den Herren und der Verleihung des Heiligen Geistes gesehen, sondern in der Überwindung des Todes und im Gewinn des neuen Lebens. Paulus gibt sich freilich große Mühe, damit die Freiheit von Sünde zu verknüpfen.

In der Didache = Zwölfapostellehre, einem apokryphen Brief aus den Jahren 90 – 150 findet sich ein Hinweis auf die Taufe durch Übergießen. Es wurden damals nicht nur Erwachsene getauft. Albertus Magnus (1193? – 1280) vermerkt noch als Kuriosum, dass in einzelnen Kirchen die Taufe nur durch Übergießen vollzogen wurde.

Thomas von Aquin (1225/27 – 1274) empfiehlt das totale Untertauchen des Täuflings bei der Taufe als sicherer.

Mehrere Synodalbeschlüsse des 13. Jahrhunderts suchen das Übergießen (superfusio) auf Notfälle zu beschränken, jedoch vergeblich.

Papst Klemens V und das Konzil zu Ravenna erklärten 1311, dass es gleichgültig sei, ob durch Untertauchen oder durch Besprengen getauft würde.

Martin Luther (1483 – 1546) taufte Kleinkinder durch völliges Untertauchen des entkleideten Babys, wie man es auf zeitgenössischen Bildern sehen kann. Diese Art der Taufe ist heute beispielsweise noch in der Russisch-Orthodoxen Kirche gängige Praxis.

Die Besprengungstaufe ist bereits durch den Propheten Hesekiel im Alten Testament als Taufe der Messiaszeit vorausgesagt worden: „Ich will reines Wasser über euch sprengen, dass ihr rein werdet; von all eurer Unreinheit und von allen euren Götzen will ich euch reinigen" (Hes. 36,25).

Gott hat die Taufe mit dem Heiligen Geist an Jesu Jüngern durch Ausgießen vollzogen. Wenn Gott selber so tauft, ja, dann werden wir es wohl auch dürfen. Das tiefere Wesen der Taufe besteht doch darin, dass wir mit Heiligem Geist getauft werden, wie Johannes der Täufer von Jesus gesagt hat: „Der wird euch mit dem Heiligen Geist und mit Feuer taufen" (Mt. 3,11). Denn: „Wer Christi Geist nicht hat, der ist nicht sein" (Röm. 8,9).

Konsequenterweise hätte man das Wasser bei der Taufe durch einen Lufthauch ersetzen können, da Jesus durch seine Jünger mit Heiligem Geist taufen ließ.

Der Begriff: auf den Namen (des Sohnes taufen) stammt aus dem antiken Bankwesen und meint: auf das Konto von: .....

Davon zu unterscheiden ist: im Namen Gottes taufen. Das heißt soviel wie vom lebendigen Gott selber getauft zu werden, in sein Eigentum hinein, aus dessen Hand uns niemand mehr reißen kann.

In der evangelischen Landeskirche werden Taufen zumeist im öffentlichen Gottesdienst der Gemeinde oder in einem besonderen Taufgottesdienst vollzogen.

Wird ein Kleinkind getauft so sind an der Taufhandlung in der Regel die Eltern des Kindes und seine Taufpaten beteiligt. Sind Taufpaten verhindert, so werden sie durch Taufzeugen vertreten.

Nachdem der Täufer Jesu Taufbefehl: „Matthäi am Letzten" Mt. 28,19+20: „Darum gehet hin und machet zu Jüngern alle Völker: Taufet sie auf den Namen des Vaters und des Sohnes und des Heiligen Geistes und lehret sie halten alles, was ich euch befohlen habe. Und siehe, ich bin bei euch alle Tage bis an der Welt Ende" und Mk.16,16: „Wer da glaubet und getauft wird, der wird selig werden" gesprochen hat, tritt er zu dem Täufling und bezeichnet ihn an Stirn und Brust mit dem Kreuzeszeichen. Dabei spricht er: „Nimm hin das Zeichen des heiligen Kreuzes an der Stirn und an der Brust, weil du durch Jesus Christus den Gekreuzigten erlöst bist". Der Täufling soll der Gewalt des Bösen entrissen werden und in den Machtbereich des Kreuzes gestellt werden. Damit wird er der Gnade Gottes anempfohlen.

Nach einem Gebet des Täufers, einem Tauflied, das die Gemeinde singt, und der Taufpredigt, die mit Fragen an die Eltern und Paten endet und die diese stellvertretend für das unmündige Kind beantworten, legt der Täufer gemeinsam mit den Paten dem Täufling die Hand auf (siehe Hebr, 6,2). Es folgt das Vaterunser. Für den Täufling gilt von nun an: Gott hält seine schützende Hand über dir. Ohne sein Wissen und Wollen wird dir hinfort nichts mehr geschehen.

Seit den ersten Jahrhunderten der frühen Kirche findet man den Exorzismus („Im Namen Jesu weiche von mir Satan!") in der Taufliturgie, da die Taufe vorwiegend an Erwachsenen, die bereits gesündigt hatten, vollzogen wurde.

Der Täufling entsagt vor seiner Taufe im „Gebet der Errettung" oder im „Gebet für die Austreibung des Teufels" dem Teufel oder verweigert sich ihm. Bei einer Säuglingstaufe, so wurde es im Oktober 2002 auf Arte bei einer französisch katholischen Taufe gezeigt, versprechen Eltern und Paten die Entsagung oder Verweigerung für das Kind. Danach sprechen Täufer, Eltern und Paten als eine Art Verpflichtung gemeinsam das Apostolische Glaubensbekenntnis.

In der nun folgenden Taufhandlung gießt der Täufer dem Kind, das er mit seinem Namen nennt, dreimal eine Handvoll Wasser über den Kopf und spricht dabei: „Ich taufe dich im Namen des Vaters und des Sohnes und des Heiligen Geistes". Nach der so vollzogenen Taufe legt der Täufer dem Täufling die Hand auf und wünscht ihm: „Der allmächtige Gott und Vater unseres Herrn Jesu Christi stärke dich mit seiner Gnade zum ewigen Leben".

Wo es noch üblich ist, wird nach der Handauflegung der Taufschleier von den Eltern, Paten und dem Täufer über den Täufling gehalten: „Nimm hin das weiße Gewand als Sinnbild der Gerechtigkeit Christi". Als man in der Taufe Christus übereignet wurde, hat man Christus wie ein Gewand angezogen. „Denn ihr alle, die ihr auf Christus getauft worden seid, habt Christus angezogen" (Gal. 3,27).

Wo Taufkerzen in Gebrauch sind, übergibt der Täufer einem Paten für den Täufling eine brennende Kerze, die oft an der Osterkerze der Kirche entzündet wird. Der in der Taufe für den Täufling erbetene Weg ist die Nachfolge Jesu Christi und der Kampf gegen die Sünde, die Trennung von Gott. Auf diesm Weg ist „Jesus Christus das Licht". Die Taufkerze soll den Täufling daran erinnern, dass die Auferstehung Jesu auch für ihn gilt. Das strahlende Licht von Ostern soll auch ihm sein Leben lang leuchten und ihn an seinem Lebensende durch seinen Tod hindurch zu Gott ins ewige Leben begleiten.

Um alle Standesunterschiede aufzuheben, trug man bei der Taufe nur weiße Gewänder und keinen Schmuck.

Wenn der Täufling zu urchristlicher Zeit bei seiner Taufe im Wasser stand, rief er aus: „Kyrios Jesus" = Jesus ist der Herr. Das ist das älteste Taufbekenntnis.

Paulus sagt uns in Röm. 10,9 unsere Rettung zu: „Denn wenn du mit deinem Munde bekennst, dass Jesus der Herr ist und in deinem Herzen glaubst, dass ihn Gott von den Toten auferweckt hat, so wirst du gerettet". Und 1. Kor. 12,3 verkündet er: „Niemand kann Jesus den Herrn nennen außer durch den Heiligen Geist".

9.1.3 Die Paten

Das deutsche Wort: Pate ist von dem lateinischen Begriff: pater spiritualis = geistlicher Vater abgeleitet. Früher nannte man einen Taufpaten: Gevatter. Dieses Wort ist abgeleitet von dem lateinischen Begriff: compater = Mitvater.

Ins Patenamt wird man berufen oder gewählt. Ein Patenkind soll mindestens einen Paten haben, jedoch nicht mehr als sechs, in der Regel zwei bis drei.

Paten sind meistens auch Taufzeugen. Sie können sich aber bei Verhinderung auch vertreten lassen. Erwachsene Täuflinge bedürfen keiner Paten aber eines oder mehrerer bei der Taufe zugegenen Zeugen.

Nach dem 14. Lebensjahr wird der Getaufte religionsmündig. Und nach seiner Konfirmation bekommt er das Recht, seinerseits ein Patenamt zu übernehmen.

Das Patenamt kann antreten:

1. Wer zur Gemeinde oder zu einer anderen christlichen Kirche gehört. Wenigstens die Hälfte der Paten sollen der evangelischen Kirche angehören.
2. Wessen Kind getauft (und konfirmiert) ist und an einer christlichen Unterweisung teilgenommen hat.
3. Wer dieses Amt gewissenhaft ausüben will.
4. Wer zur Taufe seines Patenkindes als Taufzeuge anwesend ist. (Notfalls kann sich ein Pate im Verhinderungsfalle von jemand anderem vertreten lassen).
5. Wer als auswärtiger Pate die entsprechende Patenbescheinigung seiner Heimatgemeinde vorlegt.

Den Paten wird gesagt, der Täufling empfange als Kleinkind das Sakrament der Taufe nicht auf den eigenen Glauben hin, sondern auf den der Eltern und der Gemeinde. Gemeindeglieder sind Zeugen der Taufe oder können es sein. Es ist ihre Aufgabe, für Eltern, Paten und für den Täufling vor Gott einzustehen. Sie vertrauen den Paten das Kind ganz besonders an. Und darum müssten diese ihre Bereitwilligkeit zur Übernahme ihres neuen Amtes feierlich als ihren aufrichtigen Willen bekräftigen: „Ja mit Gottes Hilfe". Sie sind nun für die christliche Erziehung ihres Patenkindes mitverantwortlich. Sie sollen dem Kind ihren Glauben vorleben und ihm so als Vorbilder helfen, zum eigenen Glauben zu kommen und sich seiner Taufe zu erfreuen. Sie sollen ihm in Glaubensfragen Rede und Antwort stehen, biblisches Wissen vermitteln und für es beten. Die Paten sollen für ihr Patenkind gewissermaßen Brücken zu Gott sein. Das kommt in dem englischen Wort für Pate: „godfather", frei übersetzt: „Vater von Gott" gut zum Ausdruck. Die Paten sollen ihr Patenkind in die Gemeinde begleiten und mit dafür sorgen, dass es sich in ihr wohlfühlt.

Paten, Eltern und Gemeinde nehmen dankbar aus der Hand Gottes, was er ihnen mit diesem Kind geschenkt hat und geben es ihm als sein Kind zurück, überantworten es ihm. Und er gibt es ihnen seinerseits als seine Leihgabe wieder zurück. Die Taufe bedeutet darum ein doppeltes Ja; ein Ja zu Gott und eins zur Gemeinde, die der Leib Jesu Christi ist.

9.1.4 Die Konfirmation

Das Wort Konfirmation ist abgeleitet von dem lateinischen Verb: confirmo = befestigen, festmachen, sichern, dauerhaft machen.

Die Kindertaufe verlangt die Konfirmation, in der die, bei der Taufe fehlende persönliche Glaubensentscheidung nachgeholt wird. Das Ja Gottes, das im Taufakt ausgesprochen ist, kommt im Ja des Getauften zu seinem Ziel, das dieser in seinem ganzen Leben immer wieder neu spricht. Dieses Ja ist durch die Erwachsenentaufe als sog. Glaubenstaufe nicht anders qualifiziert als das Ja, das ein als Kind Getaufter später bei seiner Konfirmation als Bekenntnis seines eigenen Glaubens spricht. Fehlt das Ja des Menschen, so ist damit Gottes Ja keineswegs aufgehoben, bedeutungslos oder ungültig. Es bleibt nach Luther unabhängig von unserem Glauben. Im großen Katechismus schreibt er: „Tölpische Geister schließen: wo der Glaube nicht recht ist, da müsste auch die Taufe nicht recht sein. Gerade als wollte ich schließen: wenn ich nicht glaube, so ist Christus nichts".

Nach eventuell voraufgegangenen Kindergottesdienstbesuchen erfolgt die erste bewusste Begegnung mit der Kirche im Alter von 12 Jahren im Konfirmandenunterricht. Je nach Landeskirche hat er eine Dauer von 6 Monaten bis zu 2 Jahren. Der Konfirmandenunterricht ist eigentlich ein nachgeholter Taufunterricht.

Im feierlichen Konfirmationsgottesdienst bestätigen und bekräftigen die Konfirmandinnen und die Konfirmanden die an ihnen als Kleinkind vollzogene Taufe und nehmen sie im Nachhinein dankbar als Geschenk Gottes an. Auf die Frage der Pastorin, des Pastors, ob sie oder er: „in diesem Glauben wachsen und alle Zeit leben will", antwortet sie oder er, wie die Eltern und Paten bei ihrer oder seiner Taufe stellvertretend für sie oder ihn geantwortet haben: „Ja, mit Gottes Hilfe". Früher wurde bei der Konfirmation von den Konfirmandinnen und von den Konfirmanden eine Art Treuegelübde abgelegt.

Die Konfirmierten sind nun mündige Mitglieder der Gemeinde und sind ab jetzt zum Abendmahl und zum Patenamt zugelassen.

Die Konfirmation ist seit dem 4.Jahrhundert nach Christus bekannt. Als ihr theologischer Vater in der Reformationszeit gilt der Reformator Martin Bucer (1491 – 1551), der sie seit 1534 in Straßburg, Elsaß forderte und zuerst in der hessischen Kirche verwirklichte. Seit dem 19. Jahrhundert ist die Konfirmation in ganz Deutschland üblich.

9.1.5 Die Tauferinnerung

In einigen evangelischen Kirchen werden vorwiegend in der Osternacht Tauferinnerungsfeiern durchgeführt. Der Getaufte vergewissert sich seiner Taufe, indem er von einem anderen Getauften mit, von einer Pastorin oder von einem Pastor, gesegnetem Wasser ein Kreuz auf die Stirn gezeichnet bekommt und an dem in gleicher Weise verfährt. Diese Kreuzzeichenhandlung wird in einigen Gemeinden von einer Pastorin oder von einem Pastor durchgeführt.
Eine andere Form der Tauferinnerung, die auch in einigen Gemeinden praktiziert wird, besteht darin, dass man selbst dreimal ganz im Taufwasser untertaucht und dabei zu sich selber sagt: ich bin getauft im Namen oder auf den Namen des Vaters und des Sohnes und des Heiligen Geistes.

9.1.6 Die Wiedertaufe

Manche Gemeindeglieder der evangelischen Landeskirche, die als Säuglinge in dieser ihrer Kirche getauft worden sind, halten die Babytaufe, aus welchen Gründen auch immer, für unwirksam und lassen sich als Erwachsene in einer baptistischen Gemeinde oder in einer Freikirche noch einmal taufen, bleiben aber inkonsequenterweise Mitglieder in der Landeskirche.
(Es gibt auch eine Taufe mit Vorbehalt. Sie wird unter dem Vorbehalt durchgeführt, dass sie nur dann gültig ist, wenn eine früher vollzogene Taufe aus formalen Gründen nicht gültig ist).
Bei der sog. Groß-, Gehorsams- oder Glaubenstaufe werden die Täuflinge mit Hilfe des Täufers ganz im Wasser eines speziellen Taufbeckens, notfalls in einer Badewanne oder in einem geeigneten Gewässer untergetaucht. Dieses völlige Untertauchen wird für unbedingt notwendig gehalten, damit die Taufe gültig ist. Manchmal jedoch bleiben bei dieser Taufform die Hände des Täuflings, die der Täufer bei dessen Untertauchen festhält, oberhalb des Wassers trocken in der Luft, wie ich es selber beobachten konnte. Der Täufling war also bei seiner Taufe gar nicht ganz im Wasser untergetaucht.
Offenbar ist den Menschen, die sich zum zweiten Male taufen lassen, gar nicht bewusst, dass sie sich mit dieser Wiedertaufe außerhalb der Ordnung ihrer Kirche stellen und das heißt, sie als Kirche nicht mehr anerkennen.
Nach Luther handeln die Wiedertäufer gegen Gott, gegen die Natur und gegen die Vernunft. Sie würden der Ordnung Gottes schaden und sie lästern. Sie würden die Einmaligkeit der Taufe leugnen. Auch würden sie vergeblich eine besse-

re Gerechtigkeit suchen.

Im kleinen Taufunterricht einer Hamburger Pfingstgemeinde heißt es: „Den wunderbaren, tiefen Sinn der Taufe können Kleinkinder unmöglich erfassen. Die Taufe ist ein Glaubensbekenntnis, ein Glaubenswagnis, ein Gehorsamsschritt".

Die Taufhandlung beginnt in dieser Gemeinde mit dem persönlichen Bekenntnis des Täuflings. Nach Verlesung des Taufspruches spricht ein Pastor ein Gebet. Danach steigt der Täufling hinab in das Taufbecken, um von einem dort wartenden, anderen Pastor im Taufakt untergetaucht zu werden. Der Pastor spricht dabei: "Auf den Befehl Jesu auf Grund deines Bekenntnisses für deinen Glauben an Jesus Christus taufe ich dich Schwester/Bruder .... in den Tod Jesu im Namen des Vaters, des Sohnes und des Heiligen Geistes". Amen

Anschließend spricht ein Angehöriger des Täuflings oder ein Gemeindemitglied ein Gebet. Und nach einem gemeinsamen Lied segnen ein Gemeindeältester und ein Pastor den soeben Getauften durch gemeinsames Handauflegen.

„Wer den reflektierenden Glauben zur Vorbedingung der Taufe macht, degradiert", nach Ansicht Hans-Otto Wölbers, „den Glauben zum Werk". Als Erläuterung der Taufe dienen Geburt und Tod als einmalige Geschehnisse. Bei unserer Geburt stellte uns niemand eine Frage, so wie uns auch bei unserem Tod niemand vorher fragen wird. Wer kann denn zu seinem Begrabenwerden und zum anschließenden Auferwecktwerden durch Gott selber etwas hinzutun?

In der Taufe wird nach Luther unser „Alter Adam", unsere alte, sündige Natur, die Gott misstraut und nicht das will, was er will, getötet und danach erfolgt die Auferstehung des neuen Menschen, weil wir in der Taufe teilhaben am Sterben und Auferstehen Jesu Christi. Und da Gott den Getauften als Gestorbenen und Auferweckten ansieht, ist er es in Wahrheit, nicht nur symbolisch, sondern tatsächlich. Jesus Christus ist sein neues Ich und mit ihm wird er nach seinem physischen Tod auferstehen zum ewigen Leben in Gott. „Ich lebe, doch nun nicht ich, sondern Cristus lebt in mir" (Gal. 2,20a). Darum ist die Taufe als Beginn des neuen Lebens einmalig und unwiederholbar. Sie wird auch nie ungültig und ist auch auf keine Art und Weise rückgängig zu machen, etwa durch den Abfall vom Glauben oder durch einen Kirchenaustritt.

9.1.7 Die Würdigkeit des Täufers

Wäre die Taufe von der Würdigkeit oder vom rechten Glauben des Täufers abhängig, dann dürfte kein Mensch, zu welcher Glaubensrichtung oder Kirche er auch gehören mag, eine Taufe vollziehen. Denn welcher Prediger und Täufer kann und darf mit Gewissheit von sich selber sagen: „Ich bin würdig vor Gott". Es darf den Täufer trösten, dass er nicht in seinem eigenen Namen handelt, sondern im Namen Jesu Christi. Nicht der Täufer, sondern Christus ist der eigentlich Handelnde bei der Taufe. Darum können auch seine unwürdigen Werkzeuge sein Wort bei der Taufe verkündigen und mit Wasser vollgültig taufen.

9.1.8 Die Nottaufe

Die christliche Taufe ist auch die Ordination zum allgemeinen Priestertum. „Sind nicht auch wir Laien Priester?", fragt Tertullian (160 – 220), „Wo drei versammelt sind, ist Kirche, auch wenn es sich um Laien handelt".

Und Chrysostomos erklärt den Getauften: „So wirst auch du zum König, Priester und Propheten gemacht in der Taufe".

„Ihr aber seid das auserwählte Geschlecht, die königliche Priesterschaft, das heilige Volk, das Volk des Eigentums, das ihr verkündigen sollt die Wohltaten dessen, der euch berufen hat von der Finsternis zu seinem wunderbaren Licht" (1. Petr. 2,9).

Als getaufte Christen sind wir Priester und Könige (siehe Offb. 1,6 und 5,10).

Und Martin Luther schreibt: „Durch die Taufe werden wir alle zu Priestern geweiht".

Von jedem getauften Christen kann eine gültige Nottaufe vorgenommen werden, wenn die notvollen Umstände das Herbeiholen eines Pastors oder einer Pastorin nicht mehr zulassen oder keiner oder keine zu erreichen ist.

Wenn schnelles Handeln geboten ist, genügt es, den Täufling, egal welchen Alters er ist, durch dreimaliges Begießen des Kopfes mit Wasser zu taufen und dabei die Taufformel zu sprechen: „Ich taufe dich im Namen Gottes des Vaters und des Sohnes und des Heiligen Geistes".

Wenn es die Umstände zulassen, wird:

1. Der Taufbefehl Jesu: Mt. 28,16 – 20 gelesen,
2. der Täufling an der Stirn und an der Brust mit dem Zeichen des Kreuzes gesegnet,
3. das Vaterunser gebetet,
4. das Apostolische Glaubensbekenntnis gesprochen,
5. die Wassertaufe vollzogen und
6. unter Handauflegung dem Neugetauften der Taufsegen gespendet.

Bei einer Nottaufe sollte ein Zeuge anwesend sein, der die vollzogene Nottaufe später bestätigen kann. Dieser Taufzeuge oder diese Taufzeugin muss nicht unbedingt ein Christ sein.

Die vollzogene Nottaufe ist möglichst umgehend dem zuständigen Pfarramt zur Bestätigung und Eintragung in das Taufbuch mitzuteilen und dort sind auch die näheren Umstände zu beschreiben, die zu dieser Nottaufe geführt haben.

9.2 Das Abendmahl

Im Neuen Testament lassen sich vier Wurzeln für das Abendmahl, das im christlichen Gottesdienst gefeiert wird, finden:

1. Das jüdische Passahmahl. (Rettung bedeutete, Blut vom Opferlamm an die Türpfosten zu streichen, denn dann ging der Würgeengel am Hause vorbei).
2. Die Tisch- oder Mahlgemeinschaft der Juden. Gastfreundschaft galt im Nahen Osten nahezu als das denkbar Höchste. Jesus hielt Mahl mit Zöllnern, Dirnen und anderen, die auch als Sünder galten.
3. Der Stiftungsanlass des Abendmahles: Jesu letztes Mahl mit seinen 12 Jüngern, sein Abschiedsmahl am Tag vor seinem Kreuzestod, an dem auch Judas Iskariot teilnahm, bevor er ging, ihn zu verraten.
4. Das Abendmahl, das Jesus als Auferstandener mit 2 Jüngern, die ihn an der Art und Weise erkannten, wie er ihnen das Brot brach, in Emmaus feierte.

Nach lutherischer Lehre darf das Abendmahl nur von einem ordinierten Pastor oder einer ordinierten Pastorin an die Gemeinde oder an einzelne Gemeindeglieder ausgeteilt werden, damit es keinen Wildwuchs gibt. Das kirchliche Amt gilt als göttliche Stiftung. Es ist jedoch nicht das besondere Amt des Pastors oder der Pastorin, was die Bedeutung des Amtes ausmacht. Diese bekommt es allein aus der Gegenwart Jesu Christi selbst.

Luther selber hat die Nottaufe durch jeden Christen im Falle, dass kein Pastor erreichbar ist, bejaht und die Notabsolution in der Laienbeichte zum Teil zugelassen aber ein Notabendmahl ganz abgelehnt.

Zu Beginn der Abendmahlsfeier spricht der Pastor oder die Pastorin die folgenden Einsetzungsworte: „Unser Herr Jesus Christus, in der Nacht, da er verraten ward, nahm er das Brot, dankte und brachs und gabs seinen Jüngern und sprach: Nehmet hin und esset: Das ist + mein Leib, der für euch gegeben wird. Solches tut zu meinem Gedächtnis. Desgleichen nahm er auch den Kelch nach dem Abendmahl, dankte und gab ihnen den und sprach: Nehmet hin und trinket alle daraus: Dieser Kelch ist der neue Bund + in meinem Blut, das für euch vergossen wird zur Vergebung der Sünden. Solches tut, so oft ihrs trinket, zu meinem Gedächtnis".

Nach lutherischem Verständnis sind die Einsetzungsworte des Abendmahles sowohl Konsekrationsworte, mit denen Brot und Wein liturgisch gesegnet werden, als auch Verkündigungsworte. Christus als Person ist nicht von seinem Leib und seinem Blut zu trennen (Personalpräsenz). Und wo Christus ist, da ist auch der Heilige Geist. Dadurch bekommt das Abendmahl einen Hauch von Pfingsten. Unser Herr Jesus Christus gibt sich im Abendmahl selbst (Teilhabemotiv). Das Abendmahl ist der Bundesschluss mit dem neuen Volk Gottes (Bundesmotiv). Das Abendmahl weist hin auf das stellvertretende Opfer Jesu Christi (Stellvertretungsmotiv). Das Abendmahl erinnert an das Leiden und den Opfertod Jesu Christi (Gedächtnismotiv). Das Abendmahl weist hin auf das himmlische Freudenmahl, ja, es ist seine irdische Vorwegnahme (eschatologisches Motiv).

Und das Abendmahl ist die gewisse Versicherung der Vergebung der Sünden (Heilsmotiv).

Die Einsetzungsworte des Abendmahles wurden aus den folgenden vier Textstellen des Neuen Testamentes, die sich direkt auf das Abendmahl beziehen, zusammengestellt:

1. Mk. 14,22 – 24: „Und als sie aßen, nahm Jesus das Brot, dankte und brachs und gabs ihnen und sprach: Nehmet; das ist mein Leib. Und er nahm den Kelch, dankte und gab ihnen den und sie tranken alle daraus. Und er sprach zu ihnen: Das ist mein Blut des Bundes, das für viele vergossen wird". (Alle Jünger aßen und tranken ob würdig oder unwürdig. Nach Luther ist niemand würdig im Sinne von Sündlosigkeit).

2. Mt. 26,26 – 28: „Als sie aber aßen, nahm Jesus das Brot, dankte und brachs und gabs den Jüngern und sprach: Nehmet, esset; das ist mein Leib. Und er nahm den Kelch und dankte, gab ihnen den und sprach: Trinket alle daraus; das ist mein Blut des Bundes, das vergossen wird für viele zur Vergebung der Sünden". (Viele steht hier für alle Menschen).

3. Lk. 22,19 + 20: „Und er nahm das Brot, dankte und brachs und gabs ihnen und sprach: Das ist mein Leib, der für euch gegeben wird; das tut zu meinem Gedächtnis, Desgleichen auch den Kelch nach dem Mahl und sprach: Dieser Kelch ist der neue Bund in meinem Blut, das für euch vergossen wird". (In diesem Text steht wie auch unter 4.: das tut zu meinem Gedächtnis).

4. 1. Kor. 11,23 – 26: „Der Herr Jesus, in der Nacht, da er verraten ward, nahm er das Brot, dankte und brachs und sprach: Das ist mein Leib, der für euch gegeben wird; das tut zu meinem Gedächtnis. Desgleichen nahm er auch den Kelch nach dem Mahl und sprach: Dieser Kelch ist der neue Bund in meinem Blut; das tut sooft ihr daraus trinkt, zu meinem Gedächtnis. Denn sooft ihr von diesem Brot esst und aus diesem Kelch trinkt, verkündigt ihr den Tod des Herrn, bis er kommt".

Dass im Wortlaut dieser vier Textstellen aus dem Neuen Testament kleinere Abweichungen auszumachen sind, spricht nicht gegen, sondern für die historische Glaubwürdigkeit der Texte. Denn wären alle im Wortlaut gleich, müsste angenommen werden, dass sich alle nur auf das Zeugnis eines einzelnen Apostels stützen könnten oder aber, dass die abweichenden Überlieferungen der anderen Apostel später geglättet und vereinheitlicht worden wären.

Bei Paulus wurde zwischen dem Abendmahl und einem Sättigungsmahl (Agape: hier Liebesmahl) nicht mehr unterschieden. Das Abendmahl wird zugleich in der Gegenwart des auferstandenen Herrn und in der Hoffnung auf sein Wiederkommen gefeiert.

9.2.1 Die Realpräsenz Jesu Christi im Abendmahl

In den lutherischen Bekenntnisschriften wird hervorgehoben, dass die Realpräsenz Jesu Christi, des am Kreuze gestorbenen und aus dem Grabe auferstandenen, lebendigen Herrn beim Abendmahl nur „intra usum" gelte: „Nihil habet rationem sacramenti extra usum". Jesu Christi Gegenwart, als Hereinbruch der Ewigkeit in die Zeit, wird in usu (während des Gebrauches) erfahren und ist ausschließlich darauf bezogen. Christus kommt nach Luther in (in), mit (cum) und unter (sub) dem Brot zu den Gläubigen (Konsubstantiation). Leib und Blut Christi verbinden sich ohne Substanzveränderung während der Abendmahlshandlung mit Brot und Wein. Diese Elemente sind, sinnlich zum Anfassen, Schmecken, Fühlen, Schlucken und Verdauen, das sichtbare Wort (verbum visibile). Das verheißende Wort Christi gilt für das Essen und Trinken der Elemente. Christi Gegenwart im Abendmahl ist die Gegenwart einer Begegnung und nicht eines Naturphänomens, ist Handeln Christi mit und an uns, nicht die Bildung einer neuen Substanz, derer man habhaft werden könnte. Nicht die Atome von Brot und Wein werden in den Leib und in das Blut Jesu Christi dauerhaft verwandelt. An den Elementen geschieht gar nichts. Brot bleibt Brot und Wein bleibt Wein. Christus kommt als Person nicht als Substanz. Wohl ist sein Handeln an uns im Abendmahl an Brot und Wein gebunden, so wie es bei der Verkündigung des Evangeliums an menschliche Worte, schriftlich oder hörbar (verbum audibile) gebunden ist. Aber sowenig sich die Worte in etwas Anderes als Menschenworte verwandeln und doch Gott selber mit sich bringen, sowenig ist das bei Brot und Wein der Fall.

Der Pastor oder die Pastorin ruft den Heiligen Geist auf die Kommunikanten herab (Epiklese) und nicht auf die Elemente Brot und Wein, z.B.: „Vater im Himmel sende auf uns herab deinen Heiligen Geist, den Geist der Liebe, des Friedens und der Versöhnung, heilige und erneuere uns nach Leib und Seele und gib, dass wir unter diesem Brot und Wein deines Sohnes Leib und Blut im rechten Glauben zu unserm Heil empfangen. Wir preisen dich und wir danken dir", oder: „Lasst uns nun in der Kraft des Heiligen Geistes empfangen, was du in Christus für uns getan hast. Herr, wir bitten dich, sende uns deinen Geist, der lebendig macht, dass wir den Leib und das Blut Christi im Glauben zu unserm Heil empfangen und leben im Lobpreis deines heiligen Namens. Gib unserem Zeugnis Kraft, damit die Welt glaube".

Im Hebräischen und im Aramäischen gibt es kein Wort für: ist. Jesus sagte demnach bei der Einsetzung des Abendmahles: „Das mein Leib" und nicht: Das ist mein Leib. Im Griechischen ist Leib maskulinisch. Mit: Das ist mein Leib, soll ein bestimmter Vorgang, ein Geschehen wiedergegeben werden. „Das ist mein Leib" bezieht sich nicht auf das Brot. Brot ist in der griechischen Sprache maskulinisch. Das neutrische „das" kann sich daher nur auf das Brechen des Brotes beziehen, d.h. auf einen Vorgang, ein Geschehen, in das das Austeilen des Brotes mit einbezogen sein kann. Erklärt wird jedenfalls nicht das „Element" Brot.

Dem entspricht, dass auch im Kelchwort nichts darauf hindeutet, dass etwa der Wein, als Inhalt des Kelches, erklärt wird, sondern eben der Kelch selbst bzw. das, was mit dem Kelch geschieht, dass er nämlich in der Tischrunde herumgeht und alle gemeinsam aus ihm trinken.

Der Gedanke, Blut, den Sitz des Lebens, zu trinken, ist für einen Juden unerträglich. Dazu lesen wir: 1. Mose 9,4 : „Allein esset das Fleisch nicht mit seinem Blut, in dem sein Leben ist", und: 3. Mose 17,10 + 11a : „Und wer vom Haus Israel oder von den Fremdlingen unter euch irgendwelches Blut isst, gegen den will ich mein Antlitz kehren und will ihn aus seinem Volk ausrotten. Denn des Leibes Leben ist im Blut".

Dieser Abscheu, Blut zu trinken, galt aber nicht für einen Heidenchristen der damaligen Zeit. Er kannte in seinem Lebensraum weitverbreitete Mysterienkulte, wie z.B. den Mithraskult, in denen der Myste durch Anteilhabe am Blut der Gottheit selbst vergottet wurde.

Althaus hat darauf hingewiesen, dass die beiden Worte von Leib und Blut sich nicht ergänzen, sondern je den ganzen Herrn meinen, wobei Leib für die Person stünde: „Das bin ich", Blut aber für die Hingabe des Lebens.

Das wird durch die Meinung eines anderen Theologen teilweise bestätigt. Er argumentiert so: Christi Fleisch ist voll Wort Gottes (verbum visibile = das sichtbare Wort), weil das Wort Fleisch ward. Im Hebräischen werden „Wort", „Sache" und „Tat" mit ein und demselben Begriff „dabar" wiedergegeben.

Doch man kann es auch anders sehen: Christus ist im Abendmahl da mit Leib und Blut. Unter einer Gestalt empfängt man insofern weniger, als man eben nur nach dem halben Gebot Christi von: „nehmet und esset und trinket", empfängt.

9.2.2 Die Dauer des Abendmahles

Über die Dauer des Abendmahles schrieb Luther 1543 : „So also wollen wir die Zeit oder die sakramentale Handlung definieren: dass sie beginnt vom Anfang des Gebetes des Herrn und dauert bis alle kommuniziert, den Kelch ausgetrunken und die (restlichen) Teile (des Brotes) gegessen haben, das Volk entlassen ist und den Altarraum verlassen hat.

9.2.3 Worte beim Abendmahl

Unmittelbar vor dem Beginn des Abendmahls spricht die Gemeinde gemeinsam Worte etwa folgenden Inhalts:
„Deinen Tod, oh Herr, verkünden wir und deine Auferstehung preisen wir, bis du kommst in Herrlichkeit".
Oder:
„Herr wir preisen deinen Tod. Wir glauben, dass du lebst. Wir hoffen, dass du kommst zum Heil der Welt. Komm, oh Herr und bleibe bei uns. Komm, oh Herr, Leben der Welt".

Bei der Austeilung von Brot und Wein werden unterschiedliche Zusagen gemacht, z.B.: „Christi Leib für dich gegeben. Christi Blut für dich vergossen."

Oder:

„Das Brot des Lebens für dich, Christus für dich".

„Der Kelch des Heils für dich, Christus für dich".

Oder:

„Der Leib/das Blut Jesu Christi stärke und bewahre dich
im rechten Glauben zum ewigen Leben".

Oder:

„Das Brot des Friedens, Christi Leib, für dich".

„Die Quelle des Lebens, Christi Blut, für dich".

Oder:

„Christi Leib/Blut hat dich erlöst".

Oder:

„In Christi Leib/Blut ist das Heil".

Nach dem Abendmahl spricht der Pastor oder die Pastorin einen Segensspruch,
z.B.:

„Gehet hin im Frieden. Der Herr ist mit euch".

Oder:

„Der Vater, der Sohn und der Heilige Geist
segne und behüte dich zum ewigen Leben".

Oder:

„Gott der Herr ist dein Gott. Er ist Leben für dich
und du bist ein Stück Leben für andere".

Oder:

„Der wahre Leib unseres Herrn Jesu Christi und sein teures Blut
bewahre dir Leib und Seele zum ewigen Leben. Sei im Frieden mit Gott".

Oder:

„Bei allem Sichtbaren bleibt ein Geheimnis.

Werdet, was ihr seid, Leib Christi".

9.2.4 Der Glaube beim Abendmahl

Luther lehrte zwar, dass die Gültigkeit des Sakramentes nicht an der Würdigkeit
oder am Glauben des reichenden Pastors oder der reichenden Pastorin hänge.
Doch ohne den Glauben des Empfangenden ist das Abendmahl nur eine magische Handlung. Luther schreibt: „Ohne den Glauben ist alles, was hier gefeiert
wird, nichts". Der Glaube des Empfangenden ist notwendige Bedingung für den
heilsamen Empfang des Sakramentes. Wohl schenkt sich Christus im Abendmahl allen, aber empfangen kann ihn nur der Glaubende. Somit gehört das
Abendmahl zur Dimension des Glaubens, nicht zu Dimension des Schauens.
Noch sehen wir den Herrn nicht von Angesicht zu Angesicht. Aber im Glauben
erkennen wir ihn, der für uns seinen Leib und sein Blut dahingegeben hat und
wir empfangen als freies Geschenk Gottes, sein Heil (gratia gratis data) ohne un-

sere Vorleistung, Gegenleistung oder Nachleistung: Versöhnung, Vergebung unserer Sünden, Hoffnung und Vorfreude auf ein Leben über den Tod hinaus, und ewige Glückseligkeit. Niemand kann sich solche Freude selbst schenken. Sie muss von außen über uns kommen, in unser Leben hineintreten, so dass wir etwas spüren von der uns frohmachenden Freundlichkeit Gottes.

Das Abendmahl ist von nirgendwoher her eine notwendige Folge. Es ist auch nirgends als heilsnotwendig bezeichnet worden. Es ist allein eine freie Tat Christi. Dabei gibt er sich uns selbst. Aus fester und flüssiger Nahrung baut sich unser Leib auf. So wie Essen und Trinken uns äußerlich die notwendige Lebenskraft geben, so will uns Jesus mit dem Abendmahl die innere Kraft geben, die wir auch zum Leben unbedingt brauchen. Denn, wenn Jesus sagt: „Ich bin das Brot des Lebens", meint er damit, dass wir ihn unbedingt brauchen.

Wer das Abendmahl aber ungläubig empfängt, über den schreibt der Apostel Paulus in 1. Kor. 12,29 : „Denn wer so isst und trinkt, dass er den Leib des Herrn nicht achtet, der isst und trinkt sich selber zum Gericht".

Für die Glaubenden aber gilt: „Wenn es offenbar wird, werden wir ihm gleich sein; denn wir werden ihn sehen, wie er ist" (1. Joh. 3,2).

9.2.5 Bezeichnungen für das Abendmahl

Wie der Name schon sagt, fand das Abendmahl ursprünglich am Abend statt. Es war die Hauptmahlzeit, die wegen der in den warmen Ländern zu großen Hitze am Tage auf den kühleren Abend verlegt wurde.

Dem Abendmahl, das in christlichen Kirchen gefeiert wird, hat man verschiedene Namen gegeben. Hier eine Auswahl:

1. Herrenmahl
2. Vergebungsmahl
3. Liebesmahl
4. Friedensmahl
5. Freudenmahl
6. Hochzeitsmahl
7. Erinnerungsmahl
8. Gemeinschaftsmahl, Mahl der Gesinnungsfreunde, Brudermahl
9. Sakrament des Altars
10. Eucharistie = Danksagung

1. Herrenmahl

Jesus Christus ist der Herr und es ist kein Herr neben ihm. Das Abendmahl ist des Herrn Abendmahl und nicht einer Kirche oder der Christen Abendmahl.

Jesus Christus schließt niemanden aus von seinem Tisch der Versöhnung. Für ausnahmslos alle Menschen gestorben, lädt er auch alle ein zu seinem Fest.

Einander ausschließende Abendmahlsgemeinschaften widersprechen dem Wesen des Abendmahls. Es ist nicht als Konfessionsfeier gedacht. Wir feiern nicht unser Verständnis vom Abendmahl. Wir empfangen doch Jesus Christus selbst und mit ihm Vergebung, Leben und Seligkeit. Nur der Glaube zählt.

„Herrenmahl ist ökumenisch oder nicht mehr Herrenmahl, sondern Sektenfeier, weil der Gekreuzigte alle an seinen Tisch ruft, für die er starb. Die Dogmatiken wurden erst später geschrieben. Wenn selbst Judas nicht ausgeschlossen war und wenn die Taufe im allgemeinen als gültig anerkannt wird, begeht ein Sakrileg nicht derjenige, der mit fremden Brüdern feiert, sondern der ihnen Gemeinschaft verweigert" (Ernst Käsemann, 1981).

2. Vergebungsmahl

Die überkommene Tradition setzt vor das Abendmahl die Beichte mit der Absolution = Lossprechung. Die so Vorbereiteten und Geheiligten dürfen dann das Abendmahl feiern. Versöhnung und Vergebung werden im Abendmahl dann mehr bestätigt und besiegelt als zugeeignet. Das aber ist nicht recht. Die Sündenvergebung hat ihren Ort im Abendmahl und nicht in einem Vorraum. Wenn die Vergebung dem Abendmahl vorangestellt wird, ihm somit entzogen wird, dann wird aus dem Mahl der befreiten Sünder leicht ein Mahl der für den Augenblick Geheiligten. Das Abendmahl wäre dann wie ein Gipfel, den man nach genügender Vorbereitung besteigt, ein heiliger Berg, aber der Ort des wirklichen Lebens ist unten im Tal, in den Niederungen.

Die Teilnahme am Abendmahl ist also neben der Beichte eine andere Form der Vergewisserung der Sündenvergebung. Darum ist die Beichte nicht als Vorbereitung zum Abendmahl, sondern als eine eigenständige Handlung zu verstehen.

3. Liebesmahl

In seiner grenzenlosen Liebe sucht Gott im Abendmahl die tiefste und innigste Gemeinschaft, die sich überhaupt denken lässt, zu uns Menschen. Sie soll für immer und ewig gelten über den Tod hinaus.

„Denn also hat Gott die Welt geliebt, dass er seinen eingeborenen Sohn gab, damit alle, die an ihn glauben, nicht verloren werden, sondern das ewige Leben haben" (Joh. 3,16).

4. Friedensmahl

Wir feiern beim Abendmahl den Frieden Jesu Christi. „Der Friede Christi regiere in euren Herzen" (Kol. 3,15). „Gott erfülle euch mit Frieden im Glauben" (Röm. 15,13). „Der Gott des Friedens sei mit euch allen" (Röm. 15,33). Jesus will, dass wir wirklich Frieden mit unsern Mitmenschen wollen. „Habt Frieden untereinander (Mk. 9,50). „Ist's möglich, so habt Frieden mit allen Menschen"

(Röm. 12,18). Um Jesu Wunsch nachzukommen, grüßen wir einander vor dem Abendmahl mit dem Gruß des Friedens: „Friede sei mit dir", so wie Jesus selbst nach seiner Auferstehung seine Jünger grüßte: „Friede sei mit euch" (Lk. 24,36).

5. Freudenmahl

„Christen freuen sich, dass sie einen gnädigen Vater im Himmel durch Christum haben. Solche Freude ist der Welt unbekannt", wusste Martin Luther zu sagen.
Unser Gott ist ein Gott der Gnade und damit der Freude. Denn die griechischen Worte: charis = Gnade und chara = Freude entspringen beide derselben Wurzel: charein = sich freuen. Ja, Freude ist das Fundament des christlichen Glaubens. Denn Unfassbares ist geschehen: Jesus ist auferstanden von den Toten. Er ist wahrhaftig auferstanden und wir dürfen hoffen und glauben, dass er auch uns dereinst aus dem Tod zu neuem, ewigen Leben befreien wird. Darum: „Mit Freude sagt Dank dem Vater" (Kol. 1,12).
Schon kurz nach Jesu Geburt rief der große Engel den Hirten auf den Fluren vor Bethlehem zu: „Siehe, ich verkündige euch große Freude, die allem Volk widerfahren wird" (Lk. 2,10). „Der Gott der Hoffnung erfülle euch mit Freude" (Röm.15,13). „Freuet euch in dem Herrn allerwege und abermals sage ich: Freuet euch!" (Phil. 4,4). „Freut euch des Herrn und seid fröhlich ihr Gerechten und jauchzet alle ihr Frommen" (Ps. 32,11). „Damit meine Freude in euch bleibe und eure Freude vollkommen werde" (Joh. 13,11).
Das Abendmahl wurde darum von den Urchristen als Freudenmahl mit großer Freude und in einer für uns fast unvorstellbaren Fröhlichkeit gefeiert, weil die Gemeinde wusste, dass ihre Gemeinschaft, die sie hier erfuhr, nie abbrechen würde, selbst im Tode nicht. Man feierte die Vorwegnahme des kommenden Reiches Gottes als festliches Gastmahl.

6. Hochzeitsmahl

Als einige Jünger Johannes des Täufers Jesus fragten, warum seine Jünger im Gegensatz zu ihnen und den Pharisäern nicht fasteten, antwortete er ihnen, sich selbst dabei als Bräutigam bezeichnend: „Wie können die Hochzeitsgäste Leid tragen, solange der Bräutigam bei ihnen ist? Es wird aber die Zeit kommen, dass der Bräutigam von ihnen genommen wird; dann werden sie fasten" (Mt. 9,15).
Und Johannes der Täufer selber sagt über Jesus: „Wer die Braut hat, der ist der Bräutigam; der Freund des Bräutigams aber, der dabeisteht und ihm zuhört, freut sich sehr über die Stimme des Bräutigams. Diese meine Freude ist nun erfüllt" (Joh. 3,29).

7. Erinnerungsmahl

Beim Abendmahl handelt es sich nicht um ein Erinnern „an etwas", sondern um ein Erinnern im geschichtlichen Sinn, bei dem Vergangenheit und Zukunft so „erinnert" werden, dass sie in der Gegenwart vollzogen werden. Vergangenheit und Zukunft können also im jüdischen Denken real in die Gegenwart hereingeholt werden. Dafür spricht auch die hebräisch – aramäische Sprache, in der es überhaupt keine Gegenwartsform und auch keine Zukunftsform gibt. Entweder ist ein Vorgang abgeschlossen, dann benutzt man eine Art Perfekt = vollendete Vergangenheit, oder in allen anderen Fällen eine Form, die als Imperfekt = unabgeschlossene Vergangenheit, als Gegenwart oder Zukunft übersetzt werden kann.

Der urchristliche Bischof Ignatius von Antiochien (um 115 nach Christus) nannte die stofflichen Elemente: Brot und Wein des Abendmahles das „pharmakon athanasias", die Arznei der Unsterblichkeit. Noch präziser werdend gebraucht er einen medizinischen Fachaudruck und spricht von dem „antidot", dem Gegengift, dass man nicht stirbt. Das Ziel ist der Mensch ohne Krankheit.

Ein Grieche dagegen konnte die Vermittlung des Heils nicht geschichtlich, sondern nur stofflich und d.h. durch Speise: Brot und Wein denken und erfahren. Eine solche Wertung der Elemente als Trägern und Vermittlern göttlicher Wirklichkeit ist aber für Juden unverständlich. Während die Heidenchristen mit dem Vorgang des Erinnerns nichts anfangen konnten, weil sie griechisch und nicht hebräisch – aramäisch dachten. Für die Gegenwart des Herrn im Abendmahl und die Vowegnahme des Reiches Gottes boten sich für sie, die sie griechisch dachten, die Elemente Brot und Wein an.

Für die reformierte Kirche, die auf der schweizerischen Reformation Huldrych (Ulrich) Zwinglis (1484 – 1531) und Jean (Johann) Calvins (1509 – 1564) beruhenden, unterschiedlichen, protestantischen Glaubensgemeinschaften, ist das Abendmahl nur ein Zeichen der Erinnerung. Auf die Elemente: Brot und Wein komme es gar nicht an, vielmehr auf den Geist Gottes allein. Das Brot ist nicht Träger des Leibes Christi und der Wein nicht Träger des Blutes Christi. Die Elemente sind lediglich leiblich – seelische Brücken, um es zu glauben.

„Im heiligen Abendmahl enthüllt uns Gott nicht nur sein Herz, sondern lässt uns teinehmen an seinem Leben, so dass wir ganz eins mit ihm werden" (J. Calvin).

8. Gemeinschaftsmahl, Mahl der Gesinnungsfreunde, Brudermahl

Zentrum des Abendmahles ist der allgegenwärtige Jesus Christus, der für uns Christen kein Dritter ist, sondern der alles umschließende Herr, der als ganzer mit seinem Pneumaleib (Geistleib) nach Luther zum ganzen Menschen kommt, um mit ihm eins zu werden.

Der Ursprung und die Erfüllung des Abendmahlsgeschehens ist Gott der Vater und der Heilige Geist ist die Kraft der Liebe, die dieses Geschehen wirklich werden lässt.

In zweifacher Hinsicht ist das Abendmahl Gemeinschaftsmahl. Vertikal stiftet es die Gemeinschaft mit Gott dem Vater durch das geistliche und leibliche Hineingenommenwerden in den Christusleib, die „Unio mystica cum Christo" und vermittelt horizontal zugleich die Gemeinschaft aller Glaubenden, als Glieder an dem einen Leib Christi. Was besonders dadurch zum Ausdruck kommt, wenn wir einander Brot und Wein weiterreichen. Im Bruder und in der Schwester ist Christus beim Austeilen von Brot und Wein real präsent. Das Abendmahl ist die Familienfeier der Gemeinde. „Denn ein Brot ist's: So sind wir viele ein Leib, weil wir alle an einem Brot teilhaben" (1. Kor. 10,17). „Und wenn ein Glied leidet, so leiden alle Glieder mit und wenn ein Glied geehrt wird, so freuen sich alle Glieder mit" (1. Kor. 12,26).

Im Orient verband das Mahl die Menschen zu besonders inniger Gemeinschaft. Darum ist es gut, vor dem Abendmahl zu klären und aus dem Weg zu räumen, was uns trennt und sich mit denen zu versöhnen, mit denen man Streit hat.

Die Abendmahlsteilnehmer sind verbunden mit allen Menschen, die vor ihnen geglaubt haben und mit denen, die mit ihnen gemeinsam das Abendmahl feiern und mit allen anderen, die in aller Welt auch von Christus eingeladen sind.

Das Abendmahl ist ein Fest des Teilens. Das Brot wird in gleiche Teile geteilt oder jede/jeder bekommt eine gleich große Oblate (= als Opfer Dargebrachtes) oder Hostie (lat.) = Opfer, als Lösegeld Christi, denn Christus ist für alle Menschen in gleichem Maße gestorben (2. Kor. 5,15), um sie zu erlösen. Er kennt keine Begrenzungen. Das von ihm gebrachte Heil ist für alle bestimmt.

9. Sakrament des Altars

Die Bezeichnung: Sakrament des Altars stellt den Altar in den Mittelpunkt des Abendmahlsgeschehens, weil auf ihm Brot und Wein zum gemeinsamen Mahl bereitgehalten werden und die Teilnehmer am Abendmahl sich in der Regel zum Empfang des Sakramentes um den Altar herum versammeln.

10. Eucharistie = Danksagung

Die Bezeichnung: Eucharistie = Danksagung ist in der Katholischen Kirche für das Abendmahl üblich. Opfer als Synonym für Dank war den Menschen des Altertums geläufig. „Mit Freude sagt Dank dem Vater" (Kol. 1,12).

9.2.6 Katholische Abendmahlsauffassung

Das lebendige Zentrum der Katholischen (=allumfassenden) Kirche ist die Eucharistie = Danksagung in Gemeinschaft mit dem Bischof und mit dem Papst. In der Eucharistie verwirklicht sich die Kirche als Leib des auferstandenen Herrn Jesus Christus. Immer wenn eine katholische Messe gefeiert wird, wird auch Eucharistie gefeiert. In der Eucharistie ist der Dreieinige Gott anwesend. Die Eucharistie entsteht nicht in der lokalen Kirche und endet auch nicht dort.

Sie kommt immer von außen. Communio bedeutet zugehören zur ganzen Geschichte des Glaubens. Im Lebendigmachen des auferstandenen Jesus Christus verwirklicht sich die gesamte Kirche. Jesu einmaliger Opfertod wird in jeder Messe gegenwärtig. Der Priester repräsentiert bei der Eucharistie Jesus Christus wirklich und dauerhaft. Er soll den himmlischen Christus sichtbar machen. Die heilige Messe ist Christus live. Im Konzilstext des 2.Vaticanums (1962 – 1965) heißt es: „Wenn der Priester kraft seiner heiligen Gewalt, die er innehat ......, in der Person Christi (in persona Christi) das eucharistische Opfer (vollzieht) und ...... es im Namen des ganzen Volkes Gottes darbringt ......“.

Die Eucharistie ist das in unblutiger Weise vergegenwärtigte Kreuzesopfer, das der Herr als Opferpriester selbst vollzieht. Der Christus repräsentierende Priester erhebt die Patene (den Teller) mit den Oblaten bzw. den Kelch mit dem Wein und bietet sie Gott dar. Diese beiden Gaben sollen gleichsam unser Geschenk an Gott darstellen. Der Priester spricht dabei u.a. die Worte: „Wir bringen dieses Brot (diesen Kelch) vor dein Angesicht, dass es uns Brot des Lebens (der Kelch des Heils) werde“, oder: „Heilige diese Gaben durch deinen Geist, damit sie uns werden Leib und Blut deines Sohnes“. Und später sagt er: „Herr, wir kommen zu dir mit reumütigem Herzen und demütigem Sinn. Nimm uns an und gib, dass unser Opfer dir gefalle“.

Durch die Transsubstantiation, die Wandlung bleibt das Brot nicht Brot und der Wein nicht Wein. Als Leib und Blut Christi wird beides fortan in der Messe verehrt. Der Priester macht sofort nach der Wandlung eine Kniebeuge und ruft dann der Gemeinde zu: „Geheimnis des Glaubens“.

Es geht hier nicht um Symbolik oder Gleichnis. Es geht um die wirkliche Gegenwart des Herrn in Brot und Wein.

Bei der Eucharistiefeier übriggebliebene konsekrierte Hostien (lat. = Opfer), d.h. bleibend zum Leib Christi gewordene Hostien werden im Tabernakel, einem an hervorragender Stelle in der Kirche aufgestellten Schrein, aufbewahrt und von Katholiken verehrt.

Da man im Mittelalter aristotelisch dachte, konnte man, um die Realpräsenz Jesu Christi beim Abendmahl auszusagen, aristotelische Kategorien benutzen. So wurde 1215 die Transsubstantiationslehre (Wandlungslehre) zum Dogma (zu einem festen, als Richtschnur geltenden kirchlichen/religiösen Lehr-/Glaubenssatz) erhoben, wonach der Priester kraft seiner Weihe dazu begabt ist, Brot und Wein unter Wahrung ihrer Erscheinungsweisen dauerhaft in Leib und Blut Jesu Christi zu verwandeln. Das für die Eucharistielehre besonders wichtige und maßgebende Konzil von Trient hat im „Dekret über das Sakrament der Eucharistie“ (vom 11.10.1551) feierlich erklärt, dass in der heiligen Eucharistie „nach der Konsekation von Brot und Wein unser Herr Jesus Christus als wahrer Gott und Mensch wahrhaft, wirklich und substanzhaft (d.h. wesentlich) unter der Gestalt jener sinnfälligen Dinge enthalten ist“. Der neue „Katechismus der Katholischen Kirche“ bringt die gleichen Gedanken auf die kurze Formel: „In ihr (der Eucharistie) wird nämlich der ganze und unversehrte Christus, Gott und

Mensch, gegenwärtig". Christus wird gegenwärtig unter den Gestalten von Brot und Wein und nicht in einer irdisch-sichtbar-materiellen Daseinsweise, wie sie ihm eignete, als er über unsere Erde schritt. Die Transsubstantiationslehre war zur Zeit ihrer Dogmatisierung legitime Verkündigung, legitime Lehre. Zu unserer Zeit aber ist die aristotelische Grundlage der Lehre, weil veraltet, weggefallen.

Von der Begrifflichkeit um 1215 hatte man in Palästina zur Zeit Jesu nichts gewusst. Sie spielte im griechisch-hellenistischen Raum des ersten Jahrhunderts nach Christus keine Rolle. Danach ist die „zwischeneingekommene" Begrifflichkeit zum Herrn über die Sache geworden und die Interpretation der Sache ist an die Stelle der Sache getreten. Die Interpretation einer Sache sollte sich aber solcher Begriffe und Vorstellungen bedienen, die auch von den jeweiligen Zeitgenossen verstanden werden können. Dogmen sind Verschlüsselungen und diese müssten dann ausgetauscht werden, wenn sie die Sache im Veständnisrahmen der in der jeweiligen Neuzeit lebenden Menschen nicht mehr treffen.

Nach der Kommunion (= geistige Gemeinschaft), nach dem Empfang der konsekrierten Hostie sagt der Priester den Kommunikanten: „Gehet hin in Frieden", eine freie Übersetzung von: „Ite missa est" = so geht doch endlich, ihr seid gesandt, dass ihr meinen Frieden hinaustragt. Die Gemeinde antwortet mit einem Dank für die Sendung: „Dank sei Gott". Damit ist die Heilige Messe beendet.

Seit dem 12. Jahrhundert hatten die Laien auf den Kelch zu verzichten. Erst das 2. Vaticanum beschloss, dass in besonderen Fällen auch Laien den Kelch bekommen können.

Wenn ein Christ, der einer anderen Denomination (Glaubensgemeinschaft) angehört, aus Glauben das Abendmahl begehrt, wird der katholische Priester es ihm nicht verweigern, denn zumLeib Jesu Christi gehören alle Getauften.

Seit 1980 gibt es von evangelischer Seite aus Abendmahlsgemeinschaft für Katholiken. Doch für die Katholische Kirche gilt nach wie vor, Abendmahlsgemeinschaft setzt Kirchengemeinschaft voraus. Die Protestanten besäßen nun einmal keine gültig ordinierten Pfarrer und keine gültigen Abendmahlsfeiern, deshalb könne es mit ihnen keine Abendmahlsgemeinschaft geben.

Bei den Orthodoxen sind Katholiken bis heute in strenger Weise nicht zum Abendmahl zugelassen.

Als Quellen für: 9.2.6 wurden u.a.benutzt:

1.) „Ein Briefkurs über den katholischen Glauben", herausgegeben von der KGI, der katholischen Glaubensinformation, die von der Katholischen Deutschen Bischofskonferenz beauftagt wurde, bundesweit über den katholischen Glauben zu informieren.

2.) „Betendes Gottes Volk", die Zeitschrift des Rosenkranz-Sühnekreuzuges um den Frieden der Welt.

3.) Ein Vortrag vom 14.4.2000, den Pfarrer Ferdinand Zerhusen von St. Gabriel, Hamburg-Eidelstedt in einem oekumenischen Gesprächskreis gehalten hat.

Glaube Wahrheit nicht nur theoretisch.
Lass dich von ihr ergreifen, ergreif sie praktisch,
dass Gottes Wahrheit, Wahrheit wird in dir
und dass sie ganz dein eigen wird.
Wenn Jesus sagt, er hab´ lebend´ges Wasser,
glaub´s nicht nur, geh´ hin zu ihm und trinke.
Und wenn er sagt, er sei der gute Hirte,
dann folg´ ihm nach im Denken und im Tun.
Denn Glauben hast du nicht wie eine Sache.
Er ist dein neues Sein, dein neues Leben.
Du bist die Kerze mit dem Docht und Gott das Brennen.

Pfingstkreuz von Karl Hemmeter
In der Kapelle der Evangelischen Missionsschule Unterweissach

Horst Gädtke + Erika Wolffram
Himmelsbrot für jeden Tag
Was wir zum Leben brauchen

In diesem Buch werden nachdenkenswerte, mehr oder minder kurze Texte für jeden Tag des Jahres wiedergegeben, also insgesamt 365+1.
In vier in etwa gleich großen Abteilungen finden sich:

1. Bibelsprüche
2. Sprüche bekannter Persönlichkeiten
3. Kurzgedichte von Horst Gädtke
4. Kurzgedichte von Erika Wolffram

ISBN 3-8311-4725-6

In Planung sind die folgenden Buchprojekte, für die die Manuskripte schon weitgehend abgeschlossen vorliegen und nur noch einer abschließenden Überarbeitung bedürfen:

Von Erika Wolffram:

1. Im Reim soll Gott gepriesen sein
   Gedichte zum Lobe Gottes
2. Leben im Vertrauen
   Wie ich das 20. Jahrhundert durchlebte

Von Horst Gädtke:

1. Zeit, Tod und Ewigkeit
2. Gott sucht dich – lass dich von ihm finden
   Der Weg zum wahren Leben
3. Mit Gott reden! – Oder wie beten?
4. Mit Gott leben!
   Gedanken zur Bergpredigt Jesu